商管 全華圖書
叢書 BUSINESS MANAGEMENT

企業倫理

第**4**版

Enterprise Ethics

劉原超、黃廷合　主編

劉原超、黃廷合、林佳男、沈錦郎、林以介
齊德彰、昝家騏、梅國忠、卓文記、張仁家　編著

再版序

　　本次「企業倫理」再版是配合時代所需教育發展與學習環境的變化。在後疫情時代，為配合政府推動零碳排放的政策，加入企業倫理教育的議題，如：(1)後疫情時代企業倫理的新觀念、(2)ESG的永續經營、(3)AI人工智慧的廣泛運用、(4)元宇宙時代的新議題等。

　　趁再版機會繼續為全國大專校院師生服務。茲將本書之特色說明如下：

1. 本書分四大篇十三章，非常適合各大專院校使用於2小時、2學分之企業倫理課程。

2. 全書四大篇為：概念篇、關係篇、營運管理篇及應用養成篇。

3. 本書十三章分別有：
   第1章　中華文化的倫理概念基本架構
   第2章　企業倫理的發展
   第3章　企業倫理的內容
   第4章　企業倫理與企業經營環境
   第5章　跨國企業倫理
   第6章　企業倫理與決策
   第7章　企業倫理與公司治理
   第8章　資訊化與企業倫理
   第9章　品質、技術與企業倫理
   第10章　服務與企業倫理
   第11章　勞資關係與工會倫理
   第12章　社會安全責任
   第13章　企業倫理的訓練與養成

4. 本書特別列出各篇及各章架構說明。

5. 本書各章之章前，加入「倫理引導心智圖」，便於讀者了解本章之學習方向及重點。在章後，也加入「倫理學習成果圖」，讓讀者在閱讀本章之後，重視心得與感想，再加以重整學習的成果與進行反思之機會。

6. 全書之個案，章前及章後各1至2個，進行更新，皆以最新的題材，融入每章的主題中，並提供「活動與討論」之教學活動設計。

7. 最後提供各章學習評量測驗題，以方便各章學習後之評量使用。

8. 在教師使用手冊中，特別提供企業倫理微電影比賽優良作品，共6部影片，以供師生共同討論之用。

9. 本書編者代表黃教授，特別說明並鼓勵教師前輩可以倫理之教學中，利用辦理微電影比賽，來提升學生興趣及學習心得。

10. 辦理微電影比賽，可以參考下列的原則；

　　a. 制定比賽計劃。

　　b. 各班人數加入分組（約3～4人一組）。

　　c. 教師提供初步企業倫理微電影比賽主題（約20個以上）。

　　d. 請同學先挑好主題，並寫好腳本，再進行分組討論及拍攝作業，並以有創意及主題訴求清楚為主。

　　e. 每組報告時間約5～6分鐘為宜。

　　f. 評量時，可以請其他教授及學生代表參與。

　　g. 比賽經費宜事先視系上經費或適當爭取社會資源。

　　h. 可以尋找企業界共同協助辦理，並印製優勝獎狀，以肯定同學之努力成果。

11. 最後，特別感謝全華圖書公司商管編輯部同仁之辛勞。再版過程，謝謝編輯同仁用心的企劃，使重點標示，煥然一新，評量資料倍加充實。但疏忽之處在所難免，盼社會各界賢達人士不吝指正，深表感激。

編著代表　黃廷合教授　敬啟

2022.05.06

企業倫理各篇及各章架構說明

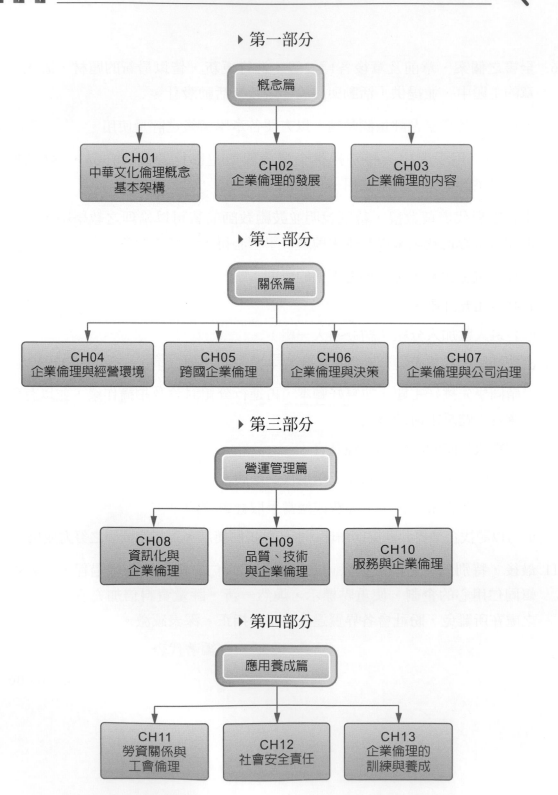

▶ 第一部分

概念篇

CH01
中華文化倫理概念
基本架構

CH02
企業倫理的發展

CH03
企業倫理的內容

▶ 第二部分

關係篇

CH04
企業倫理與經營環境

CH05
跨國企業倫理

CH06
企業倫理與決策

CH07
企業倫理與公司治理

▶ 第三部分

營運管理篇

CH08
資訊化與
企業倫理

CH09
品質、技術
與企業倫理

CH10
服務與企業倫理

▶ 第四部分

應用養成篇

CH11
勞資關係與
工會倫理

CH12
社會安全責任

CH13
企業倫理的
訓練與養成

Part I · 概念篇

CHAPTER 01

中華文化的倫理概念基本架構

CHAPTER 02

企業倫理的發展

CHAPTER

03

企業倫理的內容

CHAPTER

04

企業倫理與 企業經營環境

CHAPTER

05

跨國企業倫理

CHAPTER

06

企業倫理與決策

CHAPTER

07

企業倫理與
公司治理

CHAPTER

08

資訊化與企業倫理

CHAPTER

09

品質、技術與企業倫理

Part IV · 應用養成篇

CHAPTER

13

企業倫理的
訓練與養成

CHAPTER

12

社會安全責任

CHAPTER —01

中華文化的倫理概念基本架構

章前案例

❓ 後疫情時代企業倫理教育的新趨勢

　　信義房屋公司創辦人周俊吉先生，是國內推動企業倫理教育的先鋒。本個案參考周俊吉先生於2022年2月18日經濟日報A4版的名家觀點文章，針對新冠後疫情時代的變遷，特別提出「趨吉避凶」的前瞻看法，給大學通識教育中的教育者，做為推動「企業倫理」教學的參考。

　　目前各大學將「企業倫理」列為商管學院必修，其目的就是要所有治理企業的主管們瞭解「趨吉避凶」是生物本能與天性。由許多個體組成的企業，理應更有動力與能力振衰起敝、扭轉劣勢、把握時機。在後疫情時代，企業應該把握教育的功能，尤其是企業倫理的落實及推動，要重視並應用「趨吉避凶」本能反應，為公司的所有利害關係人加值。不只是股東，還包括員工、顧客、供應商、社區人士與環境，在後疫情時代，為現代企業經營使命寫下新一頁里程碑。

　　我國金管會正推動ESG的永續發展方針，對企業來說，E與S都必須在公開透明的良好治理（G）架構下，才能確保在公司經營過程中，時時刻刻落實ESG以及善盡企業公民的責任。現代的每一位年輕人，在經過這次疫情之後，接受「企業倫理」教育的洗禮，得知「趨吉避凶」的因果循環，最重要的是能配合時代的力量，向正能量和時代的特殊需求全力以赴，創造嶄新的後疫情時代。

參考資料：2022年2月18日，經濟日報A4版，周俊吉撰稿

活動與討論

1. 請同學上網到信義房屋總公司的官網，認識信義房屋的企業文化與倫理的核心價值為何？

2. 請從周俊吉創辦人的「趨吉避凶」觀點，來討論後疫情時代企業倫理教育，應該加強那些內涵？各大專院校宜如何進行課程的修訂？

倫理引導心智圖

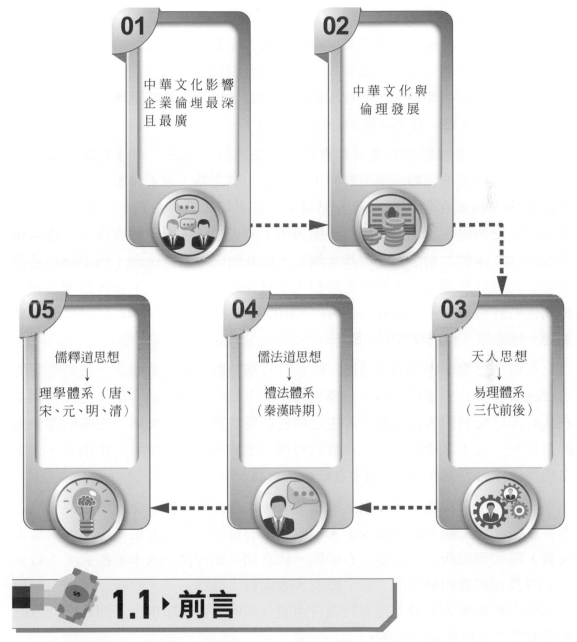

01　中華文化影響企業倫埋最深且最廣

02　中華文化與倫理發展

03　天人思想
↓
易理體系
（三代前後）

04　儒法道思想
↓
禮法體系
（秦漢時期）

05　儒釋道思想
↓
理學體系（唐、宋、元、明、清）

1.1 ▶ 前言

　　從西方管理學發展的過程中，可以發現最早的管理學是著重在以科學的態度探討工作技術的管理，隨著環境的變遷管理學逐漸開始重視人的工作動機與行為以及領導的魅力與型態，更進而探討群體的運作、組織的設計及策略的發展與運用，近年來則有許多中外管理學者大聲疾呼企業倫理、環境倫理、職業倫理、工作倫理甚至倫理思想與宗教信仰的重要性。就中華文化倫理思想

而言，一直是自古以來維持社會安定及治國安邦的圭臬，也是大家引以為傲之處。然而中華文化倫理思想的來源與內容架構卻很少在管理學界被探討。

受中華文化影響的亞洲國家（尤其日本與韓國）一直都將倫理思想視為維持社會安定及治國安邦的圭臬，自古以來大家對倫理與道德的價值都非常重視，而且對倫理的研究一向很深入。主要的原因是倫理思想在價值觀建立的過程中能夠發揮指引作用，因此倫理與治理國家，穩定社會甚至發展各種社會組織（包含企業組織）有著非常密切的關係。

中華文化倫理思想的發展其實是非常先進的，在商、周時期就已按照大自然運行法則推演出的一套完整的思想體系，稱之為「天人思想」。在天人思想體系中，根據在易經序卦傳上記載：「昔者聖人之作易也……是以立天之道，曰：陰與陽；立地之道，曰：剛與柔；立人之道，曰：仁與義。」陰陽指的是太極（本體）衍生萬物的基本屬性，因此陰陽乃本體法則；剛柔指的是強弱之意乃物質法則；仁義指的是每個人所具備的愛人、愛己，兼善與獨善的道德屬性乃社會法則。仁者愛人是兼善，因此是一種外衍型的道德；義者自愛是獨善，因此是一種內控型的道德。

在禮法思想中所指的則是禮、法並存互補的教化與法治觀念。法家思想的主要內容在韓非思想中大致上已臻完備，其主要內容包括法、術、勢三方面；在法的部分是針對人民百姓，人主之法在於置儀設法以度量斷，在術的部分是針對官吏，人主之術在於循名責實的考核，至於勢的部分是針對統治者，人主之勢在於權力的來源與使用著重在威德（賞罰）。

中華文化自魏晉之後，由佛家思想的傳入使得儒、釋、道三學之間產生了內容之交流與交融，因而促成了宋、明理學的發展。從王守仁（宋明理學集大成者）陽明學說所三大主張：心即理、致良知、知行合一的本源探究，「致良知」的良知與實相般若的「慧」類同，致則與「格物」、「修行」類同。在理學思想中更藉由大乘般若思想的融合由致良知的主張中顯現出，四端與八德的核心價值與品格教育之內涵。

1.2 ▸ 倫理的意義

　　自古以來中華文化對倫理與道德的價值都非常重視，而且對倫理的研究一向很深入。主要的原因是倫理與治理國家，穩定社會甚至發展各種組織有著非常密切的關係。大家對「倫理」的認識，就字面上的意義「倫」是類別，「理」是脈絡。因此單純就字面上的意義來看，「倫理」就是一切可藉由分類方式找出個體與個體之間以及個體與整體之間的關係、脈絡，及秩序之理哲。

　　針對人群而言，「倫理（學）」則是為了探究人生的意義（目的），藉由觀察、分析與整合的方法（方法）尋求人與人之間，以及人與群體之間的理性關係、脈絡及秩序（內容）的學問。從以上的定義可以瞭解，「倫理學」是有目的、有方法、有內容的學問，最重要的是它具有應用上的價值；治理國家、穩定社會、發展組織、提升品格及文化素養。

倫理補給站

「倫理（學）」是為了探究人生的意義（目的），藉由觀察、分析與整合的方法（方法）尋求人與人之間，以及人與群體之間的理性關係、脈絡及秩序（內容）的學問。

1.3 ▸ 倫理概念之差異與探討

　　西方倫理概念指的是道德（moral或ethics），早期西方的倫理觀比較重視「神」的旨意（譬如摩西十誡），屬於先驗性的，透過先知的預言導引世人的行為，因此與上帝及宗教有較深的關連。西方哲學家亞里斯多德以倫理做為「品性」之學，蘇格拉底以倫理做為「至善」之學，霍布士（Hobbes）以倫理做為「正邪、善惡判斷」之學，康德（Kant）以倫理做為「道德義務」之學。西方倫理學的基礎是以「神」的立場來衡量人的態度與行為；在東方尤其是中華文化易理之天人思想則是以「人」自身所處的地位決定人對己、對人、對事，以及對天、地、時、空、萬物的關係與態度。

　　近代的倫理觀則著重在後驗性，以行為的結果對該社會或組織中大多數人產生的利害好壞作為判斷的依據；如果某一行為所產生的結果對該社會或組織中大多數人是利大於害，則該行為既屬合乎道德或倫理，否則的話既屬不道德或不合倫理。因此行為判定標準著重在事後也就是所謂的後驗性。人每天的行為幾乎都會與道德問題有些關連。譬如公司裁員、市場壟斷、廢棄物處理等都會面臨一些有關道德方面的困窘；人的行為基本上都具有下述五種特性：

1. 任何行動都會有後遺效果。

2. 任何達成目標的行動都是有選擇的，絕非僅有一途。

3. 任何事情的結果均有正反面效果。

4. 行動所產生的結果是不確定的。

5. 管理者在人事方面的決定一定會影響到人及人際關係。

　　無論是先驗或後驗，基本上都存在一些盲點；首先，就先驗性來說，作為評判某些行為問題所牽涉的道德規範（條例），其間若存有矛盾應如何解決，因此構成先驗倫理觀的難題與盲點。其次，就後驗性而言，評判某些行為是否合乎道德則牽涉到「成本效益的計算方式為何？最大享樂原則的對象為何？以及評判者為誰？」的諸多問題。由於成本效益的計算複雜以及評判的客觀性是否能不受其他群體的影響都具有相當的不確定性，因此也構成後驗倫理觀的難題與盲點。

1.4 中華文化的倫理思想之發展

　　依據歷史發展的軌跡，探討中華倫理思想的發展大致上可分為三個階段：第一階段指的是夏、商、周三代時期前後之際，以原始、自然、質樸的天人思想為基礎所發展出來的「易理」體系；第二階段指的是秦漢前後之際以諸子百家學術思想為基礎所演化出儒、道、法三家學說為基礎的禮法體系（人法與法治）；第三階段指的是魏、晉、南北朝時期佛家思想傳入中國之後經唐、宋、元、明各代的吸收與融合逐漸演化出以「儒、釋、道」為基礎的「理學」體系，並請參考圖1-1。

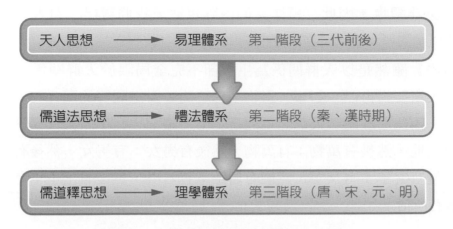

▶ 圖1-1　中華文化倫理思想發展的三個階段

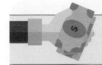

1.5 ▶ 易理體系

一、易理體系的發展

　　《易經》（簡稱易）為我國六經之首，是中華文化傳統的宇宙觀，也是中華文化的根源，是先聖先哲仰觀象於天，俯察法於地，觀鳥獸之文與地之宜，近取諸身，遠取諸物，畫八卦以通神明之德，以報萬物之情。《易》有太極，是生兩儀，兩儀生四象，四象生八卦。太極既無極，兩儀既陰儀與陽儀，四象既四時（春、夏、秋、冬）指的是四種時間變化型態，八卦指的是八種基本空間變化型態。

　　《說卦傳》記載：乾為天，坤為地，震為雷，巽為風，坎為水，離為火，艮為山，兌為澤。而這八種基本現象相互作用（8×8=64）產生了六十四種卦象，或稱之為六十四種時空變化的模型，亦或生命週期（動態）模式；透過這六十四種模式來解釋自然現象以及人文社會現象。而每一卦均由六個位（按天道、地道、人道，每一道各分配一個陽位及陰位，因此共有三個陽位及三個陰位）所組成，透過陰陽數的量變與質變（7，9，8，6）確定變爻所在並據以預測吉凶。

　　透過孔子的整理，將《易經》的思想轉化為《禮》的內涵，《禮》並不是現代人所指的禮物，當然也不是送禮的學問，而是中華文化傳統的《禮學》。中華文化傳統的《禮學》範圍甚廣：物則（自然法則）、彝倫（社會

法則），莫非禮也。因此《禮學》的內容包括了我們對己、對人、對事、對天、對地以及對時、空、本體等各種關係。

《禮學》雖然是以人群關係為主，卻不完全局限於人群關係，在人群關係之外，人還要對自己，對事，對物，對時間，對空間等的關係與規範加以闡述與遵循。因此易經的天人思想指的是「易、禮」，孔子所撰《易經繫傳》上說：「有天地，然後有萬物；有萬物，然後有男女；有男女，然後有夫婦；有夫婦，然後有父子；有父子，然後有君臣；有君臣，然後有上下；有上下，然後有禮義有所措」。

倫理補給站

《禮學》雖然是以人群關係為主，卻不完全局限於人群關係，在人群關係之外，人還要對自己，對事，對物，對時間，對空間等的關係與規範加以闡述與遵循。

因此易、禮就是中華文化歷史上最早、最有系統的人群進化理論。從這個論述中可以觀察到宇宙進化的三個階段；（一）物質進化，以運動為原則（天道左旋，地道右旋）；（二）物種進化，以競爭為原則；（三）人類進化，以互助為原則。

從宇宙進化的過程中，我們可以瞭解，自物質而物種，而人類，而社會，都是以自然法則為發展基礎，才能發展出今天的社會。儘管社會法則是人類為了爭取生存所發展出來的行為規範，但只要我們窮究其根源，便可知道它必須順應自然法則，並不是毫無根據的。

中華文化在傳統社會的倫理思想，是憑藉先聖先賢特有的智慧，在日常生活中對自然界作長期的觀察及體會所創造出來的。也就是說社會法則是來自於自然法則的觀察與模仿；甚至可以說社會法則只是中華文化社會對自然法則及原理加以合理運用於人群社會，使能成為人類思想與行為的共同規範。《易經》賁卦：「……觀乎天文以察時變，觀乎人文以化成天下。」，其內容意義是：「……瞭解季節的變化必須依據自然法則，推動社會的進步與文明必須遵循社會法則（倫理與道德）」。因此中華文化在傳統天人思想下的社會法則五倫，包括

「天、地、君、親、師」；其實是以「天、地、人」三才之自然體系發展出來的縱面關係，並以人為中心發展出「君、親、師」的社會上下層次「體」系，更按易理的兩儀、四象、八卦系統衍展出橫面的「仁義之道」、「四端之心」與「八德之品」德行條目，以為做人、立身、處事之行為標準。

我國倫理思想的架構自然也是衍生於此，易經的宇宙倫理秩序觀是以「天地定位」為其中心思想，並認為時空、萬物的變化都是周而復始的。而「剝極必復」、「否極泰來」等觀念也是如此形成的，因此循環理論的宇宙觀和人生觀是中華文化傳統倫理思想的特色。由易經所衍生出的道德概念來自於「自然法則」，所謂「天地之大德曰生」到「修己安人」及至「孝悌忠信，禮義廉恥」都是上下一貫，彼此相通的。而最能表現出中華文化傳統倫理思想的目的就是《禮記》〈禮運大同篇〉所說的「人道之行也，天下為公，選賢與能，講信修睦，故人不獨親其親，不獨子其子，使老有所養，幼有所長，鰥寡孤獨廢疾者皆有所養，男有分女有歸，貨惡其棄於地也不必藏於己，是故謀閉而不興，盜竊亂賊不作是為大同」。

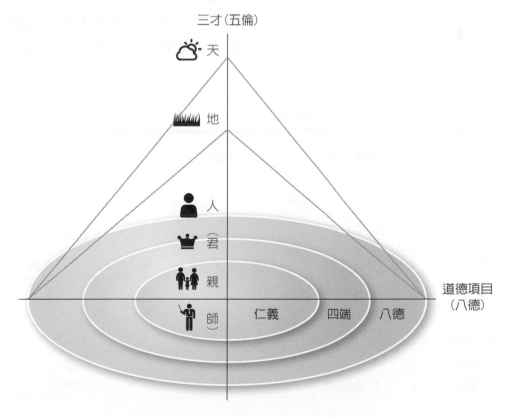

▶▶ 圖1-2　天人思想與八德倫理體系關連圖

二、易理體系倫理道德的內涵

在《易經序卦傳》上記載：「昔者聖人之作易也，將以順性命之理，是以立天之道，曰：陰與陽；立地之道，曰：剛與柔；立人之道，曰：仁與義。」

這裡所說的「天」，指的是宇宙本體；「地」指的是地球自然環境；「人」指的是個人及社會。

由於陰陽本是太極（本體）衍生萬物的基本屬性，而萬物莫不「負陰抱陽」，因此陰陽乃本體法則；剛柔指的是強弱之意乃物質法則；仁義指的是每個人所具備的愛人、愛己，兼善與獨善的道德屬性乃社會法則。仁者愛人是兼善，因此是一種外衍型的道德；義者自愛是獨善，因此是一種內控型的道德。孟子對此解說是「人有不為也（義），而後可有為（仁）」。所以仁義所講的乃是「修己（義）、安人（仁）」的人我關係法則。

從仁義之法亦可開展出四端，以下介紹孟子所主張的四端，亦即「惻隱之心，羞惡之心，謙讓之心、是非之心」。由「仁」可衍申出「惻隱之心」及「謙讓之心」；由「義」亦可衍申出「羞惡之心」及「是非之心」；更可從四端開展出「孝悌忠信」，「禮義廉恥」亦即八德。所謂「孝悌忠信」其實就是衍自於「仁」的項目，至於「禮義廉恥」則是衍自於「義」的項目，詳細的內容請參考表1-1。

表1-1 中華文化的倫理基本架構區分

品格內容 ＼ 人倫區分	家庭倫理		社會倫理		國家倫理			
仁義之道	仁（愛人）安人 有為				義（自愛）修己 有守			
四端之心	惻隱之心		謙讓之心		是非之心		羞惡之心	
八德品行	孝（坤）	悌（兌）	忠（乾）	信（巽）	禮（離）	義（震）	廉（艮）	恥（坎）
適用對象	父母	兄長	君上	朋友	一般眾人			
適用場合與性質	家庭 血緣關係		社會 社交關係		國家 文化關係			

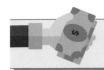

1.6 ▸ 禮法體系

在春秋戰國時期，為能迅速達到撥亂返治的目的，荀子以性惡之說進一步改造了傳統禮教（倫理）的學說，使得法家能以更強制的手法導引社會行為。秦國自商鞅變法之後國勢漸強，最後終於統一了國家，然而秦法苛暴未能長治，漢朝立國初期，為了與民休息，採行「內用黃老，外示儒術」的政策，至漢武帝時為強化中央政府的力量轉而採行「外儒內法」、「王霸兼用」的禮法體制。

法家思想的主要內容在韓非思想中大致上已臻完備，其主要內容包括法、術、勢三方面；「法」的部分是針對一般老百姓，人主之法在於置儀設法以度量斷，「術」的部分是針對官吏的考核，人主之術在於循名責實（依據管理規章考核官員實績與行為），至於「勢」的部分是針對統治者本身，人主之勢在於權力來源的正當性與使用的合理性，著重在威德（賞罰）。

在易禮體系中所重視的倫理規範偏重於以身作則的教化，著重於行為的內化。但在「外儒內法」的禮法思想中所指的則是禮、法並存互補的教化與法治觀念，不僅強調行為模仿的內化影響，同時也重視行為外在的制約效果。以下僅就外儒內法的禮法體系之內容與關係圖示如下：

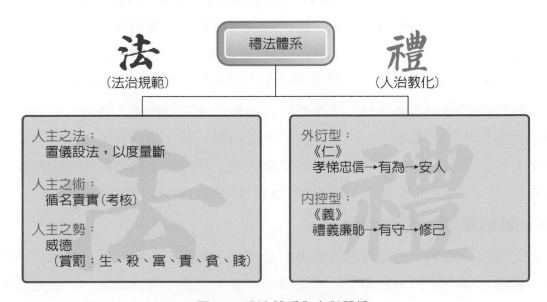

▸▸ 圖1-3 禮法體系內容與關係

　　大凡談及管理總是脫離不了人治與法治，事實上不論人治或法治都是源自於儒家所倡「誠意、正心、修身（個人）、齊家、治國、平天下（群體）」的政治理念。人治是以人性為本，主張藉由身教與言教的教育方式使人能夠發揮與生俱足的良善天性。透過對內心慾念的深入觀察與自我反省的功夫，逐漸克制自己在行為上的偏差，進而達到戰勝自己，並完全掌握自己的行為；因此人治的精神在於個人品性與修養的陶冶。至於法治則著重在群體行為的導正，是以制度及規範做為整體運作的依歸，外在的強制（刑罰）與誘發（獎賞）情境是維持系統正常運作的基本動力。然而若無領導人的誠意、正心、修身功夫做為日常管理決策的定盤星，法治系統自身就潛藏著自毀傾向，因此領導人的初發心決定了法治制系統的可靠與完整性。綜觀以上的分析作者認為人治與法治基本上是同一回事，只是微觀（Micro）與巨觀（Macro）在的角度上的視差而已。

1.7▶理學體系

　　倫理與治理國家，穩定社會甚至發展各種社會組織有著非常密切的關係。中華文化倫理思想的發展其實是非常先進的，在魏晉之後於由佛家思想的傳入，使得儒、釋、道三學之間產生了內容之交流與交融，因而促成了宋、明理學的發展。王守仁的陽明學說更是集大成者，致良知心性學說與知行合一的思想，在傳入日本之後迅速的被吸收並得到全面的發展，終於成為明治維新的一種思想指導。同時也為清末康有為、梁啟超等人百日維新變法的理論依據與動力。此外民國初年的孫文學說也吸納了陽明學說的部分內容成為心理建設的基石。

　　抗日期間蔣中正委員長為了革除社會萎靡之風氣提振國人精神，更是以陽明學說為思想指導推動「新生活運動」並以四維八德（新德目：忠孝仁愛信義和平）作為社會倫理的基本架構，以冀國人在生活行為上戰勝敵人。因此探討陽明學說的內容及前因後果，應有助於建構管理學的倫理內涵。

一、陽明學說之發展與內容

　　王守仁（陽明）於龍場悟道後表面上不外乎他對「格物致知」說的重新理解，實際上卻有著更為深層的哲學意蘊。「聖人之道，吾性自足」，從外部是求不來的，任何事物的理都離不開「人」去尋找，理不在心外，理就在每個人

的心中。也就是說聖人之道並不是超越個體而存在的，它存在於每一個個體的性命中，每個人都有成為聖人的內在根據。他認為「心之德本無不明」，而此本明的心體與他所謂的哲學第一原理「元」是相通的。「元也者，在天為生物之仁，在人則為心」。「元」實際上就是良知。

在良知的指引下開創了王守仁（陽明）為政平變的事功，他認為以真情感化人的「心學」比「理學」抽象的理論說教更為有用，並定下一個基本原則：「為政不以威刑，惟以開導人心為本。」王守仁（陽明）在為政平變的實踐中更深刻的體會到「存天理，去人欲」的重要性。他曾說過：「破山中之賊易，破心中之賊難」。人心中之邪惡是最難拔除的，在某種社會環境中，人們一旦對某種邪惡習以為常，就不再以之為邪惡。邪惡成了常態，社會的價值標準自然就發生扭曲。

何謂「心中之賊」？在王守仁（陽明）看來，「心中之賊」就是一般人在道德上的瑕疵，過度利己的私欲。陽明學說對人性的基本假設是不善不惡，由於私欲無節制的薰習，使得人性產生了變態與扭曲。聖人之道行不通的問題在於「功利之見」太深，「功利之見」其實就是「私欲」、就是「人欲」。因此惟有「去人欲，存天理」，強調服務精神及團體意識，可以破「心中之賊」，從而使社會處於良性的發展狀態，而這就是陽明學說的最終關懷與目的。

二、程朱理學與陽明心學之差異

在前述「去人欲，存天理」的思想上，程朱（程頤與朱熹）理學與陽明心學的看法是一致的。然而在「格物致知」的方法上兩者卻極大的差異。程朱理學極力發揮《易傳》中「形而上者謂之道，形而下者謂之器」的命題，據此更提出「理是形而上之道，器是形而下之道」。

王守仁（陽明）認為根本不應該劃分形而上之道與形而下之器，抽象的道不能離開具體的事物而存在；並指出程朱理學基本之缺陷在於「務外遺內，博而寡要」，過份從事物上求天理，是捨本逐末的路子；更認為朱熹所謂今日格一物，明日格一物至於用力之久，豁然貫通，在方法上是繁瑣哲學（格物：清空心靈的做法，使心能離境，心不隨境轉）。

程朱理學始終把「心與物」，「心與理」看成兩個東西，並把「天理」設定為高層次的本體，可望而不可及。陽明學說消融了心與物、心與理的分別，把所謂的「天理」拉向人間、拉向人心，也就是所謂的「心即理」與「心

物合一」。王守仁（陽明）所說的「理」是何意思呢？其所說的天理自然也就是心的理，他認為這個「理」用於雙親就是孝，用於國君就是忠，用於朋友就是信，縱有千差萬別也都是從人心中發出的。

顯然王守仁（陽明）的「理」並不是一般客觀事物的理，而是具有倫理道德的意思，因此養心就是窮理，窮理就是養心，二者實際上就是一體的兩面。他更明白的指出，夫禮也者，天理也。天命之性具於吾心，其渾然全體之中，而條理條目森然畢具，是故謂之天理。天理之條理謂之禮。因此無論是天理仰或人理，其最終的意義都是一樣的。天理的條理就是人心中的條理，世界的秩序就是人心中的倫理秩序。天理與人理，人理與心理在秩序化、穩定化、與統一化中得到了溝通（也就達到了境隨心轉的穩定），而這統一的理即良知，因此「心外無理」即成為陽明學說的基本結論。從層次上來說，人欲易受「境」所轉，亦既「心隨境轉」，理學主張以格物的修持方式達到「心不隨境轉」；然而陽明哲學強調透過格物致知的心學可使本性充份發揮到「境隨心轉」的最高層次（如圖1-4）。王陽明透過其心學在倫理方面的實踐，造就了他在動蕩不安的社會中開創了撥亂反正、為政平變的事功。

同時也為「心學」定下一個基本管理原則：「為政不以威刑，惟以開導人心為本。」

▸▸圖1-4　心學與理學在層次上的關連與差異

三、陽明學說與佛學的交融與對比

中華文化在魏晉之後於由佛家思想的大量輸入使得儒、釋、道三學之間產生了內容之交流與交融，因而促成了宋、明理學的發展。雖然佛家是以宗教的情懷推廣佛陀普渡眾生、了脫生死、離苦得樂的教化，佛學的基本內容（戒定慧三學）卻有著豐富的道德學說及對人生、宇宙哲理的探究。

上求佛道下化眾生的使命亦顯現出佛家修行的兩大要旨「智慧與慈悲（悲智雙運）」或「福慧雙修」。大乘佛法主張以「度人來度己」，才是最可靠的方法。「六度波羅密（波羅密是梵語其意思是渡到彼岸）」，簡稱六度是布施波羅密、持戒波羅密、忍辱波羅密、精進波羅密、禪定波羅密、般若（大智慧）波羅密。以此六種修行的方法，來破除我執、斷除煩惱進而脫離生死輪迴的束縛，是為涅槃。六度之中的前三項：布施、持戒、忍辱是屬於修「福」的行為，後二項禪定、般若（大智慧）是屬於修「慧」的行為，精進則是信心與堅持不懈的行為。從大乘佛法的觀點來看，如果人以自私的方式來利益自己，得到的利益不僅很小，而且還會造成與他人關係的緊張及衝突，進而誘發他人不安全感及報復，是十分不智的。但是以利他的方式來利益自己時，得到的利益才是最大最可靠的。在六度中，般若波羅密與其他五度之間的關係至為重要；有所謂「五度如盲般若為眼」的比喻。般若（大智慧）波羅密的主旨是「不執著」的大破與大立的精神；即不執著於「空」亦不執著於「有」，是「即空即有，即有即空」的不二法門。大乘般若與禪學對心性的探索更使得宋明理學得到充分的滋養，從王守仁（宋明理學集大成者）陽明學說三大主張：心即理、致良知、知行合一的本源探究，實與佛、禪之妙真如心、捨妄歸真、二入四行（達摩祖師）主張無有二致。「致良知」的「良知」與實相般若智「慧」類同，「致」則與格物、「修行」或「戒、定」類同，因此「致良知」類同於「戒定慧」，「知行合一」類同於「悲智雙運或福慧雙修」。

良知是陽明學說中的主導議題，並堅信良知之說是「千古聖賢相傳的一點骨血」是「真聖門正法眼藏」，而其中最具代表性的「四句教」之說如下：「無善無惡心之體，有善有惡心之動，知善知惡是良知，為善去惡是格物」。並曾對弟子說：「只依我這話頭，隨人指點，自沒病痛。此原是徹上徹下的功夫。人有習心，不教他在良知上實用為善去惡的功夫，只是懸空想個本體，一切事為俱不著實，不過養成一個虛寂，此個病痛不是小小」。

　　陽明學說除了吸收佛學思想更直接繼承了孟子的性善論與良知說，孟子認為人先天就有「不學而能，不慮而知」的良能、良知，其具體表現就是所謂的「四端」：是非之心、羞惡之心、惻隱之心、謙讓之心，並由此產生「孝悌忠信禮義廉恥」之道德規範，四端實際上指的是人先天本具的常存道德情感及自覺性，是不同於喜、怒、哀、樂等情緒的反應，換句話說良知就是「本來面目」，是順應自然的隨應而發，無照無不照，是判斷一切是非的尺度標準，可見良知是人性中的「純善」。在現實社會生活中，人人本具的良知總會受到各種私欲的遮蔽，因此就必須透過格物（守禮、守戒、清心）以恢復良知、良能。在理學思想中除了傳統易禮倫理之外更藉由大乘般若思想的融合，由致良知與良能的主張中顯現出四端與八德的核心價值與倫理教育之內涵。

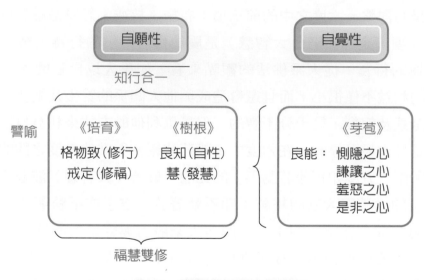

▶▶ 圖1-5　陽明學說與佛學對照

四、致良知與倫理系統之開展

　　致良知的目的其實就是為了培養人的德性，王陽明在《傳習錄》中指出父母子女之愛是人心「生機」發端之處，孝悌為仁之本，就因為仁之本是從人心深處發出來的。換言之，人德性的發展過程，如同樹木的生長，都是一個自然的發展程序，必須順勢而為，不可強求。抽芽意味著樹本的「生機」，自此而仁民愛物，便是發幹、生枝、生葉，然後是生生不息。

　　若不抽芽，何以有幹有枝葉？能抽芽必是下面有根，有根方生，根就是「良知、良能」。任何事物發展的原因就在於事物的內部，因此在人格的生成

過程中，必須遵循自覺自願的自然原則，所謂致良知也都是強調自覺自願的自然原則。王陽明所說的「良知、良能」是何意思呢？其實就是佛家所說的「本來面目」，它是人與生俱有的心性本體，不分聖愚，無不具有。

良知也就是孟子所說之，人先天所有「不學而能」、「不慮而知」的良知與良能。其具體表現就是「四端」（惻隱之心、辭讓之心、羞惡之心、是非之心），這四端其實就是人先天所具有的道德情感，是不同於喜怒哀樂等情緒性的道德自覺性，它是人心的產物。所謂的「惻隱之心」用之於父母就是孝，用之於兄弟就是悌；「辭讓之心」用之於君上就是忠，用之於朋友就是信；「是非之心」用之於事就是禮，用之於人就是義；「羞惡之心」用之於事前防非就是廉，用之於事後之止惡就是恥，以上倫理之道德性縱有千差萬別也都是從人心中發出的。

王陽明強調人群性的培養及德性的形成，都要從兒童開始；就本性而言，小孩都喜歡玩耍，如草木之萌芽舒暢之，則發達開展，摧擾之，則痿縮不展。針對兒童身心發展的特點，王陽明認為在教學上應強調唱歌、游戲、習禮、讀書等方法來順導其志意，發展良好的人我關係與服務態度，調理其性情，使之像春天的草木自由發展，堅決反對鞭打拘縛。

⊕ 表1-2　陽明學說與倫理道德發展關係表

宇宙本體 倫理內容	心即理（心外無理）							
本來面目	良知							
四端之心	惻隱之心		辭讓之心		是非之心		羞惡之心	
八德德目	孝	悌	忠	信	禮	義	廉	恥
適用對象	父母	兄弟	君上	朋友	一般眾人			
適用場合與性質	家庭 血緣關係		社會 社交關係		國家 文化關係			

從上述的討論，我們可以發現中華文化傳統的倫理道德，其實是非常有結構有系統的東西，中華文化倫理思想的發展最早淵源於以易理為中心的天人思想，其次以儒、道、法為中心的禮法思想，最後融合釋家的佛陀思想以儒、釋、道為中心的理學思想。在心學思想中，王陽明雖然也講仁義、四

端、八德，但卻是從禪學的角度切入，使得大家終於了解，原來「開悟」的養成實與守禮與行禮（倫理）有著密切不可分的關係，同時我們從王陽明立功、立德、立言的大成就中，更可看出「開悟」與「自度與度人」以及「領導」原來也是同一回事。

1.8▶倫理道德在組織控制中的運用

面對變動的環境，組織在運作的過程中為了適應上的需要，必須維持相當的穩定性。因此組織控制的方法就成了學者們研究的重要課題，學者們一致認為組織控制的方法有兩種：

1. 利用競爭力量來對抗外在環境的變動，譬如聯合次要的競爭對手對抗主要的競爭者或環境壓力。

2. 透過組織內部的運作來調節外在的變動，在這方面的主要方法是：

   (1) 利用管理規範或法律條款。

   (2) 運用倫理道德。

一般而言當外在環境變動太大時，倫理道德的效果就會顯得特別突出；因此俗話說「板蕩識忠良」即可做為最佳的印證。也就是說在亂世（混亂的環境中），才看的出誰的人品好，誰的人品差；誰可以做為相互依靠的朋友或部屬。所以人治（倫理道德）與法治（法律與規範），實際上就好像人在走路時的兩條腿必須相互配合才能發揮積極的功效。

倫理學習成果圖 ✎

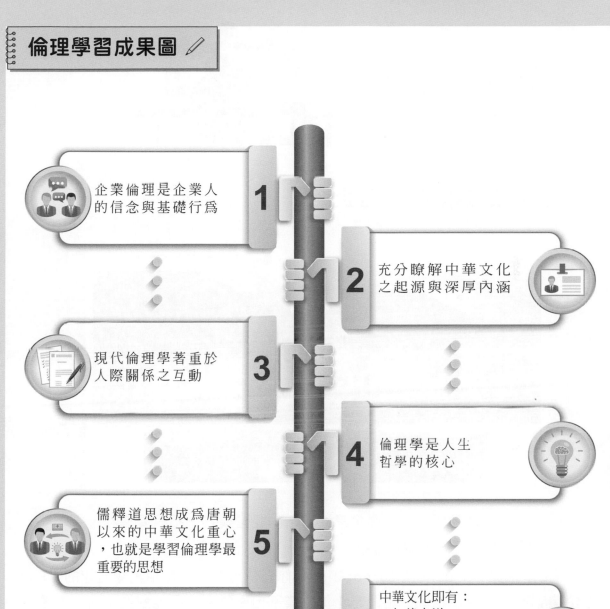

1 企業倫理是企業人的信念與基礎行為

2 充分瞭解中華文化之起源與深厚內涵

3 現代倫理學著重於人際關係之互動

4 倫理學是人生哲學的核心

5 儒釋道思想成為唐朝以來的中華文化重心，也就是學習倫理學最重要的思想

6 中華文化即有：
- 仁義之道
- 四端之心
- 八德品行

範疇涵蓋家庭、社會及國家

7 企業競爭力的展現，有時無形的倫理道德心表現，勝過有形的設備與技術，每位企業人要深思

章後案例

(一)臺灣正在推動「B型企業」

　　美國近年來推動認證，宣導企業進行正向經營模式，不只要獲利，更了解能對員工好、對環境好、對社會好……等等。

　　「B型企業」（Benefit Corporation）你們聽過嗎？這是由美國發起的「B型企業認證」，希望推動一個理念：「企業不但要獲利，更能對員工好，對環境好，甚至對社區好的經營模式。」

　　「B」字認證，在臺灣也掀起風潮，如捷順企業的自有品牌「茶籽堂」，用農業協助社區老化的問題，主要從事製造苦茶籽相關清潔用品，苦茶油及週邊商品。捷順企業協助宜蘭南澳鄉下種植苦茶籽，並保證收購，來鼓勵人才返鄉或留鄉，復興老舊社區。同時，捷順企業正努力推動保護土地資源；因而，捷順在2015年6月開始申請「B型企業認證」，吸引更多年輕人之加入。又如嘉澎塑膠有限公司，也申請「B型企業認證」，對生產沒有塑化劑之水管，進行創意行銷，嘉澎公司之水管原料為CPVC材質，成本高，生產技術要求也高，該公司第二代接班後，努力創造傳統公司價值，導入新觀念，並敬邀尸通過的「綠然能源

公司」創辦人來分享經驗，再由第一代創辦人親自宣示「嘉澎公司將轉型成B型企業」；讓原本傳統產業之嘉澎公司；全體員工以「獲得B型企業認證為目標」的願景，凝聚向心力，邁向永續經營之良心企業。

參考資料：2016年4月13日，經濟日報A17版，何秀玲撰，「B型企業─做良心事業」

活動與討論

1. 你認為B型企業之吸引力有哪些？請以優良「企業倫理」之標準，來討論B型企業的作法，最可貴有哪些？

2. 案例中提到的捷順公司與嘉澎公司，原來都是典型的傳統公司，長久以來，幾乎沒有考慮要改革為「B型企業」，但到了第二代接班之後，為因應現代化「企業倫理」之實踐，必須對員工好，對環境保護盡責任，對社區作好永續經營及友善員工之責任，你認為他們會成功嗎？若成功的轉型，理由何在？

3. 全班同學可以分成幾組，每一組同學就是代表一個公司，由同學討論，自己公司的經營模式，要如何面對企業倫理及B型企業公司之議題？

(二)一位不一樣的經濟學家，為國內企業打造「五德」的企業倫理

國內知名經濟學家馬凱教授，在2012年，積極關注臺灣企業永續發展，特別整合熱心人士資源，募款成立財團法人社會企業公約基金會，以推動五德企業，其五德代表五大願景是慈悲、幸福、誠實、綠色、成長（簡稱五德）。並於2016年，馬教授特別舉辦「公道企業聯盟」活動及媒體人士說明會，還請現任行政院院長林全親自參加，串連聯盟內的企業，集結力量，共同發聲，激發社會的關注。共同推動國內企業，能有更多具有企業倫理的五德觀念，促進企業永續經營。

社會企業公約基金會於2012年聖誕節前夕由60餘家企業慨捐成立，創辦人馬凱博士（經濟學家），與團隊戮力從五德為企業找出社會所期待的面向，期待與企業一同「以公道企業翻轉世界，這4年來，與工業局合作，完成多家公司的「社會企業公約認證」之輔導。此基金會之使命在：輔導企業除了追求利潤之外，也可以「五德」之企業倫理，來獲得社會大眾之肯定，創造永續經營的良心企業。

參考資料：2016年，財團法人社會企業公約基金會舉辦「公道企業聯盟」活動之資料

活動與討論

1. 請全班同學，分為若干組，討論介紹企業倫理五德之內涵。

2. 請各組討論：針對個案，說明馬凱教授為何以五德來推動企業之永續經營發展呢？

1. 「倫理（學）」則是為了探究人生的意義（目的），藉由觀察、分析與整合的方法（方法）尋求人與人之間以及人與群體之間的理性關係、脈絡，及秩序（內容）的學問。

2. 中華文化在古代其實並無倫理學（ethics）一詞，而現代倫理學的內容側重於人群關係則盡包於「禮學」的範疇之內。

3. 社會法則是來自於自然法則；社會法則只是人類對自然法則及原理加以合理運用於人群社會，使能成為人類思想與行為的共同規範。

4. 組織控制的方法有兩種；一種是對外利用市場競爭的機制來控制外在環境的變動，另一種則是透過組織內部的運作來調節外在的變動，如(1)利用法律及管理規範；(2)運用穩定的倫理道德系統。

Exercise

1. 試說明倫理的意義。

2. 試說明中國倫理的淵源。

3. 試說明易經與中國倫理思想的關係。

4. 試說明中國倫理之基本架構。

5. 試說明良知良能與中國倫理系統之間的關係。

6. 試比較西方倫理與東方倫理學之內涵。

7. 試說明倫理系統與組織控制之關係。

8. 試說明致良知與佛學中的福慧雙修有何關係。

CHAPTER —— 02

企業倫理的發展

章前案例

❓ 人工智慧（AI）視覺應用領導品牌——智泰科技公司
的企業文化與企業倫理

　　2022年後疫情時代來臨，是AI學習與應用的元年，全國各級學校也重視起AI
學習。智泰科技公司開始與國內六都教育局合作，用最大的愛心與關懷來推動AI
的教育訓練，贈送數千套的AI應用軟體嘉惠學子。此外，智泰科技公司也與國內
數十所科技大學合作，共同設立AI培訓中心，加強培養現代的AI技術人員。

　　要推動AI的應用，首先要認識「深度學習」的技術。此技術已經成為科技
的新星技術，已經廣泛應用在現代生活，如解鎖手機不再需要密碼，這就是

深度學習在圖像的應用，已經徹底改變了我們的生活。深度學習之所以可以像人類一樣處理複雜的資訊，是因為使用電腦模擬人類的神經元，再透過串接多個神經元，來形成了龐大的類神經網路，讓AI可以模擬大腦的訓練與運作模式，進而獲得如人般的強大辨識能力。而且還沒有人類的情緒，這就是AI透過深度學習後的厲害之處。

　　智泰科技公司應用深度學習的檢測技術，將套裝軟體加入有必要的工作中，加以解決問題，如品項分類、偵測以及分割等功能。因此，智泰科技公司即推出如「Auto CAD」繪圖軟體的AI應用軟體，其產品名稱是「VisLab」AI圖像檢測軟體。智泰科技公司又積極的態度開發系統化的「SI-Eye」智慧檢測系統，包括VisDC、VisCam、VisCam、VisAP以及VisDB等五大主軸。

　　智泰科技公司對企業現代化的腳步，努力在企業文化和生活結合的創新與應用有重要貢獻。未來各企業不管是在智慧化製程、無人化品檢與AI醫療保健上，AI的套裝軟體都是最佳利器。

　　智泰科技公司為何要推動人工智慧的套裝軟體呢？主要還是因為配合人類的企業文化與創新的需求。在人機協同時代，藉由AI的廣泛應用與推廣，再加上企業文化中誠信與道德上的重視，是企業永續經營的目標。若AI應用軟體可以廣泛使用，此企業經營過程中，人機有多元合作的環境，就是人類文明長期發展的願景。

參考資料：智泰科技股份有限公司的型錄——VisLab套裝軟體

活動與討論

1. 請上智泰科技公司官網查閱，試列舉其在發展AI應用軟體的成果。

2. 請分析企業文化中的企業倫理與道德，在人類廣泛應用AI技術之後，兩者間的關聯性與互動程度為何？

倫理引導心智圖

01 瞭解東方與西方企業倫理的發展

02 企業倫理發展是企業的保障

03 倫理學分為：
- 描述倫理學
- 規範倫理學
- 統合倫理學

04 中華倫理學基本要素，包括有：
- 血緣文化
- 情理文化
- 入世文化

08 認識企業倫理的本質

07 中華文化的企業倫理以「誠信」問題為主

06 東方與西方倫理之比較：
- 東方偏於「情」字
- 西方偏於「理」字

05 西方企業倫理是以亞里斯多德為代表，以追求真理與破除迷障為主

2.1 ▶ 倫理的定義

　　倫理一詞，泛指人人應守的規則與秩序。企業倫理乃指企業應遵守的行為規範。企業倫理的功能，可使企業體生存發展達成永續經營。愈是文明、愈是先進的國家，愈講究企業倫理，並提倡企業倫理教育。因為重視企業倫理，企業才可能可以永續經營，國民可得富裕生活，國家因而富強康樂，這是一良性

循環的因果關係。1970年代至今，美國開始在相關大學開設企業倫理課程。世界其他各國大學教育，也以美國馬首是瞻，紛紛效法，可視為最好的例證。

關於企業倫理，首先，可以先對倫理學進行探討。倫理學基本上可以分為描述倫理學、規範倫理學、統合倫理學三大類，此三者合稱為一般倫理學。

所謂描述倫理學（descriptive ethics）與人類學、社會學、心理學關係密切，研究一群人、文化或社會的道德，對於不同的的倫埋體系、作法等做比較。規範倫理學（normative ethics）是試圖挖掘、發展社會道德體系中基本道德原則之應用與價值，並給予站得住腳的理由（justify）的倫理理論。統合倫理學（meta ethics）則主要探討道德名詞的意義與道德推理的邏輯。三者與倫理學的關係，如圖2-1：

▶▶ 圖2-1　倫理學基本架構

就倫理學的應用而言，規範倫理學將一般倫理學應用到特定的領域，而解決特定的道德問題、個案、兩難事件等並衍生出企業倫理學、工程倫理學、醫學倫理學等學門。

2.1.1　中華文化倫理思想的演進

中華文化倫理學的特徵，是由血緣、情理、入世的三大理念為主。黑格爾曾經對於中華文化倫理觀念做過論述，指出「中華文化純粹是建立在這種道德的結合上，國家的特性也就是這種客觀的『家庭孝敬』，在中華文化之下大家把自己看做是屬於他們家庭的，同時又是國家的兒女」。

所謂文化特色，是透過生活的方式、價值系統、物質設施所展現出來的，但文化所代表人類文明的特殊方向，深藏於人類由原始社會向文明社會過渡的過程中，也就是深藏於人類開化的狀態中。以中華文化而言，有下列三大特徵：

一、血緣文化

「國」是「家」觀念的擴大，以家族為起點走向國家（即所謂的破家為國），國結構的原理便是家結構原理的延伸，而「家」不僅是價值的核心、價值的取向，而且成為整個社會關係的理想模式。因此「父子有親，君臣有義，夫婦有別，長幼有序，朋友有信」的人倫關係便反映出中華文化特殊的價值。

二、情理文化

在血緣的家族中，情感成為一種判斷的機制與價值的標準。如果說血緣文化是中華文化主體的表現，而情理文化便是中華文化主體品格與價值機制的特徵。與其相反，理性卻往往處於次要或從屬的地位，甚至在相當多的場合下，片面強調情感，排斥理性，成為中華文化的重要特徵。中華文化以血緣為本位，因而人倫情感在文化價值體系中便有了決定性的意義。

三、入世文化

對於人生的態度，中華文化則是一種入世的愛念。西方建立在於國家關係基礎上的城邦文化，講究理性，個體權力、民主法律的主格調，而非情感的寄託。而情感的寄託，是一種神聖的天國想法，因此宗教對於西方文化而言，屬於一個不可分割的部分。而中華文化是以血緣文化相映，依據祖先崇拜為特徵。在中華文化中普遍信奉「天」以及「天命」之類的觀念，這種倫理道德的「天」，其天命觀念最後歸結為倫理學說、道德觀念，進而轉為人格的標準、將自然法則社會化、神聖化與永恆化。

▶▶ 圖2-2　中華文化倫理學的基本要素

中華文化倫理學的基本思想，可以追溯到「禮學」的概念，雖然在商朝發展「禮」的儀式，是以「孝」與「德」為主，而還沒有形成相對獨立的倫理概念與倫理觀。而演變成為倫理的思想主流，大致在西周時代，《禮記》中〈曲

禮〉記載：「道德仁義，非禮不成，教訓正俗，非禮不備。紛爭證訟，非禮不決。君臣上下，父子兄弟，非禮不定。宦學事師，非禮不親。班朝治軍，蒞官行法，非禮威嚴不行」，由此可以看出對理想化的標準，也說明了周人對禮的重視。

孔子開創儒家思想，在對於言行中的「過猶不及」，則以「攻乎異端」為主，他強調行為的超過與不及都是不好的，應該避免兩極端行為。因此「中庸」則成為倫理道德在衡量「過與不及」的行為兩端的標準。舉例而言，中華文化古代堯禪讓帝位給舜，朱熹：「蓋自上古聖神繼天立極，而道之傳有自來矣。其見於經，則『允執厥中』者，堯之所以授舜也。『人心惟危、道心惟危，惟精惟一、允執厥中』者，舜之所以授禹也。」由此可知，中庸之道對於中華文化倫理思想影響的程度。

在傳統的觀念裡，儒家與道家似乎是對立的，但站在中道的立場看來，則是同大於異，談到道家，老子曰：「大道廢，有仁義」，其重視的是個人的內在價值。道家主張純樸最好，要回到內心沒有慾望的狀態，主張「無欲」，莊子主張不譴是非。因為長處短處都是因人而異，而不能依據別人的是非來評論自己的是非。道家認為人的本性中具有純樸的倫理性質，應該順其自然，如此可以表現出純樸的倫理性質。這種價值與孟子的學說相近，而此稱為「自然」，儒家則是積極提出正面解決社會道義問題和社會秩序的框架，並以此為文明的重要標準。儒家樂觀的強調人性的統一性，強調一心向善，則共同的仁義標準就可以實現，如孔子所言的「我欲仁，斯仁至矣！」，孟子所言：「反身而誠，善莫大焉」。

王陽明則認為「事上」顯見良知，強調「致」求良知的過程中，使良知充分的發用在「事」上，能「實際因循良知」做事。「致」良知的「致」，又有實行、實踐的意思，所以王陽明稱「致是良知而行」，「致知必在於行，而不行不可以為致知」，而對於外，則為「知行，本體而合一」。

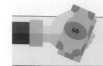

2.2 ▶ 西方倫理思想的演進

西方倫理學源於希臘古典思想，並以亞里斯多德為代表。在其優台模倫理學與尼克馬科倫理學提出的觀念，對西方倫理思想的發展，有著相當大的貢獻。

1. 優台模倫理學主要是對於德行，是自身認識自身的啟發。

2. 尼克馬科倫理學，是亞里斯多德對於倫理與理智的論述。在探討幸福與至善，而幸福是合乎德行的實現活動的基本原則，而此為一個實踐價值論。

在主要思考的關鍵，由下列數個名詞為主：

一、思辨（theoorein）

是一種特殊的認知方式，作為完滿真理與不可動搖的核心。此認知之所以能成就完滿，保持不可動搖，是由於他的思維，而思維只能是改念思維，概念本身卻同樣是思維抽象的產物，思維與被思維是同一件事情，古希臘哲學稱為「思維與存在的同一」，也就是自身認知自身。由於兩者同一互不排斥，故保證個人不可動搖，無三心二意。

二、德性（aretee）

可泛指一切事物的優越性，在倫理學裡，比較嚴格規定，具有實現完滿功能的行為德性。人的行為本質稱為品質，物的存在稱為性質，行為的德性，即被稱為可稱讚的品質。欲求提高德性，就須先培養品質，品質是自身所具有的，不是由外面加上去的，所以不論東方與西方，都把修身置於第一位置。

三、智慧（sophia）

是由希臘文中「光」（phoos）而來的，希臘哲學文獻稱為最完滿的德性，包含嫻熟的技術與最精確的科學，都稱為智慧，擁有這樣的德性的人稱為哲人。狹義而言，適用於全面的知識，只懂得演繹推理的人不能稱為智慧，他們還應探求更普遍的真理。

中道說在思辨的德性論倫理學中，更重要的是一種理智德性的優先論，亞里斯多德稱這為「行為的準則，行軍的行標，射手的箭靶」。柏拉圖認為這是一種詩的譬喻，自身不能起實際的規範作用。

　　如戰場上要斷定一個士兵的行為，是過度或不及，還是恰巧在自己的崗位上？由此就必須思考，反覆地思考，判斷行為中的過度、不及、和中間的困難，既然在我們自身也有其原因，那就也可在主觀上找到一個準則，使人們掌握自己，就具有善於選擇的品質。而此準則就是「應該」，這一準則發現首先將西方倫理觀念的判斷簡化，人們不必仔細推敲兩極之間種種的對立，就可判定何者是「應該」的行為，就是合乎中道的行為。

　　人們行為的選擇，必須經過事先的思考與策劃。選擇這個詞由prohairesis的pro（在先）與hairesis（取得）這兩個希臘文字而來，取得有先後，要想在先取得就必須進行思考。如普羅米修司（Prometheus）所言：「人們取得神火，需經過縝密的思考」。而亞里斯多德將追求真理或破除迷障的方式分為五類如下：

一、技術（tekhnee）

　　以可辨識的事物為對象，但他具有理性，是按照理性與原則操作的本質，而任何技術都是按原則創制而生的。技術（tekhnee）一詞來自於kiktein，本意為「生育」，他要向母親生孩子一樣，製造出東西來，而創造的始點在創造者不是自然的，也不是必然的。

二、科學（episteenee）

　　對普遍出於必然事物的判斷。

三、明智（phroneesis）

　　原本是心臟的意思，古人把心臟看做思維器官，所以就衍生出一種理性而實踐的品質。

四、智慧（sophia）

　　是由希臘文中光（phoos）而來的，希臘哲學文獻稱之為最完滿的德性，包含嫻熟的技術與最精確的科學，都稱為智慧，擁有這樣的德性的人稱為哲人。

五、理智（nous）

一個是非的根本，存在於自然中，原本即存在的判斷根本。

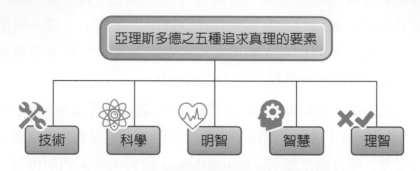

▶▶ 圖2-3 亞理斯多德追求五種真理的要素

普提爾（Richard L. Purtill）將倫理理論分為三項九大類：

1. **態度說**：

   (1) 主觀論：「個人認為對的事就是對的」。

   (2) 文化相對論：「對錯視社會的意志而定」。

   (3) 神旨說：「對錯由上帝決定」。

2. **利益說**：

   (1) 道德利己論。

   (2) 功利主義。

   (3) 神的榮耀論。

3. **性質說**：

   (1) 個別主義論。

   (2) 人性論。

   (3) 自然率「上帝的本性」。

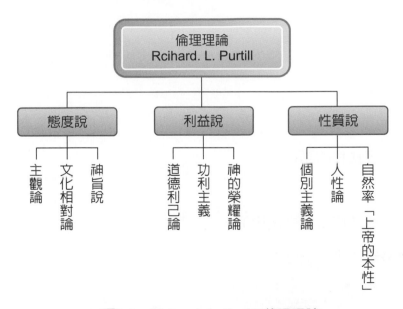

▸ 圖2-4　Richard. L. Purtill倫理理論

　　英國哲學家休謨（Hume）、邊沁（Bentham）、密爾（J. S. Mill），被公認為公立論的奠基者，他們提出的理論，從內容與表達上雖有精粗之分，繁簡之別，但是在基本的論點與精神上卻非常的相近，他們都一致認為：「人類行為是否合乎道德，完全決定於這行為的目的及結果。因為是否有道德價值，亦從行為目的及後果來加以衡量」。因此又稱為目的論。功利論者認為，一種行為是否道德，完全在於這行為的目的及結果是好是壞，但究竟好壞的意思為何？這就是功利論的核心所在。行為的目的及後果的好壞，是否符合「功利原則」（principle of utility），符合功利原則的行為就是好的、道德的，違反公立原則的行為是壞的、不道德的。而此即在所有的可能下，盡量為所有人製造最大的效益（utility），而盡量減少反效益（disutility）。

　　義務論者有下列幾種不同的論點，他們認為，神的啟示（revelation from god）就是道德的來源。道德的基礎來自自然法（natural law），人可以通過理性去掌握自然律法。人類的常識與直覺乃道德的來源。道德原則是從假想中的契約估先推演出來（Rawls, 1971）。

　　Bernard Gert提出十大道德規則，如下：

1. 不可殺人。

2. 不可引起痛苦。

3. 不可使人殘廢。

4. 不可剝奪自由。

5. 不可剝奪享樂。

6. 不可欺騙。

7. 不可失信（守住你的諾言）。

8. 不可說謊。

9. 不可違背法律（應當遵守法律）。

10.不可怠忽職守（盡忠職守）。

2.3 東西方倫理觀念思想的比較

如果仔細理解各種文化的價值，您就會發現他們的共同點。

碼內利·康德（Kant，1724-1804），開創西方倫理學的轉捩點，由神學理論蛻變，人的責任來自上帝的意願，康德認為道德規則歸於命令，告訴我們什麼是絕對要做的，凌駕於個人的意願與行為結果之上，這種的絕對命令，「將自己的行為置於某種法則之下，而你相信這依法則放諸四海皆準」。

古希臘是西方思想的源頭，而柏拉圖、亞里斯多德是希臘思想的代表人物，他們以「理」為主，「情」的地位卻不重視。亞里斯多德把人定義為「理性的動物」，可見西方與東方對於倫理概念有明顯的不同。以中華文化儒家思想為例，雖為點出「情」的影響，如對「仁」，是一種合乎禮儀，是一種對人合於中庸的情，「孝」是子女對父母應有的情。「悌」是兄弟之間的情，作為理想人格的君子，則是「發於情，合乎理」，喜怒哀樂皆適中的人格者。

基本上，東方與西方所表現出來對倫理的認知，由亞理斯多德倫理學延伸，與中國禮學與孔子的思考，可以發覺對於真理的追隨的堅持。雖然中華文化對於倫理學偏於「情」字，而西方文化的倫理學偏於「理」字，但基本皆是對於自然本性與德行的推崇與遵行。

2.4 ▶ 企業倫理的定義

　　企業倫理以「誠信問題」為主，可以涉及文化、體制、法律以及教育等方面的問題。而誠信是企業倫理最重要的內容，在社會主義市場經濟中，需要從他律與自律兩個角度考慮。

　　他律方面，企業經營必須有法律的約束，不過，任何法律制度都會有不足之處。這就需要人們借助自律的形式來約束自己的行為。

　　自律方面，誠信問題的實質在於文化。由此就要借助中華文化的由個人反省自知，是維持社會倫理的重點。

　　企業制定自己的發展戰略，提高自身的競爭能力，最終獲得競爭優勢，無不得益於這種商道。這種道的核心在於人。企業的管理者要取信於自己的員工，取信於自己的顧客；同時也要指導員工取信於外部利益群體。也就是說，企業的管理者要將誠信作為自己的管理價值觀，用以指導企業的管理實踐，徹底明確管理在於得人。

　　十二世紀的格拉蒂安說「上帝不會對商人或只付出辛勞的商人滿意。」，美國著名國民經濟學家米爾頓・傅利得曼（Milton Friedman）在二十世紀七○年代講過一句名言：「市場經濟條件下企業的唯一社會責任，是在現行遊戲規則內提高其利潤。」而對於企業行為給社會帶來的不良影響和弊端，則最終由法律和法院來負責解決。傅利得曼的這一觀點具有強烈的經典性，它代表的是現代企業的倫理觀。

　　阿爾伯特・勒爾（Albert）也說：「利潤追求與倫理學要求之間並不發生衝突，而是相反：考慮倫理學要求甚至是完全值得的！倫理學的地位並不是體現在企業本身之中，而是體現在「市場」上，具體地說，就是反映在消費者的理性反思上。」

2.4.1　企業倫理的建構

　　根據包威（Norman Bowie）所提出企業倫理理論的建構模式，如下列所述：

1. 古典理論：假定使股東利潤極大化，此理論有兩個觀點支持：

(1) 根據功利主義的看法，由於個人追求最大的滿足，經由相互干擾與競爭的過程下，可使整體的利潤最大化，因此而造就最大的利益。

(2) 私有財產權的看法，誰是公司的老闆誰就有權決定如何投資，所以股東有權，而且根據實證研究指出，股東所追求的為利潤極大化。

2. 社會契約論：公司企業若不盡社會責任，社會透過政府來干涉，藉由立法或管制，即會使企業長期發展造成不良影響。

新古典主義：「在普遍性公平的道德準則一致下，並尊重合法之私人權益，公司的功能是利潤極大化。」但沒有提到對公司是否尊重人權。或由社會責任的定義來看：「公司的功能是使企業各個關係人之利益調和並極大化。」但此未談到雙方調和的關係，奈許對企業倫理的看法為：「研究個人道德規範如何應用在商業活動和公司目標上，不是另一套的標準，而是研究個人在企業情境下所預見的特殊問題」。

2.4.2 企業倫理的內涵

企業倫理，由倫理與道德這兩個概念進行瞭解。以中華文化的觀點而言，「倫」是指人的關係，即人倫，「理」是指道德律令和原則，所以倫理是指人與人相處應遵守的道德和行為的準則；而西方主要是指風俗、風尚和性格等。道德的基本在實際運作中和倫理並沒有什麼區別，只是在學術上才有一些研究專家根據自己的需要而作區分。相對而言，道德是指一定的文化界域內占實際支配地位的現存規範，而倫理則是指對這種道德規範的嚴密方法性思考。按這種區分，倫理是傾向於一種理論，它是對道德的科學性思考，它高於道德的哲學，而道德則是倫理在實際中的規範。比如我們通常會說「一個有道德的人」，而不會說「有倫理的人」，同樣我們也只會說「倫理學」而不會說「道德學」。從這個角度說，在日常用法中，道德更多用於人，更含主觀、主體、個體的意味，而倫理則更具有客觀、客體、社會、團體看法。

卡羅（A. B. Carroll）在其文章中提出，在管理倫理判斷上，有三種主要的不同特徵的經理人。第一種是不倫理的管理人，即是只關心公司的收益獲利，對其他方面的期望完全與予漠視，將法律視為必須克服的障礙。在作決定時只考慮「我們的行動與決定是否能賺錢」而其他事完全不關心。

第二種是倫理的管理人。倫理的管理人也希望成功,但他們的行動,決定都在倫理的範圍之內,並且尋求一個公平、公正的方法。

第三種是處於倫理與不倫理之間的經理人,有些經理人在作決定時並不考慮到倫理道德的問題,他們認為倫理道德應是用在生活的其他方面,而非在商業做生意上。

2.4.3 企業倫理的本質

企業倫理是將判斷人類行為舉止是與非,並以倫理正義標準加以擴充,其中包含社會期望、公平競爭、廣告審美、人際關係應用等。其本質如下(Clarence, C. Walton, 1977):

1. 企業倫理是「超越法律」的高道德表現。

2. 企業倫理非空談,而為實踐的哲學。

3. 企業倫理必須隨時檢驗與改進。

企業倫理是一種規則,標準規範或原則,提供在依特定情境之下,合乎道德上對的行為與真理的指引;企業倫理是指企業組織工作的人,其行為的對錯是非;也是以企業為主體所構成倫理關係與法則,是規範企業內部員工及社會大眾或消費者的關係。

根據日本東機電力株式會社企業倫理行動宣言,可以更明顯瞭解其中的意義。倫理行為宣言中指出:「我們堅持個人倫理觀,以良心與良能為根本,以公正誠實進行事業的活動」,基本的倫理五項原則如下:

1. 我們遵守相關法令與法規。

2. 我們完全尊重個人的權益與利益。

3. 我們以良好的社會均衡,沒有欺瞞社會大眾。

4. 我們以達成社會責任的自覺為主要目的。

5. 我們以廣大的視野,迅速的行動為主。

商業倫理的鐵律,「企業如果經常以不合法、不道德的手法經營,社會(人士)就會通過其政府進行干預,驅使企業重返正途。」

學者奈許（Laura L.Nash）對企業倫理學下的定義：「研究個人道德規範如何應用到商業活動和公司目標上，不是另一套的標準，而是研究個人在企業情境下所遇見的特殊問題。」一般對於企業倫理的研究範疇，包含五大部分：

1. **應用一般倫理原則到特定的企業個案或實務**：決定哪些作法是不道德或在道德上可站得住腳的。

2. **研究倫理與公司倫理的異同**：公司是一個法人組織，其道德原則與自然人有差異？而自然人的道德標準可否套用在法人立場上？

3. **分析企業的前提假定**：道德前提假定是從道德觀點的前提及針對經濟制度的道德性提出質疑，分析財產權、剝削、競爭等非道德字眼的意義，以及對本益比分析，會計程序等的前提假定是否合法進行討論。

4. **探討總體道德問題**：富國對窮國的責任，多國籍企業對地主國責任等，與經濟學或組織理論有關。

5. **描述道德上值得讚賞的行為與典範**：企業倫理學雖然是針對醜聞而來，但不應該停留在指出錯誤行為的消極作法。

研究企業倫理學使人對企業中的道德問題採取更有系統的方式去面對，且提出更佳的工具，使人看見受到忽略的問題，幫助人做出必要的改變。但其本身無法使人變得有道德。因為人本身具有潛在的良知，必須透過自我的省思才能產生。

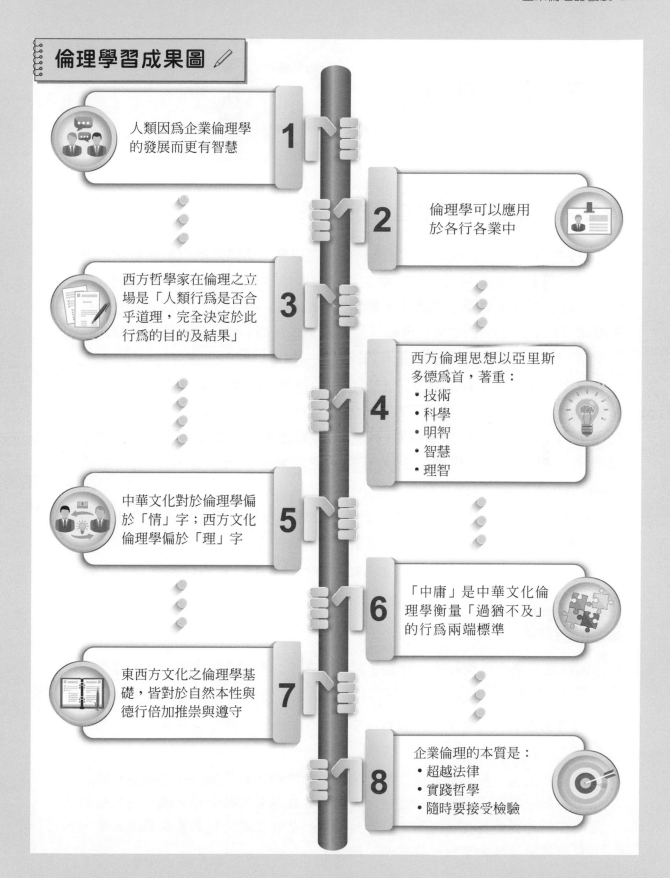

倫理學習成果圖 ✎

1 人類因為企業倫理學的發展而更有智慧

2 倫理學可以應用於各行各業中

3 西方哲學家在倫理之立場是「人類行為是否合乎道理，完全決定於此行為的目的及結果」

4 西方倫理思想以亞里斯多德為首，著重：
• 技術
• 科學
• 明智
• 智慧
• 理智

5 中華文化對於倫理學偏於「情」字；西方文化倫理學偏於「理」字

6 「中庸」是中華文化倫理學衡量「過猶不及」的行為兩端標準

7 東西方文化之倫理學基礎，皆對於自然本性與德行倍加推崇與遵守

8 企業倫理的本質是：
• 超越法律
• 實踐哲學
• 隨時要接受檢驗

章後案例

著名汽車品牌 排廢造假的後果

在2016年4月，福斯汽車在排廢有造假之情事，遭美國的汽車檢查單位提出質疑，美國當局在測量廢氣排放量之認證程序中，提到福斯汽車公司之不實作法，已經造成歐洲汽車股價重挫，影響汽車公司有：戴姆勒（Daimler）及標緻雪鐵龍（PSA）。法國當局也啟動「反詐欺調查委員」之突襲檢查，造成PSA的股價跌4.5%，拖累歐股連續第二天下挫。

福斯在處理善後較為棘手，但因企業倫理的大缺點，造成福斯公司名譽無形的受損。在2015年10月福斯汽車承認，在車上安裝軟體可使實際排廢量超標40倍，有造假情形，美國環保署已表示將重新檢視各廠牌的柴油車。近期，美國司法部要求戴姆勒集團，要調查旗下之車輛的排廢認證程序，包括賓士（Mercedes）車款在內。

從上述的行為，我們特別要提到：企業界在設計各種產品時，要秉著誠信原則，重視企業倫理之層面，才是永續經營的最佳方法。

參考資料：2016年4月23日，經濟日報A9版，湯淑君編譯。

活動與討論

從上述福斯汽車之造假行為，衍生了歐股（汽車）的慘綠，請同學依企業倫理的實施標準，試指出下列問題，並加以討論。

1. 你認為福斯公司在排廢造假的行為中，發生的原因為何？其理由何在？請加以分析。

2. 汽車產業是現代產業的龍頭產業，公司主管們的認知及能力，皆為各產業的佼佼者，照理講是不允許發生造假的情事；但在現實的社會中，還是發生造假問題；你認為要如何遏止這些造假事情發生呢？在企業文化與企業倫理之間，宜如何來重新發揮企業倫理教育的功能呢？

Review

1. 本篇針對企業倫理學的定義與概念，進行相關的瞭解。倫理學基本上可以分為三大類，描述倫理學、規範倫理學、統合倫理學，三者合稱為一般倫理學。

2. 中華文化的倫理學，基本上可以分為三大項：

   (1) 血緣文化；

   (2) 情理文化；

   (3) 入世文化。

3. 亞里斯多德對於追求真理的五種德行，分別為技術（tekhnee）、科學（episteenee）、明智（phroneesis）、智慧（sophia）及理智（nous）等五大項。

4. Bernard Gert提出十大道德規則，如下：

   (1) 不可殺人。

   (2) 不可引起痛苦。

   (3) 不可使人殘廢。

   (4) 不可剝奪自由。

   (5) 不可剝奪享樂。

   (6) 不可欺騙。

   (7) 不可失信（守住你的諾言）。

   (8) 不可說謊。

   (9) 不可違背法律（應當遵守法律）。

   (10) 不可怠忽職守（盡忠職守）。

5. 企業倫理的本質如下（Clarence, C. Walton，1977）：

   (1) 企業倫理是「超越法律」的高道德表現。

   (2) 企業倫理非空談，而為實踐的哲學。

(3) 企業倫理必須隨時檢驗與改進。

6. 一般對於企業倫理的研究範疇，包含五大部分：

(1) 應用一般倫理原則到特定的企業個案或實務：決定那些作法是不道德或道德上可站得住腳的。

(2) 研究倫理與公司倫理的異同：公司是一個法人組織，其道德原則與自然人有差異，而自然人的道德標準可否套用在法人立場上？

(3) 分析企業的前提假定：道德前提假定從道德觀點的前提假定，及針對經濟制度的道德性提出質疑，分析財產權、剝削、競爭等非道德字眼的意義，以及對本益比分析，會計程序等的前提假定是否合法進行討論。

(4) 探討總體道德問題：富國對窮國的責任，多國籍企業對地主國責任等，與經濟學或組織理論有關。

(5) 描述道德上值得讚賞的行無為與典範：企業倫理學雖然是針對醜聞而來，但不應該停留在指出錯誤行為的消極作法。

Exercise

1. 請簡述中國倫理學的內容與意義。

2. 請簡述西方倫理學的內容與意義。

3. 中國「禮」的觀念是由何時開始的？對中國倫理觀念有何影響？

4. 西方倫理學起源於何者？對西方倫理觀念產生何種影響？

5. 請簡述企業倫理的定義。

6. 請簡述倫理的定義。

7. 請比較企業倫理學與倫理學的差異性在哪裡？

8. 請簡述西方倫理學與東方倫理學的差異點。

9. 請比較亞里斯多德與孔子倫理思考點的異同。

10.請針對本篇內容，進行倫理學學派的歸納與分類。

note

CHAPTER —— 03

企業倫理的內容

章前案例

❓ 半導體龍頭——臺灣積體電路公司（台積電）「誠信正直」的企業文化

　　台積電公司有「護國神山」的美譽，是非常值得國人同胞驕傲的事。依公司的副總經理暨法務長方小姐的介紹，除了因為台積電有全球最先進的晶片代工製程，也因為「企業誠信」對台積電不再只是口號，而和績效有實質關係，如保護營業祕密就是維護企業誠信。台積電創辦人張忠謀先生在公司創立時就將「誠信」納入DNA。台積電方法務長指出，過去雷曼事件及現今的恆大事件，都讓大眾更深刻體認到，企業不能僅以財務為指標；對於企業來說，已經意識到不能只以獲利為主，「誠信」是更重要的。

　　而台積電是如何具體定義「誠信正直」？每個企業或每個人對於誠信可能有不同的定義，因此台積電必須清楚告訴所有同仁「誠信正直」究竟是什麼？明確列出相關的認知包含：真話、一旦做出承諾必定不計代價全力以赴等等。

　　從上述個案的介紹，得知台積電公司對企業倫理的教育方式，有非常重要的學習價值，本個案具有大專院校學生深入瞭解的倫理教育標竿，並可以成為代表性的範本素材。

參考資料：2022年2月23日，經濟日報B5版，尹慧中報導

💬 活動與討論

1. 請同學上網找台積電總公司的官網，認識台積電的企業文化與企業倫理的核心價值為何？

2. 請討論台積電信奉的「誠信正直」經營準則，若你是一位企業公司的負責人，你認同嗎？或有其他建議與看法呢？

倫理引導心智圖

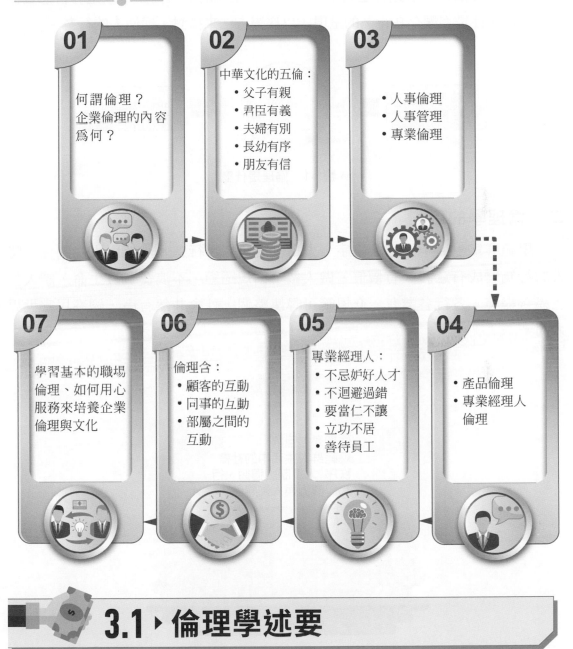

01
何謂倫理？
企業倫理的內容
為何？

02
中華文化的五倫：
• 父子有親
• 君臣有義
• 夫婦有別
• 長幼有序
• 朋友有信

03
• 人事倫理
• 人事管理
• 專業倫理

07
學習基本的職場
倫理、如何用心
服務來培養企業
倫理與文化

06
倫理含：
• 顧客的互動
• 同事的互動
• 部屬之間的
  互動

05
專業經理人：
• 不忌妒好人才
• 不迴避過錯
• 要當仁不讓
• 立功不居
• 善待員工

04
• 產品倫理
• 專業經理人
  倫理

3.1 ▶ 倫理學述要

一、倫理是什麼

　　倫理是存在人心中的價值觀與行為標準，告訴我們什麼是對的，什麼是錯的，「倫」是人與人之間的恰當關係，「理」是規範與準則，所以「倫理」是指人際關係中所共同遵循的規範，乃是人類是非善惡的標準及行為基準，倫理學

亦是指評述人類行為是非、善惡好壞的人性行為科學，倫理學亦是哲學的一部份，他包含理論性與實踐性之科學。理論性是主觀的價值判斷，以是非善惡為標準，而實踐性是客觀存在行為的呈現，以科學方法來探討，促使人的行為。

▶▶ 圖3-1　倫理是什麼

二、倫理學的目的

規範群眾生活中的社會秩序，人事制度道德、行為、價值與人倫關係，將人的行為變成有意義，有價值，做人做事循規蹈矩，不浪費寶貴生命，讓人生能盡善盡美，各行各業有一套規範可尋使整個，社會井然有序，國泰民安世界大同。

▶▶ 圖3-2　倫理學的目的

三、倫理學的道理行為

是在教導人如何做好事，成為正人君子學好各行各業的學問與原理原則，使人人有為、有守、有修、有澄，簡單地說，倫理學是研究做人做事的學問。

四、倫理學的教育目的

倫理學在於規範生活秩序、道德規則、社會責任、社會義務之概念。

▸ 圖3-3　倫理學的教育目的

五、倫理學的道理規範

孔孟聖道在人道上教忠教孝，推行五倫（父子有親，君臣有義，夫婦有別，長幼有序，朋友有信）的道理倫理，提倡社會生活的倫理綱常及道德修善等，成為穩定社會的一般主流力量。

▸ 圖3-4　五倫

中國人一般均有倫理道德及輪迴觀念！

這是一個真實故事，有一家慈善機構有信眾送給他們一台中古發財車做為生財器具，有一天上班後義工發現車子不見了，找了一上午還是找不到，下午有人打電話來說車子在他那裡，但要給5萬元贖回。義工就跟住持報告，住持告訴義工說：請他先將車輛還回來再匯錢給他，義工心想怎麼可能，小偷沒拿到錢不可能還，住持又說：盜業已成你如何幫他消業。第二天小偷又來電話，義工依據住持交代跟小偷周旋了三天，第四天小偷來電告訴義工車子停在濱江公園，結果車子真的找到了，單位也依約匯5萬給他。這故事告訴我們為什麼要偷車，因為真的須要錢，但小偷也有倫理道德及輪迴觀念，他們也希望來生日子好過一點。

3.2 ▶ 何謂企業倫理

一、企業倫理的意涵

企業倫理是指正確及適當的企業行為。當企業經營者做出違反企業，有損顧客及公共利益時，這就發生企業倫理的問題，企業倫理最重要在於企業責任，而責任觀念決定於企業經營者對企業倫理的尊重與否。因為倫理不涉及法律，但它有絕對道德觀範之意。

倫理，規範人類規則與秩序，規範會因時空背景不同，而有差異，但各族群各階層都有他的倫理與道德，倫理當成一門學問來研究，即形成倫理學，也就是說企業經營的倫理規範把它當成學問來研究，即形成企業倫理。

因此企業倫理的內容包含很廣，如人事倫理、人事管理、事業倫理，產品倫理、專業經理人倫理等。

1. 人事倫理

人事倫理是指規範人與人之間相處之道，因時代變遷社會由農業時代轉換至

工業時代，人與人之間的關係隨時代變化越來越複雜，人事管理即是工業社會中的一種人際關係，俗語說：「家和萬事興，家不和萬事窮」，企業好比一個家庭，如果企業人事倫理規範好以及實踐好，人事倫理在企業團隊中落實，人與人之間溝通無礙，人際融洽，則企業的發展，就會成功，因此，企業的成功，發展與成就須奠定在既合理又有良好的人事倫理之中。

2. 人事管理

員工是企業機構組成之基本條件，人力是企業經營發展的主要資源，企業經營過程中，健全及合理的人事管理是很重要的，因為企業人事如能上軌道，企業組織才能順利推行，使人力、物力、財力發揮最大功效，因此人事管理是在企業中影響成敗最重要的關鍵。人事倫理與人事管理是一體兩面，而人事管理是依據人事倫理而處理，人事規劃、人事業務、人力需求、員工適用、績效評估、獎懲、人員調動、員工訓練等。

> 企業倫理指正確及適當的企業行為包含，人事倫理及管理

> 做為一個大企業家，你連基本的企業倫理與道德都沒有

▶▶ 圖3-5　企業倫理的意涵

3. 專業倫理

專業倫理可分為傳承倫理、關懷倫理、利益倫理、合作倫理及團隊倫理等，專業就是專業倫理也就是專業道德，企業中從事專門技術工作或行業工作各行各業均有其倫理道德，例如企業相承，師父傳授，徒弟前輩教導後輩，先進指導後學等皆是傳承倫理，因此敬老尊賢及師徒倫理在企業中均被重視與遵循，好比在技藝的傳授過程中，師傅將其謀生技能傳授給徒弟，就如父子之情，俗話說：「一日為師，終生為父」這就是傳承倫理的最佳寫照。

關懷倫理是建立在人情事故，愛心與關心之中，企業中都應該有的，因為他透過人際關係，人性關係來表達，同事與同事之間的關懷，如企業中之業

務，專業領域之技術交流活動等之尊嚴，工作權、心靈福利、工作保障等都因受到關懷。

合作倫理，在規範人與人之間的合作關係及活動過程中須有合理的規範及推動方法，合作倫理應該是以人為中心，事為基礎，以共同利益為最終目標，例如：建設公司在蓋一棟房屋時，必須有倫理規範和推動，使每一位成員均有一定規範遵循。

企業運作中之各成員均為團隊的一份子，個別站在個人工作崗位上，必須有施行方法及倫理來規範，才不會群龍無首，例如建築團隊有建築師設計建設圖，結構技師設計結構圖，電機技師設計水電圖，消防設計師設計消防圖，營造廠負責建築施工，水電行員負責施工，監工負責監造，係各負責各職責，才能將房屋完成。

企業老闆就是負責人，生意人在商言商，有錢賺最重要，但不是主要合作就好，企業中各行各業中均有所謂的道中有道，合法是否就是合理，是否就等於合乎道德，在舉世趨向世界地球村的時代，人與人交往爾虞我詐是會被淘汰出局，因此就有一套利益倫理來遵循，生意才會可長可久，因此企業中互利問題，也就是利益倫理，就應運而生。

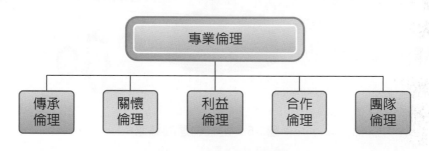

▶ 圖3-6　專業倫理範疇

4. 產品倫理

企業產品是企業與顧客間信譽之保證，因為不安全的企業產品對消費者危害甚大，例如廠商對其製造或銷售產品，不論是直接或是間接關係，企業廠商都應對其產品缺陷為消費者造成任何損失負起絕對的責任，而不是「貨物出售概不退換」或「一手交錢，一手交貨，銀貨兩訖」之封建時代的作法。

產品的標示，有助於消費者對產品的認識及品牌的認同，雖然法令有明文規定及強制執行，但亦有些不當廠商造假，就是所謂的黑心產品，黑心藥品等，基於企業永續經營理念，及建設優良的品牌，廠商有義務及責任，於

標示上充分揭露產品相關訊息，包括製造日期、產地、主要成分、廠商名稱、服務電話、使用方法等。

▶▶ 圖3-7　產品倫理

5. 專業經理人的倫理

現今講求管理時代，不論管理者或者是被管理者，都必修的一門功課叫「管理」。做為一個企業領導者或是主管必須具備有哪些要件？

(1) 不忌妒好人才

企業主管，直接面對部署，如果部屬傑出，該慶幸的是你，因為你擁有優秀的人才，為你所用，而不是忌妒他的才能。甚至你更應該基於愛才之心，給予提拔、讚美，給予空間發揮所長。如果你忌妒他的才能，處處刁難他，打壓他的工作空間，他必定不會為你所用，更不會為你效命，最後損失的是你。

(2) 不迴避過錯

身為一為企業經理人，除了知人善用，不可推讓過失，如果將工作上的疏失推給部屬，這種主管是不會被部署所擁護，且工作也不會長久，相反，如果部屬有錯應視情況給予機會、輔導、及鼓舞他，讓他走出錯誤的陰影，因為最忠誠的部屬，往往就是曾經失敗且受到主管寬容與教導的人。

(3) 要當仁不讓

好主管不但要有責任感，還要能見義勇為，凡是有意義，需要負責的任何事情，自己都應該以身作則，把事情承擔起來，以作為部屬的表率。這樣對整個工作環境，具有提振士氣作用。而一個好的管理原則，就是要懂得「心的管理」，所謂「帶人要帶心」，只要主官能以身作則去做，部署看在眼裡，自然對你產生向心力，這才是一個事半功倍的管理方法。

(4) 要立功不居

做為一個領導者，不論立下多少功勞，一定要有這個觀念，並想到：功勞是大家成就的，應該分享給大家。因為所有事情的成就，都必須仰賴眾緣和合而成，絕不是靠一己之力所能完成，因此成就歸於大家，而不是歸於個人。領導者應具備此觀念，工作團隊才能和諧。

(5) 善待員工

員工好壞是否忠誠，是公司永續經營的命脈，身為專業經理人應特別重視員工，如何對待員工的方法：1.交代員工辦事，不能太過分。2.勞動定時，不能操勞過度。4.生病時，要給休息。5.待遇，不能太苛。

▶▶ 圖3-8　專業經理人的倫理

二、職場上不可少的倫理

目前社會上最缺乏的倫理是職場倫理，職場倫理也可以說就是在職場中的人際關係。職場倫理既然側重職場上的人際關係，廣義的職場倫理就包含三個部份：

(1) 與顧客的互動（關係）。

(2) 與同事的互動（關係），包括與老闆或主管之間的互動。

(3) 與部屬之間的互動（關係），更包括與其他同事之間的互動。

▶▶ 圖3-9　職場倫理

1. 職場上最起碼的倫理

(1) 尊重：絕對尊重對方的職位與職權。他可能技不如你，職位卻高於你，你要因為尊重他的職位而尊重他。他可能經驗沒有你多，資歷沒有你深，但只要他有某種職位，就有某些權利，你要尊重。尊重別人的職位與職權，其實就是尊重在這裡上班的每一個人，其實就是尊重你自己。

(2) 包容：當我們懂得去尊重別人，當然就能夠進而包容別人，欣賞、接納、肯定別人。

(3) 欣賞：即使利益有衝突，也還是要看對方很順眼（沒有競爭對手焉能顯出你的重要與價值）。

(4) 接納：這地球上固然沒有你不可，缺了你就少了什麼似的；不過，這世界上也不能沒有他。

(5) 肯定：我雖然很能幹，但他也很重要、是不可或缺的。

▶▶ 圖3-10　職場上最起碼的倫理

2. 基本的職場倫理

(1) 一定要嚴守安全規範與準則

你將傷害到的不只是你自己，你很可能會傷及無辜。你若掉以輕心，最可能傷害到的將是你的同事，你所屬的團隊，你焉可不慎。

(2) 不要鐵齒

在職場裡，要多聽別人的建議，不要鐵齒；即使是一事無成的老前輩，他的建議都很可能是金玉良言。

事出必有因，多聽前人的指點不會錯，不聽老人言、吃虧在眼前；特別是在工程界，資深的前輩看多了悲劇，所以常語重心長，你千萬不要嫌他囉嗦，千萬不要鐵齒，否則後悔莫及。

(3) 要按照標準作業程序（standard operation procedure, SOP）進行

這樣，你的工作才不會抵銷別人的努力，你使用的資源才不會與別人衝突，也才不會造成意外與災害的發生。

(4) 不可以倚老賣老或耍酷

倚老賣老最容易讓你不受歡迎、最容易破壞職場倫理、最容易得罪別人、最不容易發揮出我們的實力與貢獻、最容易釀成災害。

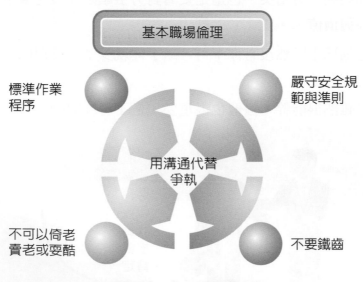

▶ 圖3-11 基本的職場倫理

三、企業成功的要件

　　做一件事想要成功，想要完美，成功的條件不可缺少，就像種花，像陽光、空氣與水的基本養份外，不可缺少的是肥料，也就是指事業成功的內在條件是要有身心的調和，品德與意志力的健全，外在的條件是強身與廣學多聞。一個想要成功的人，應努力提高自己思想道德的境界，使自己成為一個有仁德的人，一個具備高貴品德的管理者，他能打從內心時時刻刻為員工，為部屬著想，才能實行仁義管理，真正做到寬仁厚德，由於他的以身作則，且行才能下放。

　　一個人要成功，企業亦是，事前必須有用全準備，臨事必須要有的魄力，要有當機立斷的勇氣，所謂負責、擔當、勇敢、果決的精神不可或缺。

　　企業界領導者，由於自己身體不好，而影響企業的發展，身體不健康，不僅對事業會產生影響，在做人方面也容易產生缺失，因為無法聯誼，也無法主動去關心事務，更不能具足擘畫千里的衝力，所以一個人想要成功，強健的體能是很重要。

　　淵博的見聞對一個想成功的企業是很重要的，外界信息不能孤陋寡聞，要能高瞻遠矚，心胸要廣闊，見識可以靠自我充實，廣學多聞來提升，心胸則要自我培養，以不斷的歷練來增加，因為一個企業家，對於經營哲學，管理技巧和組織運作方面的知識都要具足，因為不管任何工作，都應具備足夠的知識，及職場人際關係，職場倫理基本上是為了使每個人都遵守職場上的程序與運作規範。

　　因此，我們應該透過良好的職場倫理，去強化我們在職場上的人際關係，使個人與整個公司都立於不敗之地。

成功要件：
像種花，像陽光、空氣與水的基本養份外，不可缺少的是肥料

▶▶ 圖3-12　企業成功的要件

3.3 ▶ 企業倫理的產生

　　企業倫理的產生是因為企業生存需要，18世紀末至19世紀初，英國產業革命成功，帶動人類科技文明與產業經營方式的變化，從此人類更相信「人定勝天，科技萬能」的理念，19世紀末至20世紀，因此造就了不少的產業天王。企業以為主要有產品不怕沒有市場。20世紀至21世紀時代世界產生經濟大恐慌，企業產生大變化，有產品銷售不出去的窘境，因此企業體會到生產者並非無往不利，必須好好的研究及規劃供需及管理的問題。

企業倫理的產生是因為企業生存需要

▶▶ 圖3-13　企業倫理的產生

一、企業成功之前必備條件

　　人在一生當中都在追求一個圓滿，企業亦同，圓滿的人生，要有許多方面的配合才能「成功」。企業企圖「飛黃騰達」，在待人處世上要「廣結善緣」。古人說：「修身、齊家、治國、平天下」，要先把人事方面做好，才能在談其他方面的成功。做人怎樣才能成功呢？

1. 誠信守分、待人尊重

　　人與人，公司與公司之間來往，最要緊的就是「誠懇」與「信守承諾」，寧可自己吃虧、上當，都不可去傷害別人，這就是所謂的守分，與任何人或任何企業交往都要真心平等的尊敬、尊重，所謂「敬人者，人恆敬之」，你尊重別人，別人自然就會尊重你，對人講誠信，謹守本分，又能尊重對方，無論工作上，生意往來，都比較容易成功。

2. 忠心負責、處世認真

當夜深人靜時，你是否自問，你工作是否負責，待人處事是否真心，人與人之間是否「受人之託、忠人之事」，本身所擔任的工作，是否「仰天不愧於天、俯地不愧於人」。所以說企業要成功如能確實做到忠心負責認真、待人誠懇，必能所求如願。

3. 學養專精、求知不息

「知見」就是整個生命的主體，員工教育訓練是公司無形「財富」，在競爭激烈的時代，你或是企業均須具備高明的學術知識，深厚獨到的涵養工夫，所擁有的技術也都很專業，這樣學有專攻、知識健全，不斷樹立起良好的形象。求知求識的心不打烊，再加上工作認真，既有這些優越的條件，當然容易成功。

4. 慈悲平和、服務大眾

一個企業組織想要成功，必定要施給人無限的慈悲，廣大的愛心，熱心與有品質的服務，如此才能獲得客戶的認同，走向成功之道，星雲法師常說：「慈悲無障礙，施比受有福」，正是透過這樣善意真誠的佈施，「果報自受」最終真正的受益者就是自己。因此我們了解企業要成功是「誠於中而形於外」，成功沒有所謂捷徑，但只要努力，人人有機會。

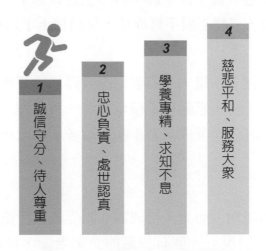

▶▶ 圖3-14 企業成功之前必備條件

二、企業成功的動力

　　每個人都想成功，都希望成功，學生期望考上理想中的學校，商人渴望事業飛黃騰達，父母期待子女出人頭地，但成功並非人人有之。古人有說「失敗為成功之母」，失敗並非完結，勇敢面對，還可以奮起飛翔，甚至帶來更大成就。但人們會因為成功帶來榮耀，失敗帶來沮喪，誰都不願意失敗，因為成功必須具備成功因素，這些因素是成功的動力，前提是以下幾點參考：

1. 生活的動力

　　每個人都有親人、朋友，善待親友，在我們的人生當中是非常重要的。

2. 慚愧的動力

　　在佛經裡面說：「慚恥之服，無上莊嚴」。又說「慚與愧二者能便一切言語行為光潔，所以叫做二種白法」。有慚愧心的人，懂得自我反省，勇於改進，知到自己有所不能，有所不及，要努力的地方很多，便會專心立志，勇敢直前，一旦潛能發揮，成功指日可待，所以人要有慚愧之心，才會有進步，企業亦同。

3. 謙讓的動力

　　要學習老二哲學，如果一個人或企業與他人爭強鬥勝，圖占上風，甚至為擁有權利、地位或生意，而不擇手段，雖然生意做到了，勝利了，也會因此而輸掉了道德及人情，這樣不但不算成功，反而種下了以後失敗的禍因。

4. 忍耐的動力

　　諺語云：「萬事皆從急中錯，小不忍則亂大謀」。要成就一件事，須要觀察時機等待因緣，急不得。忍耐是一種承擔、一種處理、一種等待。所以不可小看忍耐的力量。許多事業成功者都在忍耐多次失敗後，愈挫愈勇，最後得到全面成功。

5. 智慧的動力

　　智慧不是賣弄技巧聰明，而是人格成熟、眼界寬廣、處理即時因難的擔當以及權巧應對的內涵展現。一個有智慧的企業老闆，做起事來理路清楚，什麼時候該說，該做，該加強，了然於心。綜觀各大成功企業，除了上下同心，主事者善用智慧管理及決策也是成功的關鍵之一。

　　有智慧的人，最大的內心能源就是樂於成就他人，所以眾緣也都來成就他，就像百萬業務員，能排除各種利害關係搭建客戶與企業之間的真正友誼。

成功的動力:
・生活的動力
・漸愧的動力
・謙讓的動力
・忍耐的動力
・智慧的動力

▶▶ 圖3-15　企業成功的動力

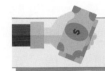

3.4 ▸ 企業倫理的形成

　　企業倫理的落實與建構是其企業員工的共同須求而形成，即因企業本身要有多構面的特質，因此每一家企業所訂定的倫理政策、倫理風格、行動重點均有不同，企業倫理的執行，是否達到預期效果是因不同企業規範產生不同的效果，但與倫理規範之執行及經營績效有相當關係。

一、企業文化

　　企業倫理的形成因不同企業文化有所差異，而產生不同企業倫理，企業倫理形成是依據企業全體員工需要產生道德行為觀念，在企業經營過程中，利益分配、人事變遷是否合理，企業組織是否符合情理法等問題常常出現，因為世間的人都喜歡講「情理法」。所謂事有事理，道有道理，情有情理，法有法理，任何一件事都有其各別的「理」，但每一種都有其原則，而不是「公說公有理，婆說婆有理」，而是要大家公認，才能通情達理。企業中人事升遷制度公平與否，福利、酬勞、獎勵制度是否符合倫理規範…等，對企業組織有相當影響，所謂百年樹人，企業生存必須有一套完整的組織架構，基本上都依循著事、情理法的中華文化式管理方式進行和演變，而成熟最後達到成功。

企業文化
利益分配人事變遷是否合理，企業組織是否符合情理法

▶▶ 圖3-16　企業文化

二、企業與企業之互動

　　企業在經營與交易過程中，接觸各種不同文化之企業與相關主管機關員工眷屬之互動，攸關企業永續經營及發展，因此企業體與企業體之間的互信，互助、互依、互動、互利相當重要，且必須有一倫理做為基礎，建立起良好的人際及倫理關係，假使企業為了本身利益而損害與企業本身所經營項目相同之其他企業，那這就是損害自己的力量，或者企業損害與本身經營不同的項目之企業，那也是損害自己，因為為了企業的利益而樹立敵人，那企業經營會因此而更加困難，企業內部同事間亦同。

三、企業內部員工

1. 以關愛代替抱怨

　　不論任何主管對部屬應以關愛代替抱怨，以熱忱代替冷漠，以鼓勵代替責備、以啟發代替公式化，以寬容代替嚴荷，以真誠代替虛偽，以謙讓代替高傲，以客觀代替主觀，何為以關愛代替抱怨？每一個員工都有自己的個性，因為每個人成長環境，生活習慣不同，在思想上，態度方面及行為各有不同，在工作上難免會有不同，如果以抱怨來反應不滿，只會加劇爭執，處理爭執的方法，是以關愛來代替報怨，衝突才能化解。

2. 以鼓勵來代替責罰

　　在適當時機給予一句讚美的語或是獎勵，讓他感受到我們的期許，會產生更大的力量。

3. 以啟發代替公式化

現代企業一切講求規定公事或作業講求程序公式化。

4. 以寬容代替嚴苛

古人說「律己宜帶秋氣，帶人處事宜帶春風」，對自己的一言一行要謹慎嚴格，對待部屬則要寬容敦厚，才能讓對方衷心感動、心服口服。

5. 以真誠代替虛偽

虛情假意或許能騙人一時，幾次以後就會讓人發現你的虛假，將會對你的言行舉止打折扣，因此真誠待人，才能永久。

6. 以謙讓代替高傲

有些人自以為了不起，態度傲慢以顯示自己高貴，希望獲得人尊敬。其實傲慢的態度往往代表內心的膚淺，反而讓人輕視。唯有謙讓才能得到別人的尊敬。

7. 以客觀代替主觀

不論做人處事，經營企業，如果能客觀的觀察事物，提出規定，建言或看法，會比較完整周全，容易被人接受，因此做人處事，不要太主觀，太執著才能受人尊敬與得贏得好感。

3.5 ▶ 企業倫理的意義

　　一般人對企業經營的概念就是賺錢，而企業倫理在企業經營中，應該可處以人性管理做為基準，在工商社會快速發展的時代，企業如何賺到錢，又能符合企業倫理規範，這是一門大學問。

　　研究企業倫理時必須瞭解及研究企業行為，也就是人人應遵守之規範及秩序之法則，由古至今，雖然時空背景及規範不同，但人與人、公司與公司之間的倫理規範均有一套準則依尋，這一套倫理規範將來當成學問來研究，就形成所謂企業倫理。研究企業倫理，各學者專家各有不同見解，但目的均為教人如何做好人，行好事，遵守企業經營人倫法則等行為規範如：

1. 企業內部文化

如經管理念、勞資關係、員工教育、員工照顧、人事升遷、主管與員工相互尊敬、敬業、利潤共享等。

2. 企業外部

消費大眾、顧客遵守信譽、品質保證等企業與企業競爭，往來等道德規範。企業倫理最終功能予使企業體永續經營及發展。

一、企業倫理的準則

企業倫理的產生在西方不是偶然的，它是工業革命，經濟發展、個人主義、資本主義的產物。它的發展乃憑藉個人的理性，科學的知識、宗教的信念，從而設計出一套管理方式，去推動和控制社會經濟的發展，西方是以上帝，耶穌基督為道德標準。然而東方管理理念是憑藉著人性的反省與思考，提倡集體主義，彰顯人的社會價值，結合人的感情需要，運用共同的價值觀念和社會責任感，去實現管理及推動企業倫理的發展，是以儒家、法家、佛家的道德思想為標準。東西方倫理的標準，本質上是東西方文化的差異、社會組織的差異、哲學思維方式，與價值觀和歷史經驗的不同做為標準。

▶▶ 圖3-17　企業倫理的準則

二、企業倫理的依據

易經為群經之首，在歷史上此系統決定了東方的思考方式，是奠定基礎的著作，無論儒家、道家、法家、佛家都受易經決定性的影響，所以易經被當作企業倫理的典範及基礎模式。

三、企業倫理的影響

易經哲學加上儒家、道家、禪宗等思想一貫而下，形成了東方倫理哲學，此哲學由上而下的統一性，又能掌握整體性，懂得「圓融」的包容藝

術,整合而成一套知行合一,體用不二,主客兼容,內外協調的倫理模式,則決策、計劃、組織、領導統御、用人、溝通等方面皆能產生良好的效果。

▶▶ 圖3-18　企業倫理的影響

倫理學習成果圖 ✎

 1 學到企業倫理的廣義內涵

 2 企業倫理是企業核心競爭力之靈魂

 3 企業的職場倫理，可以在以下幾點下功夫：
- 尊重
- 包容
- 欣賞
- 接納
- 肯定

 4 成為成功的企業人的不二法門是：
- 誠信守分
- 忠心負責
- 學養專精
- 慈悲平和

 5 進一步體會到企業倫理可以讓企業界人士有：
- 生活的動力
- 慚愧的動力
- 謙讓的動力
- 忍耐的動力
- 智慧的動力
即是成功的企業人

 6 更瞭解企業倫理影響到企業文化及企業永續經營

章後案例

「誠信」是經營企業最重要的基石，你相信嗎？

　　在2013年內，國內發生「人工香精」的胖達人事件，當時，胖達人麵包店應用標榜「天然、無添加人工香精、健康」，並常應用藝人、名人行銷，話題性十足，主攻高價市場，一個麵包要價50至150元，仍供不應求，成立短短兩年就在臺開了19家分店，香港及中國也有設點。但在2013年開始爆發了「胖達人麵包」不老實，有添加人工香精卻說沒有，後來被臺灣及香港衛生單位當場戳破，胖達人之「天然香精謊言」後果，公司的總經理才肯出面道歉。該公司自2010年創立，到2013年年底即歇業，短短3年時間，胖達人麵包從無到有，止興盛時有數十家分店，也有藝人參與宣傳與投資；而到2013年下半年即因「誠信」不足，欺騙了客戶，而最後步上關門歇業之命運。從這個故事，我們更要堅定信守經營企業之「誠信」守則，是企業生存之最重要的基石。請學習者在研讀企業倫理過程中，要引以為鑑。

參考資料：2016年6月13日，明新科大行銷與流通管理系企業倫理期末報告，陳慧娟撰

活動與討論

1. 請各組討論：胖達人麵包店之經營哲學與誠信的企業倫理之相關性，並具體提供如何避免胖達人公司之後果？請各組具體提出看法。

2. 很多企業創辦人，皆認為「誠信」是公司首要信條與管理哲學，而從胖達人公司原本前途似錦，但因為不老實，以人工香精欺騙顧客，剛開始又不道歉，後來因為衛生單位介入，而抓出其「不誠信」之言論。結果，兵敗如山倒，實為不智；若你有機會創業，你會引以為鑑嗎？理由何在。你又如何來落實「誠信」的企業經營哲學呢？

Review

／ 觀念回顧 ＼

1. 倫理學是指評述人類行為是非善惡好壞的人性行為科學，倫理學亦是哲學的一部分，它包含理論性與實踐性之科學。

2. 倫理學的道理行為，是在教導人如何做好事，成為正人君子學好各行各業的學問與原理原則，使人人有為、有守、有修、有澄。簡單地說，倫理學是研究做人做事的學問。

3. 專業經理人的倫理：

   (1) 不忌妒好人才；

   (2) 不迴避過錯；

   (3) 要當仁不讓；

   (4) 要立功不居。

4. 企業成功之前必備條件：

   (1) 誠信守分、待人尊重；

   (2) 忠心負責、處世認真；

   (3) 學養專精、求知不息；

   (4) 慈悲平和、服務大眾。

1. 倫理學是指評述人類哪些行為？

2. 企業倫理是在告訴我們哪些行為？

3. 身為一個專業經理人，要有何種胸襟？

4. 企業倫理的六大要素為何？

5. 請簡單敘述企業倫理與管理學的關係。

6. 請問你認為企業成功之前必備哪條件？

7. 請問你認為基本的職場倫理應包含哪些？

8. 如果你是企業負責人，請問你如何做好企業倫理？

9. 依你對胖達人事件發生，企業應如何貫徹倫理？

note

CHAPTER
—— 04

企業倫理與企業經營環境

章前案例

❓ ESG 不只是口號——「企業倫理」的實質應用

　　ESG代表環境（environment）、社會（society）、公司治理（corporate governance），三者簡稱ESG。國內行政院金管會配合推動公司治理3.0永續發展藍圖，邁向「推動並強化企業永續發展」，並接軌國際規範，豐富企業經營與落實企業社會責任。依據中華公司治理協會陳清祥理事長的建議，在大學的通識課程中，得將2021年國內企業界的大改革，也就是ESG，納入企業倫理。如環境議題，要制定節能減碳、溫室氣體減量、減少用水及其他廢棄物管理之政策。

　　陳理事長也建議，企業不能只將ESG的口號喊得震天響，經營團隊得將ESG納入公司中長期的策略規劃及年度營運計畫中，並將企業倫理的基本教材，提升到企業倫理的應用層面，要從環境、社會責任及公司治理的永續發展的關鍵因素，大步向前，讓全員參與ESG的執行，使其成為未來企業的文化與DNA，進而提升企業競爭力和韌性。

參考資料：2022年1月3日，經濟日報名家觀點A4版，陳清祥撰

活動與討論

1. 請說明ESG的意義。

2. 請將班上同學分組後，討論在企業倫理更上層的實質應用上，大力推動ESG時，應注意那些可能產生的企業經營問題呢？

倫理引導心智圖

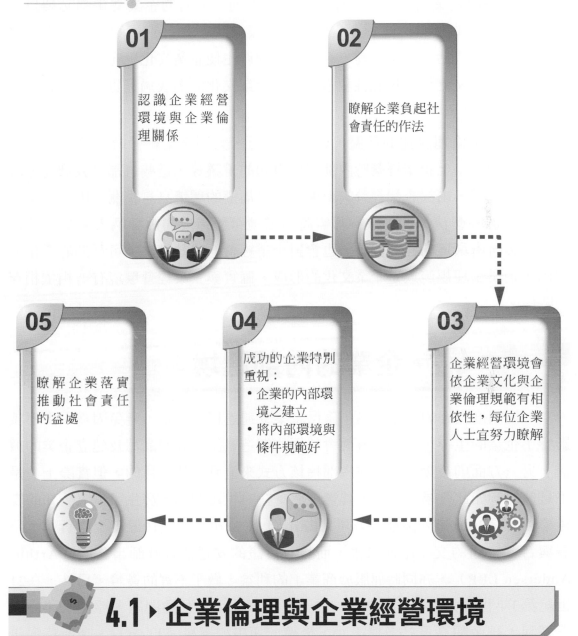

01
認識企業經營環境與企業倫理關係

02
瞭解企業負起社會責任的作法

03
企業經營環境會依企業文化與企業倫理規範有相依性，每位企業人士宜努力瞭解

04
成功的企業特別重視：
• 企業的內部環境之建立
• 將內部環境與條件規範好

05
瞭解企業落實推動社會責任的益處

4.1 ▶ 企業倫理與企業經營環境

　　企業倫理講的是企業體在經營的過程及環境當中，所必須塑造出的一種企業核心價值觀及企業的發展策略，而這種觀念及策略的建立，則成了一個企業能否永續經營，長久發展的重要關鍵因素。

　　企業倫理的內在本質就是企業文化的構成，兩者間確實存在著密不可分的關係。所以，黃培鈺博士也就針對了企業倫理與文化的關連作了下列的說明：

「企業倫理就是企業文化中的精神與道德文化。在企業文化的產生過程中，企業倫理是整個企業文化的基本原理及精神原則，所有的企業文化都必須以企業倫理爲文化的基石。違反企業倫理的企業文化，是行不通的。另一方面來說，企業文化包括了企業倫理，企業倫理的產生使企業文化更充實，企業倫理的產生使企業文化更具規範性和道德性，企業文化的形成過程也促使了企業倫理的因運而生」。

　　因爲企業倫理論述的範圍，非常的廣泛，大到企業經營時對於外部環境造成的影響，小至企業經營時內部環境引起的爭議等，這些也都是我們需瞭解的。一般而言，由於企業經營的型態與企業周遭的環境息息相關，因此企業內部任何一個經營決策的形成，都需將對環境可能造成的影響納入考量，同樣的，企業所處環境的任一變動，也會對企業經營的成效帶來不可預期的變化。因此，企業倫理規範或是企業文化的形成，確實與企業經營環境有著相依相存的關係。

4.2 ▶ 企業的內部環境

　　一個制度良好的企業，爲了確保企業營運過程的穩定，避免因爲人謀不臧影響了企業的生存，通常一方面會積極的塑造員工良好的品德及建立企業的誠信，另一方面則被動的以各種內部稽核方式來達到前述的目的，但實際上，是不是眞能夠如此輕易的達成，其實不然；在21世紀初期，發生了世人皆知的安隆事件，是2001年安隆能源公司（Enron）將公司高達數10億美金的負債，藉著與合夥公司的交易隱而未報，而負責簽證的安達信會計師事務所（Arthur Andersen LLP），亦同時屈服於商業上的利益，做了不實的簽證，另外，在21世紀第3年世界通訊公司（WorldCom）同樣的因爲利益問題，浮報公司的營業獲利，總金額高達70多億美元，後續一連串如泰科（Tyco）、奎斯特通訊（Qwest）等多家公司弊案接連的爆發，使得政府部門不得不重視這些因爲內部稽核效能不彰，所引發的企業倒閉或是社會經濟危機。

4.2.1 公司治理

美國先進國家，在邁向21世紀以來，為了預防企業因管理缺失形成弊端，造成企業經營的崩解，進而影響社會整體經濟的運作，美國國會即迅速立法並經布希總統簽署通過沙賓法案（Sarbanes-Oxley Act），該法案要求美國本土的企業需建立「舞弊防制計畫及控制制度」，以符合沙賓法案要求的監核機制，所以，沙賓法案就是為了因應美國本土多宗的企業醜聞，所應運而生的。

其實不僅國外企業發生了這樣的問題，而當時，國內的企業，也同樣的因人性的貪婪及道德標準的低落，肇生了相同的問題及危機，如21世紀第5年發生太平洋電纜逾百億元的掏空案，以及博達科技無預警申請重整（遭掏空達63億元）的事件，一時間社會投資大眾血本無歸，也對國內經濟帶來莫大的衝擊。

然即便有了完善內控、內稽制度，若不能落實，一切都將是空談，企業弊端依舊會陸續的發生，所以該如何落實，這部分我們即可納入公司治理準則的範疇當中，簡單的說，依「上市上櫃公司治理實務守則」中所歸納出下列圖4-1的六大方向，並將之徹底執行，這樣可有效的減少弊端的發生，進而降低對經濟帶來的負面影響。

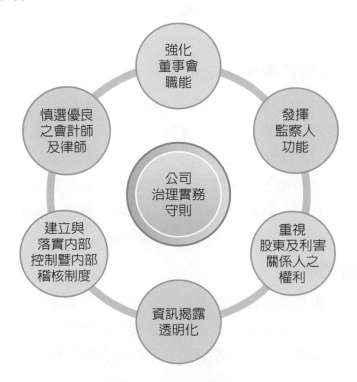

▶▶ 圖4-1　公司治理實務守則

一、強化董事會職能

　　董事會成員應本著忠誠、謹慎及高度注意的態度，以公司利益為前提，對於評估公司經營策略、風險管理、年度預算、業務績效及監督主要資本支出、併購與投資處分等重大事項須善盡職責，同時應確保公司會計系統和財務報告之適正性，並避免有董事會成員損及公司之行為或與股東間發生利益衝突之情事。又董事會應審慎選任、監督經營階層，對公司事務進行客觀判斷，以及遴選適任之內部稽核主管，確保內部控制之有效性，俾防範弊端。

二、發揮監察人功能

　　監察人應適時行使監察權，並本於公平、透明、權責分明之理念，促使監察人制度之運作更為順暢；監察人除確實監督公司之財務業務事項外，必要時得委託專業會計師、律師代表審核相關事務。另為避免公司之監察人與董事為同一法人之代表人，或監察人與董事間有實質無法獨立行使職權之情形，公司於申請上市或上櫃時對於證交所或櫃檯買賣中心所出具之相關承諾事項，監察人宜督促公司確實補正改善，以免日後損及股東權益。又監察人應確實查閱內部稽核報告，追蹤公司內部控制與內部稽核之執行情形。遇有危害公司之狀況，監察人倘能適時主動告知主管機關及證交所或櫃檯買賣中心，將有助先期防範或遏止弊端。

三、重視股東及利害關係人之權利

　　公司應公平對待大小股東，鼓勵其踴躍出席股東會，積極參與董監事之選舉或公司章程等之增修事宜，公司亦應給予股東適當、充分發問或提案之機會，俾達制衡之效，同時股東應有即時、經常取得公司資訊及分享利潤的權利。此外公司治理尤須重視利害關係人的權益，在創造財富、工作及維持財務健全上與之積極合作，如有利害關係人為公司挹注資金之情形，公司務必依法相對履行債務人之責任，以避免公司產生財務危機。

四、資訊揭露透明化

　　西諺有云：「陽光是最好的消毒劑；路燈是最有效率的警察」，資訊揭露最大的意涵即在此，也就是說，公司應建立發言人制度並妥善利用公開資訊系統，使股東及利害關係人能充分瞭解公司之財務業務狀況以及實施公司治理之情形。

五、建立與落實內部控制暨內部稽核制度

　　為健全公司經營，協助董事會及管理階層確實履行其責任，公司應建立完備之內部控制制度，並確實有效執行。監察人除應依相關規定查閱、追蹤內控與內稽之執行情形外，上市上櫃公司尚應確實辦理自行評估作業，董事會及管理階層亦應每年檢討各單位自行查核結果及稽核單位之稽核報告，作成內部控制聲明書按期陳報主管機關。

六、慎選優良之會計師及律師

　　專業且負責之會計師於定期對公司財務及內部控制之查核過程中，較能適時發現、揭露異常或缺失事項，並能提出具體改善或防弊意見，或將因此突破公司治理之盲點，藉以增進公司治理之興利與防弊功能。良好的律師則可以提供適當的法律諮詢服務，協助董事會及管理階層提昇其基本的法律素養，避免公司或相關人員觸犯法令，使公司治理在法律架構及法定程序下從容運作；一旦董事會、監察人與股東會有違法衝突情事，適當的法律措施亦能使公司治理得以靈活發揮效益。

4.2.2　品德誠信及詐欺問題

　　少數企業的專業經理人或是內部員工，因為心態的誤差，存有一種不正確的思想，也就是將企業看成是他人的，所經管的各項資源也是別人的，因此對於公司不能以嚴謹、負責的態度來經營，尤甚者，如不肖的經理人，更有從企業中謀取個人利益以滿足個人私慾的偏差想法，將企業視為己有，把企業整體的利益摒除，以掏空企業資產轉為自身利益等不當的作法，使整個的企業面臨結束營運的下場。

　　又以「霸菱案」為例，是員工品德誠言問題，造成霸菱銀行行員虧空14億美元，約合新臺幣480億元，使得該銀行面臨倒閉的命運，而在同一年，國內國際票券公司營業員盜領新臺幣102億元，理律法律事務所員工盜賣客戶股票達新臺幣30億元，以上事件都是因為企業內部員工本身的品德低落，所引發的經濟事件。

　　其實，現今的企業，在徵才的時候，已多半將員工的品德及誠信列在第一位，相較於過去，只專注於學歷或是專業能力的徵才方式有相當大的不同，因

為在高科技及金融產業蓬勃發展的今天，若員工的品德及誠信發生了問題，很容易對企業甚至社會整體帶來不可收拾的危害。

而面對此情形，各企業的處理方式，會因產業特性差異而有所不同，不過，通常都有相類似的作法，也就是訂立嚴謹的員工行為準則，準則內即將企業的價值及所要求的道德標準明確定位，使所有的員工知悉並確實遵守履行，如此一來，企業的文化在無形中自然呈現，相對的，有了明確的企業文化，就會吸引認同該企業文化的員工加入該企業。

台灣積體電路公司，一家在國內所有企業中，品德形象及經營績效都極為顯著的公司，其自創立迄今，能夠維持著公司歷久不衰的成功要素，正是其最重要的經營理念—正直（integrity），就是「堅持高度的職業道德」，而這種企業文化也深植在所有員工的內心。

總體來說，該如何避免因員工品德誠信問題造成的危害，就要看企業是否能夠堅持高度道德標準以及企業倫理觀念塑造的持續執行了。

4.3 ▶ 企業的社會責任

4.3.1 企業與社會責任間的關係

企業屬於社會中的一個重大的環節，企業創造的利潤間接或直接提供了社會所需的各項需求，而社會則供給了企業創造財富的空間以及相對的資源，因此，企業與社會間，勢必存在有相對的期望，社會對於企業應負的社會責任之期望，或是企業本身對於應負的社會責任之想法。

因社會價值觀與企業的價值觀往往相異，上述的期望必將有所不同。在期望有所差異的時候，勢必會造成社會與企業彼此間相互對立，對立升高，即有可能引發衝突，因此，應先行探討何謂企業的社會責任，或是企業的社會責任為何，再以宏觀的角度及思維，將企業對社會應負的責任納入企業倫理的範圍具體落實。

4.3.2 消極型的社會責任

一般而言，學界或業界對企業本身是否該盡所謂的社會責任，始終有兩種截然不同的看法。主張企業無需盡社會責任立場的經濟學者傅立曼（Milton

Friedman）認為，社會責任本就應該由政府從立法來著手負責，企業本身只需盡經濟上的責任，也就是說，企業的存在本來就是以「創造股東最大財富」為唯一目的。企業只需著重在如何利用投入、產出等作為獲得最大利益即可。因為股東投入了資金成本，就希望能儘速回收，甚至希望藉此獲得更大的利潤，畢竟企業不是慈善事業，是以營利為導向的組織，企業中專業經理人以及各階管理人員存在的價值，就是建立在以獲利評斷能力高低的基礎上。

除此之外，他們更是以將企業經營達到最佳績效為本身的終極要務，若確實完成，方不違股東之請託。相反的，若有悖於此，則企業將因此增加成本負擔，並進而喪失該企業在所處產業環境中的競爭力，這樣一來，該專業經理人，即有負股東委託之原意，並將因此而喪失了股東之信賴。

4.3.3 積極型的社會責任

另一持正面觀點之學派認為，企業應充分利用其內部各項資源或各階層員工影響力，來善盡社會責任，企業不應該「唯利是圖」。

企業雖然是以獲得最大利潤為目的，但在生產過程中所獲得的各項利益，皆來自於社會的各階層，再者，企業在營運獲得利益的同時，其實已轉嫁了許多無形的成本給社會，一切都由社會來承受。以製造產業來說，若其不注重產製過程中所衍生的各項附加物，並任意將其處置，如此將對環境造成各種的污染，例如：排放廢水、廢氣，製造噪音或棄置有害事業廢棄物種種不同的行為，這些行為將會對社會帶來很大的問題，而這些問題，卻由社會全體民眾來共同承受。嚴格來說，此種行為，其實並不符合公平正義原則，亦不符社會大眾對於企業的期待。因此，企業更應該對社會付出更多的關懷，重視各項環保議題並落實推廣，舉辦或參與社會的各項活動，藉以改變社會對企業的觀感。

企業本身即可進一步將此種積極的社會責任思維，與企業的核心價值相結合，此外，企業更應將社會責任當成企業經營理念的一環，做好各項工作，並忠實的履行社會責任，將社會責任融入企業文化之中，以作為企業的未來的發展策略。

4.3.4 社會責任對企業重要性

從歐美國家發展企業社會責任的經驗以及一連串的研究發現，越早擁抱企業對社會的責任，企業愈能獲得品牌、社會形象和提升獲利能力的正面成長。

在此同時，我們不禁要思考的問題則是，哪些企業是最需要盡快的經營社會責任？近年來，依《天下雜誌》的調查分析結果，以下列五種類型的企業，最為需要。

1. 市場壟斷者：如國營企業，目前如中油、台電、華航等公司。

2. 和客戶直接接觸者：如金融服務業及零售通路業。

3. 生產民生必需品的企業：如食品業。

4. 破壞自然生態的企業：如石油產業。

5. 極度依靠供應鏈，即仰賴開發中國家廉價人力，降低製造成本的企業：如紡織業或製鞋業。

　　其實簡單的說，只要是以「人」為中心的企業，即需要儘速的落實企業對社會的責任，畢竟人本的思想，早已根生，若企業不重視，僅以營利為目的，忽視對社會的關懷，這樣的企業價值觀絕對無法在現今多元的社會中立足。

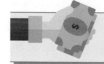

4.4 ▶ 企業落實社會責任的作法

重視員工福利

參與社區總體營造並投入社區活動

落實各項環保政策並推廣活動

成立基金會

▶▶ 圖4-2　企業落實社會責任的作法

一、重視員工福利

　　一個企業最主要的資產，除了有形的廠房、設備以及土地外，最重要的還是人，而所謂的人，指的正是企業內部的員工，因為員工可為企業帶來各種的營收並創造利潤，也就是說，一個企業是否能夠長遠發展，達到永續經營的目

標，善待員工並盡力照顧員工，就成為企業營運的關鍵成功因素（KSF）。例如：智邦科技對於員工的照顧，就號稱包含了生老病死，如首開風氣，創設科學園區首座托兒中心，員工工作滿7年就可享有2個月的帶薪休假，結婚先加薪3,000元，若是生小孩，女性員工給1年產假，修養期間還發半薪，男性員工可放3天陪產假，員工在任內死亡，不論因公與否，家屬可以續領1年薪水等。

二、參與社區總體營造並投入社區活動

社會係由各不同的社區彼此串聯而成，而家庭的群聚則組成了社區，綜觀人類生活文化發展史，家庭是人們生活最重要的領域，社區則是民眾公共生活中最基本的單元。文化的發展必須紮根於社區，民眾也必須建立社區共同體意識，社區才能永續發展。

社區總體營造則是一種社區情感的集聚與聯結人心的過程，是一種善良互動的循環，是一個永無止境的進程。當企業面對此一歷程，企業的社會責任，也就包含了對社區的責任，以及對社區總體營造的責任。例如：台積電藉由「台積電文教基金會」推廣各項教育、藝文、環境美化、公益等活動，參與社區總體營造，鼓勵旗下員工，投入各項的社區活動，並成立各種的志工服務隊，以實際的行動回饋社會，持續性參與各種志願服務工作，像例假日於台中科博館服務的「台積導覽志工」，及週末服務於新竹地區偏遠小學的「台積導讀志工」等。

三、落實各項環保政策並推廣活動

在過去，環保的政策及議題，只侷限於少數學者或是政府單位，企業在營運的過程中，很少將環保的觀念納入考量，甚至刻意的逃避。因為，將獲利視為第一要務的企業很難接受對於重視環保而投入巨資，造成成本提高、降低營收的結果。然環保問題卻逐漸浮現，像因臭氧層破裂造成的溫室效應、大量工業廢水帶來的水污染、過度資源開發形成生態的破壞等，使得人們不得不重新省思，這些以往所忽略的層面。

同時，間接地影響了企業主原有的想法，使整個企業的經營理念，連帶的改變。營利已不再是唯一要素，在生產營運的同時，也兼顧了環保，甚至投入資金或是人力，支持各類的環保工作。例如：台達電子的企業總部，因為該企業對於環保的堅持，整棟大樓採光大量使用太陽光，企業並透過基金會，投入

大量的資源及資金，用於環保節能的推廣及教育上。素有「節能教父」稱號的鄭崇華董事長，在十餘年前即將生產線改為無鉛錫焊製程，以減少製程中所造成的重金屬污染問題，此作為雖造成成本提高，但同時贏得外商的肯定，而得到了大量的訂單。

四、成立公益性基金會

　　一般大眾，對於企業成立公益性基金會的功能，仍然停留在企業係為了節稅因而設立的刻版印象中，其實，現行的企業所成立的基金會，除了前述有形的節稅效益外，最主要，基金會肩負了很大的社會責任，並具有教化社會的意義，另外企業並可藉由各項活動的舉辦或贊助，提升企業的公益形象。例如：中華汽車成立中華汽車原住民文教基金會，以永續關懷原住民族群為主軸，透過更多資源整合，使得原住民擺脫弱勢族群的命運，並藉由舉辦以原住民為主的各項競賽，以及贊助與原住民文化相關的各項活動，使得原住民文化得到應有的重視，也讓社會大眾認識原住民多元文化的內涵。

4.5 ▸ 企業推行社會責任的益處

　　在企業及社會責任間作了這麼多的探討後，不禁反思，究竟社會責任的推行能夠帶給企業多大的效益，近年來，依照遠見雜誌針對企業推行社會責任公益文化之調查結果，說明如下：

一、強化投資人對企業的信任

　　善盡社會責任可以贏得投資人的信任，信任度提高，也有助降低企業的籌資成本。

二、吸引投資，增加企業資金來源

　　投資人在選擇投資標的時，也會考量企業是否重視社會責任，因為有能力關懷社會的企業，才能永續經營。

三、創造良好企業形象

　　企業落實社會責任，等於對外宣告永續經營的決心，即使一時犯錯也能較容易得到外界的原諒。

四、有助提升競爭力

企業重視社會責任，符合國際標準和供應鏈管理的要求，有助於爭取訂單，提高與同業競爭的門檻。

五、增加員工向心力

企業重視員工的工作環境與福利，有助於增加員工的向心力，降低離職率。

六、創造創新的來源

若企業推出符合社會責任精神的產品及服務，勢必投入較高的研發支出。

其實，企業本就應以永續生存與發展作為基本的經營理念，而社會責任不過是經營過程中最基礎的環節，「取之於社會，用之於社會」的道理能夠實踐，對於企業的在追求績效的同時，必然有加乘的效果。

倫理學習成果圖 ✏️

1 企業社會責任受到企業界普遍重視

2 優良企業以「取之於社會，用之於社會」來嘉惠全民

3 改善企業內部管理環境宜重視：
- 公司治理之強化
- 品德誠信及詐欺問題之防範

4 推動社會責任的益處有：
- 強化投資人對企業的信任
- 吸引投資，增加企業資金來源
- 創造良好企業形象
- 提升競爭力
- 增加員工向心力
- 創造創新的來源

5 企業落實社會責任的作法有：
- 重視員工福利
- 參與社區營造與活動
- 落實環保政策
- 成立公益基金會

章後案例

落實企業社會責任，撒善種子

在2016年2月，恰是企業界在新年春酒（茶）辦理期間，瑞銀集團臺灣區負責人陳先生提醒同仁，在「醉心工作之餘，要勤做公益」。瑞銀集團是是全球最多富豪存款的銀行，是全球最優銀行之一，負責人陳總經理特別替同仁爭取每年有二天的志工假，鼓勵員工一起做，盡企業社會責任，灑善的種子，陳總經理負責人認為：「還是心態上的調整」，上班族在工作上遇到挫折是難免的事，從事公益可以是自我調適的一種方式；若經由對他人實施棉薄之力，不僅對社會有所貢獻，還能讓自己的心情滋潤與昇華，在工作表現一定會變得更好。這不僅是心態的調整，更是前瞻性的思考。依陳總經理之經驗，他認為從事公益讓生命經驗更為多元，更可以豐富生命，施比受收穫更多。

近10年來，瑞銀在臺灣地區的業績與獲利不斷成長，這是陳總經理以「為善之心態」，帶動同仁，讓顧客更有信心，擴大顧客服務廣度，真正讓企業成為具有「社會責任」之優良企業。

參考資料：2016年3月3日，經濟日報A17版，吳曼筠撰

活動與討論

從本個案了解瑞銀集團，在陳總經理之帶頭做公益，撒善種子的社會責任心態與落實到全體同仁，請討論下列之問題：

1. 企業社會化之推動，藉由公司領導人的實現與親自參與，你認為在推行企業倫理與社會責任之落實性其優點有哪些？

2. 為何一家外商公司，願意在臺灣地區來撒善種子，且全體員工給予志工假，其集團之企業文化有何特色？對往後顧客之忠誠度有何影響？請加以討論之。

1. 防止企業弊端，有下列六種杜絕方法：

   (1) 強化董事會職能；

   (2) 發揮監察人功能；

   (3) 重視股東及利害關係人之權利；

   (4) 資訊揭露透明化；

   (5) 內部控制暨內部稽核制度之建立與落實；

   (6) 慎選優良之會計師及律師。

2. 主張企業無需盡社會責任立場的經濟學者傅立曼（Milton Friedman）認為，社會責任本就應該由政府從立法上來著手負責，企業的本身只需盡經濟上的責任。

3. 企業對外之社會責任如下：

   (1) 重視員工福利；

   (2) 參與社區總體營造並投入社區活動；

   (3) 落實各項環保政策並推廣活動；

   (4) 成立基金會。

4. 企業善盡社會責任的好處：

   (1) 強化投資人對企業的信任。

   (2) 吸引投資，增加企業資金來源。

   (3) 創造良好企業形象。

   (4) 提升競爭力。

   (5) 增加員工向心力。

   (6) 創新的來源。

Exercise
本章習題

1. 何謂企業的內部環境？

2. 如何防止企業弊端，請簡單說明之。

3. 企業內部環境與企業倫理有何關係？

4. 企業外部環境與企業倫理有何關係？

5. 企業推行企業倫理有何好處？

note

CHAPTER —— 05

跨國企業倫理

章前案例

❓ 臉書與 Google 被控涉嫌壟斷！真的嗎？

　　本個案討論國際知名公司的企業倫理與道德問題。二大網絡公司，臉書與Google，被歐盟與英國的反壟斷調查當局鎖定，已經啓動調查。當局懷疑雙方共謀壟斷網路廣告市場，違反托辣斯法。

　　臉書與Google遭控結盟奪取網路廣告市場，把一大部分的收益收納自用。Google先前已經斷然否認與臉書有任何此類的同謀。改名為Meta的臉書以及母公司為字母集團（Alphabet）的Google，長期身為歐洲反壟斷當局的調查對象，一旦壟斷市場的罪名成立，根據歐盟法規，懲罰幅度可能高達這些公司全球營收的10%。因此，此個案在企業倫理道德標準上，是非常值得關注與討論的議題。

參考資料：2022年03月12日，經濟日報A8版，陳家齊編譯

圖片來源：聯合新聞網

活動與討論

1. 請剖析臉書與Google在廣告市場的發展趨勢與展望。同學可上公司網站瞭解。

2. 請針對本個案的調查事件，臉書與Google宜如何因應，提出你的看法與建議。

倫理引導心智圖

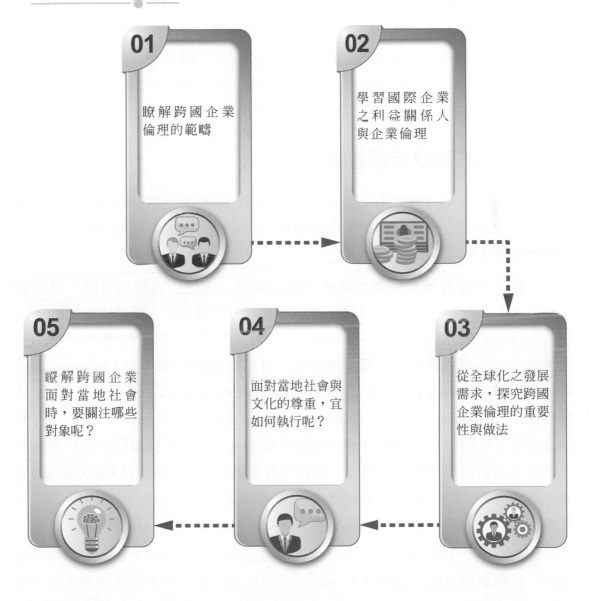

01 瞭解跨國企業倫理的範疇

02 學習國際企業之利益關係人與企業倫理

05 瞭解跨國企業面對當地社會時,要關注哪些對象呢?

04 面對當地社會與文化的尊重,宜如何執行呢?

03 從全球化之發展需求,探究跨國企業倫理的重要性與做法

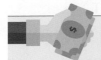

5.1▸跨國企業的內涵

　　根據《辭海》對國際貿易的解釋:「物產各異其地,彼此互行交易,謂之貿易。行之於國內者曰國內貿易,行之於國際間者曰國際貿易」。由此可知,各國以其不同的物產相互買賣,即形成國際貿易。現在的世界,自給自足的國家已不容易看到,為了國內生產與消費,必須仰賴國外進口的各種原料與

商品。而沒有這些所謂的「舶來品」，國內的生活極容易出問題。臺灣雖然是蕞爾小國，於1980年代，世界許多的商品皆印有「made in Taiwan」，尤其是臺灣的電子產業，也揚名於國際之間。為了使企業永續生產，國內市場已經不能滿足企業的需求，為達到規模經濟帶來成本降低，增加銷售量，企業往海外拓展市場變成刻不容緩的事情。但對於國際間的貿易條件，是否可以因為「獲利」，就為所欲為，以鄰為壑？這是一個值得探討的問題。

5.1.1 國際貿易相關組織

根據國際貿易的假設上，為了促使貿易過程的公平性與合理性，進而有國際貿易組織的產生。由此可以約束各國的貿易手段，近而保護各國在國際市場中的貿易條件。

近代比較具有規模的貿易組織，起源於第二次世界大戰結束前，聯盟國（Allied Countries）代表於1944年在美國新罕布什爾州不列頓森林市（Bretton Woods, New Hampshire），商討如何建立戰後經濟的新秩序。而此三個主要的機構，成為維持世界經濟秩序的支柱，分別為國際貨幣基金（International Monetary Fund，IMF）、世界銀行（International Bank for Reconstruction and Development，World Bank）、國際貿易組織（International Trade Organization，ITO）。IMF主要功能為各國中央銀行的中央銀行，提供各國中央銀行融通資金，平衡國際收支，維持世界金融秩序。而World Bank則協助開發中國家，提供許多助力。ITO因為美國國會的反對而未能順利成立，但為了建立ITO涉及的國際貿易規則，相關討論的內容則成為GATT法源的來源。

1947年，世界23個國家代表於瑞士日內瓦集會，商討戰後貿易的運作，並建立一份規範貿易的行為準則（code of conducts），並留下備忘錄，稱為「關稅暨貿易總協定」（General Agreement on Tariffs and Trade，GATT）。

1948年各國代表又於古巴的首都哈瓦納（Havana），完成一份ITO的章程，後來稱為哈瓦納章程（Havana Charter）。但美國國會擔心此案成立後，將影響自身權益，故反對此案通過，幾經波折後，使GATT成為雖有條文與約束力，但無組織的怪異現象。

於1994年完成GATT第八次多邊談判稱為「烏拉圭回合談判」（Uruguay Round）決議成立一個正式組織，並取名為「世界貿易組織」（World Trade

Organization，WTO），並於1995年1月正式成立。其中所涵蓋GATT中38條規定，有三項主要的主題如下：

一、最惠國待遇

在雙邊協商中，如果中國給列強中法國最好的貿易待遇，而英國要求比照辦理，英國人就說他們要求「最惠國」（mostfavored nations，MFN）待遇。而最惠國待遇就是一國在所有雙邊關係中，給予貿易對象最好的待遇。WTO的基本精神，是要求所有會員國，給予貿易對象最惠國待遇。因為大家都享受最惠國的待遇，對雙邊國家的商品，會秉持雙邊互惠的貿易往來。

二、國民待遇原則

WTO的國民待遇原則（national treatment），是指外國產品一旦跨越國境之後，即可享受本國商品完全相同的待遇，不必受到國內的租稅、優惠、規定、標準等方面的歧視。雖然外國商品可以採取必要的邊境措施（border measures），但外國商品一旦跨入國境，就必須視為本國商品。

三、關稅原則

限制國際貿易的方式有兩種，即是採價格限制的關稅措施，與採數量限制的配額措施。數量限制只有在一國面對突如其來的進口增加，使國內產業不堪負荷，而必須採取緊急的防衛措施（safe guards）時可以使用。唯一例外則是開發中國家，若發生國際收支的困難，必須對進口量加以限制時，亦可使用此原則。除此之外，任何貿易限制均應以關稅為主。

5.1.2　國際企業倫理的定義

所謂國際企業，泛指在本國以外設立子公司，以營利為目的分支機構。隨著交通的便捷與科技的發達，為了拓展市場，增加整體競爭力，許多知名企業紛紛到世界各國尋找生機。

一般企業經營績效的衡量，大致以獲利為衡量績效的標準。但一旦到海外設立子公司，在政治、經濟、社會、人文背景與本國迥然不同，而和公司相關執行面產生文化衝突時，如何尊重當地文化，卻又能保有公司立場，則為一件相當兩難的問題。

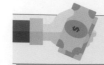

5.2 ▶ 國際企業倫理的範疇

　　企業的本質包含「正直」、「正義」、「能力」、「效用」等特質，不僅為國際倫理標準（international ethics standards for business），也是企業必須遵守所謂的企業倫理原則。相對而言，遵守企業倫理，沒有所謂的地理區位的分別，即使在世界各地，所遵守的基本原則也大致是相同的。

　　令人遺憾的是，有些國際企業考量點僅在於合法化與公司個別的利益，認為符合該國的法令，即可以進行一些在本國被視為違法的事情。例如：屬於高污染的石化產業，在歐洲有相當嚴格的規定。反觀一些開發中的國家，為了創造就業機會，增加外來投資，卻情願犧牲環保來造就經濟發展。而許多高污染的產業已由所謂的已開發國家，紛紛轉移到開發中國家設廠生產，雖然這些跨國企業賺取了豐厚的利潤，但卻對這些國家造成極大的傷害。

　　跨國企業面對的當地群體，基本上可以分為以下七種：

1. 當地政府。

2. 當地社區。

3. 股東。

4. 關係廠商。

5. 社會大眾。

6. 當地員工。

7. 當地顧客。

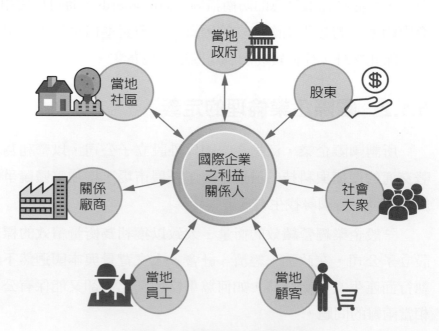

▶▶ 圖5-1　國際企業之利害關係人

5.2.1 回饋當地社會

美國德州的康福市將5月19日訂為王永慶日，這是屬於臺商的榮耀。捷克郡州長表示：「10億美元的投資，有助於幫助地方的建設。原本的捷克郡，人口大量流失，由空屋率可以明顯的看出來。原本高達5到10%的空屋率，經台塑協助後減低不少，整個市政也開始欣欣向榮起來。」

房地產商人那提斯指出，原本大街上的店面一間一間的關起來。現在，逐漸地有一家一家的店開起來。因為台塑來了，捷克郡又漸漸的恢復了活力。

同樣的狀況，也發生在美國的紐澳良，台塑集團收購ICI石化廠，以原本的1/2人力，將產量增加到原來的一倍半。公司的美籍副總經理表示，先前認為可能倒閉的公司，讓台塑接手後，已漸漸的恢復了生機。

台塑努力的與當地官方政府合作，充分利用地方資源，營造公司與政府雙贏的局面，在良性的互動下，台塑也得到當地政府善意的協助。例如：德州政府的康福港，也是藉由政治力，提供台塑使用，台塑也相對每年回饋州政府達3,000多萬美金，在污染防治上也花了600多萬美金。台塑並在當地建立企業形象，到學校宣導安全教育，例如「如果台塑廠爆炸要如何逃生」的演說，這些刻意的公關活動，也使民眾接受了台塑。另外台塑也在當地蓋圖書館、建造橋樑回饋地方，這些作法直接的促進地方繁榮，也得到地方政府善意的回應，給予7年免稅的優惠。

5.2.2 對當地文化的尊重

國與國之間風俗習慣各不相同，就飲食文化最明顯的例子來看，牛在印度當地被視為神獸，所以印度人不吃牛肉；回教的《可蘭經》中，認為豬是不潔的動物，所以不吃豬肉；日本的納豆，是一種經由大豆發酵後，看來彷彿發霉的健康食品，但對許多臺灣人而言卻不敢恭維；而臺灣的臭豆腐，一樣是發酵豆類製成的特殊風味小吃，大部分的日本人也對其退避三舍。但是不同的飲食習慣，在跨國企業中，也必須特別對其尊重，不能因本國的飲食習慣認知，而強制跨國企業也要遵守。以泰籍勞工為例，其偏愛酸與辣味的食物，但來臺灣工作，卻對臺灣人認同的口味感到不適應。仔細考量到不同國籍的需求，特別製作符合他們口味的食物，也是對到異鄉工作的外籍勞工努力工作的尊重與肯定。

5.2.3 人權與自由

就成本面考量，到別的國家設廠，是因為當地低廉的資源與人力成本，所以一些已開發的國家，紛紛趨之若鶩前往勞動力低廉的大陸設廠。

過去臺灣人到大陸設廠，就臺幹與中國籍的員工，普遍不會有對等的待遇。臺灣人對中國籍員工的刻板印象是喜歡打小報告、偷懶、會偷公司的東西等。所以臺籍企業幾乎沒有中國籍的高階幹部。下班後公司也會規定，必須留在公司宿舍不得外出。在管理的層面上，規定與要求比臺籍員工更嚴格。雖然人無貴賤之分，但部分的人也認為，對中國籍員工必須以這種方式，才可以達到管理的效果。

女權與環保，被視為二十一世紀的兩大課題，對於女性的尊重與兩性平等，在人權範疇的討論中，本來就是相當平常的事情，但現實生活裡，公司的高階主管，除了「女承父業」外，很少由女性擔任，甚至許多金融機構，也會因為女性員工結婚或懷孕，而不成文規定的要求女性員工離職，更遑論派遣女性主管到國外，甚至任用當地的女性主管。對於女性的尊重，並非口頭上說說而已，現實的生活中，也必須以對等的方式對待女性員工。國內如此，國外更必須如此。

5.2.4 獻金與涉入

通常「官商勾結」與「產官合作」僅在一線之隔，而如何定義這兩個名詞？一般人通常會以法律作為根據，只要不違法，就是合法的行為，但事實是否真是如此呢？

由香港大學樊景立教授，針對693位中國、香港、臺灣三大大學企管系高年級學生，以不具名方式，填寫商業道德問卷，其問卷結果發現，以因素分析結果可以區分為六個層面：

1. 缺乏敬業精神。

2. 政治詐術。

3. 侵佔公司資源。

4. 隱藏同事、上級違規。

5. 欺騙顧客。

6. 賄賂。

　　研究中發現，中國學生對缺乏敬業精神與侵佔公司資源有最高的道德標準，其次是臺灣，最差是香港。在欺騙顧客上，香港與中國相似，但都低於臺灣。以賄賂為主題，中國的道德標準最低，而臺灣與香港無差異。

　　在各國人際互動中，「有關係就沒關係，沒關係就有關係」成為與政府打交道的至理名言，而企業為了生存，只好「獻金」打通關，但即使獲利，卻也賠上了海外公司在當地的尊嚴。

5.2.5　顧客權益

　　商品應滿足顧客而生產，企業在海外設點、研發、生產、銷售，無疑的是想藉此賺取合理的利潤，但是我們可以發現，各國產品銷售到全球各地，有很多是所謂的「黑心商品」，為了讓魚翅好看，寧可用雙氧水漂白，也不願以比較久的生產程序進行生產。

　　例如：鎮江醋是中國江南地區主要的佐料之一，也是吃大閘蟹不可或缺的調味品。在中國的傳統美食裡，魚翅羹若少了紅醋，也會使口感遜色許多。在中國餐館裡，一定會有一瓶醋，吃醋成為中國人特別的飲食習慣，好的醋卻必須經過長年的發酵才能生成，但有不肖商人，為了加速生產，在其中添加對人體有害的化學物質，實為罔顧顧客安全與權益。

　　又如：臺灣盛香珍企業先前生產所謂的蒟蒻果凍，創下極佳的業績，但也發生過多起幼童噎死案件，之後外銷到日本，也一而再的發生幼童噎死的意外，卻未見該公司有具體的措施。直至外銷到極為注重商品安全的美國，再度發生幼童噎死案件，遭索取天價的高額賠償，導致公司陷入倒閉危機。因此，不論企業商品內銷，或者銷往國外，都必須謹慎、注意商品的安全，與消費者使用的權益。

5.2.6　尊重人與環境

　　臺商在大陸最令人詬病的事情，除了賄賂官員，以求自己在大陸從商的方便之外，早期有些臺商，在大陸開設高污染性的企業，在短期內獲取暴利

後，即一走了之，帶走了財富，卻將環境污染留在當地。這種作法也令中共當局察覺到事態的嚴重性，近年來，參照歐美的環保標準，訂立許多相關的法令與罰則，藉此保護環境與人民的生活品質。

台塑早期在美國德州進行石化產業的投資時，遇到許多的困難與瓶頸，而在當地的反對聲浪中，台塑卻能將其石化產業順利推展，打出德州台塑的新天地。台塑剛到美國休士頓設廠時，受到康福市當地人民對石化廠的強烈排斥及反對，但台塑卻可以一一克服這些困境，究竟是如何辦到的？台塑在越南的鋼鐵公司，在2016年要開始運轉之時，也傳出汙染物處理未完善，造成附近海域嚴重汙染，而被要求要賠償新台幣160億元以上，這些皆是跨國企業倫理在決策環境上之議題。

對於石化業而言，污水處理是相當棘手的問題，而台塑在污水處理桶與防止外漏上花費相當大的努力，也積極與地方人民做好良性溝通，才有今日的成績。

5.2.7　對國際資訊倫理的重視

應用資訊科技，其中有許多獨特的性質，應用的範圍也相當廣泛，因此國際間引起的倫理議題也相當複雜。當越來越多的資訊產品被設計用來執行人們委託的任務或輔助人們的決策，若資料輸入錯誤或設計不週全，將可能帶來財務的損失，甚至導致更嚴重的後果。此外，原本不起眼的訊息與知識，透過資訊科技的組合、分析或重新包裝之後，便變成了有價值、有產權的資產，無論生產、銷售或使用這項資產的人，可能因而增加財富而受益，但是資訊產品的開發者，也可能因為非法複製或轉售，而引發智慧財產權的倫理議題。

然而，不僅國內電腦相關法令的制定趕不上資訊科技發展的腳步，國內資訊專業組織或協會也一直未有一個完整明確的倫理守則，以作為資訊從業人員面對倫理議題時的行動依據。為了瞭解當前資訊界的倫理現況，並提供國內資訊專業組織或協會在制定資訊人員共通的專業倫理守則時應該注意的現象。世界五大資訊專業組織中，ACM（The Association for Computing Machinery）、DPMA（The Data Processing Management Association）、CIPS（The Canadian Information Processing Society）、BCS（The British Computer Society）及ICCP（The Institute for Certification of Computer Professions），對於資訊人員倫理守則內容，以「社會層級」及

「倫理議題」為分析主軸,面對不同的社會層面、對象,資訊人員的權利與義務也會不同。「社會層級分析」是探討資訊人員面對公眾(society)、雇主(employer)、顧客(clients)、同僚(colleagues)、專業組織(professional organization)、及專業(profession)等不同義務對象時,有其倫理守則的適用情形。另一方面,對於不同的倫理議題,倫理規範也會不同,包括財產權(property rights)、隱私權(privacy)、機密(confidentiality)、專業品質(professional quality)、公平(fairness or discrimination)、責任(liability)、軟體風險(software risks)、利益衝突(conflicts of interest)及未授權存取(unauthorized access to computer system)等九個議題。

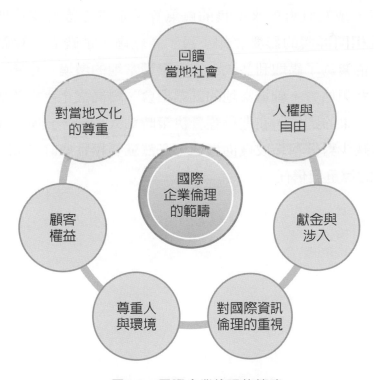

▶▶ 圖5-2 國際企業倫理的範疇

5.3 ▶ 結語

從中華文化傳統觀念來看,「義」與「利」是對立的。企業的動機是追求利潤,否則企業就不能生存。生存是自然第一定律,企業謀取利潤也是第一定律。企業如果不能生存,就什麼都別談了。以「義」字為出發點,是要以謀求

公利而忘卻私益，所以，就動機而言，謀求私利本身是不倫理的。經濟學家由效果的層次提出其支持論點，認為企業追求私利，是透過一隻看不見的手，結果會為大眾帶來公利，提高大家的生活水準。但企業獲利後，必須本著「取之於社會，用之於社會」的觀點，回饋社會所獲得的利潤。例如：參與地方建設、捐助獎學金、蓋圖書館、孤兒院、賑災……等。

關於所謂的「企業社會責任」，不只是「取之於社會，用之於社會」，而是在進行業務經營的決策過程中，就要考慮到外在的效果問題。企業不論在本地，或者是跨國公司在海外建立分支機構所面臨的國外環境，基於企業倫理的立場而言，不會因國家不同就有不同的道德標準，例如：是否會製造空氣污染和噪音，或為社會帶來不良的風氣等。企業經營者或管理人，決策時應考慮到造成相關群體的影響（如：員工、社區、消費者、經銷商、一般大眾……等），企業為了謀取利益，一定會影響當地的環境，但不一定全是負面影響，例如：繁榮地方、創造當地的就業機會、提高文化水準等就很正面。企業將影響外在效果的因素，在進行經營決策時納入考量，企業為了善盡國際社會責任，儘量減少對外部造成負面影響，必然就要犧牲些許利潤，但相對卻可贏得當地人士的尊重與信任。

倫理學習成果圖 ✎

1 不論本土或全球化企業皆要重視企業倫理

2 成功的跨國企業要特別重視當地社會文化及需求

3 學習 WTO 機構之三大主要內容：
- 最惠國待遇
- 國民待遇原則
- 關稅原則

4 企業本質包含：
- 正直
- 正義
- 能力及效用
- 遵守企業倫理

沒有地理區位之分別，世界各地皆相同

5 學習國際企業倫理的範疇宜包含：
- 回饋當地社會
- 對當地文化的尊重
- 人權與自由
- 顧客權益
- 獻金與涉入
- 尊重與環境
- 對國際資訊倫理的重視

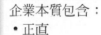

章後案例

企業倫理與全球化人才

　　一位全球化人才,是許多上班族理想目標,全球化人才要如何學習「跨國文化與企業倫理」呢?又跨文化溝通中,要如何面對國際企業倫理之挑戰呢?從本個案中,有一個實例:有一位跨國分公司之企業主管接受母公司派來考核人員的實際口試與測驗,感覺有很多的「肯定」與「讚賞」的評語,但實際出來之考績,並不理想;讓分公司之企業主管認為:「母公司的上司(考核人員),是說一套做一套的那種雙面虎嗎?真不想幹了。」事實上,是「母公司的上司(考核人員),是來自一個給予回饋時,前段談話絕對從『肯定』的溝通文化開始,而在後面談話才會談到那些建議事項,而這些建議才是整個評量的重點。」在國際企業倫理中,不管你是否意識到或喜不喜歡,橫越國境和跨越文化的商業行為正加速增加中。而這些「看不見卻很重要的東西」,在全球化人才培育及國際企業倫理培養中,成為非常重要的跨文化溝通重點,這些常被形容為「冰山」或「洋蔥」現象。就像我們到東京或紐約,看著人們穿著打扮或講話方式,就認定之,不深究其文化及企業倫理,從「表面上」去概括這些城市或國家的文化內涵。

參考資料:2016年4月27日　經濟日報A18版,楊佩玲撰,「跨文化溝通,要剝開洋蔥」

活動與討論

1. 本個案在描述國際企業倫理,在全球化商業行為中,是每一位全球化人才的必修課程,請問你有關全球化人力與企業倫理之相關性有那些?全班同學可以分成數組,各組扮演不同角色,如扮演總公司考績人才,分公司的企業主管,總公司的人力資源部承辦教育訓練專員,及分公司的基層專員等。一起討論之。

2. 若全球化人才的跨文化溝通能力,有達到某種程度,要以「剝開洋蔥」的精神與作法,加上鍥而不捨的精神,才能獲得更佳的組織文化及全球化人才提升,就同學角度,提出你的看法與心得。

Review

1. 對於跨國企業的概念，我們可以由國際貿易的觀點進行討論。根據《辭海》對國際貿易的解釋：「物產各異其地，彼此互行交易，謂之貿易。行之於國內者曰國內貿易，行之於國際間者曰國際貿易。」

2. 國際貿易組織，是為了使會員國處於平等的地位進行競爭。其內含包含：

   (1) 最惠國待遇：一國在所有雙邊關係中，給於貿易對手最好的待遇。WTO的基本精神，是要求所有會員國，給於貿易對手最惠國待遇。因為大家都享受最惠國的待遇，貿易就沒有歧視，由此就可以達到不歧視的精神。

   (2) 國民待遇原則：WTO的國民待遇原則（national treatment），是指外國產品一旦跨越國境之後，即可享受本國商品完全相同的待遇，不必受到國內的租稅、優惠、規定、標準等方面的歧視。

   (3) 關稅原則：限制國際貿易的方式有兩種，即是採價格限制的關稅措施，與採數量限制的配額措施。數量限制只有在一國面對突如其來的進口增加，使國內產業不堪負荷，而必須採取緊急的防衛措施（safe guards）時可以使用。唯一例外則是開發中國家，若發生國際收支的困難，必須對進口量加以限制時，亦可使用此原則。除此之外，任何貿易限制均應以關稅為主。

3. 企業的本質包含「正直」、「正義」、「能力」、「效用」等特質，不僅為國際倫理標準（international ethics standards for business），也是企業必須遵守所謂的企業倫理原則，相對而言，遵守企業倫理，沒有所謂的地理區位的分別，即使在世界各地，所遵守的基本原則也大致是相同的。

4. 國際企業倫理的重要課題：(1)回饋當地社會；(2)對當地文化的尊重；(3)人權與自由；(4)獻金與涉入；(5)顧客權益；(6)尊重人與環境；(7)對國際資訊倫理的重視。

Exercise

1. 請解釋何謂「國際企業」和「國際企業倫理」。

2. 請問「貿易組織」應該扮演何種的角色？

3. 現行WTO的三大原則為何？

4. 試比較說明「國際企業倫理」與「企業倫理」的異同點。

5. 請問「國際企業倫理」的主要課題有那些？試申論之。

6. 請問何謂「國際企業的本質」？

7. 請以個案方式，並以本章內容評論其國際企業倫理應有的作法。

8. 請您比較臺灣與日本的「國際企業倫理」在世界上的表現，並簡單進行比較與分析。

9. 請您針對臺灣、中國、香港、新加坡四地華人「國際企業倫理」的特質，進行比較與分析。

10.請您針對東方國家與歐美國家企業倫理的觀念，進行比較與分析。

CHAPTER
—— 06

企業倫理與決策

章前案例

❓ 富邦人壽「護川」的企業倫理，倡議「三認三用」

　　長期關注環境永續議題的富邦人壽，率先各公司，連續3年支持荒野保護協會，進行「河川廢棄物快篩調查計劃」，並與天下雜誌合辦「護川」保育研討會，期待「永續未來，請從護一條溪開始」。

　　同時，富邦人壽進一步暢議共商對策，提出改善河川廢棄物的策略與作為，特別推出「三認三用」的方針。三認是指：「認養、認識、認感情」；三用代表：「用對力氣、用對方法、用對論述」守護河川。富邦人壽公司用心地號召全民共同關注此議題，為臺灣環境善盡企業社會責任，成為企業倫理的最佳典範。

　　富邦人壽陳總經理與陳廣宣部部長指出，公司為因應國際ESG浪潮興起，落實永續經營理念，藉跨界合作推動河川保育，是一個善的起點。「善的循環」就是企業倫理教育的核心價值，富邦人壽公司將擴大和社會、環境與人類一起創造共好的正向「善」的循環，這就是企業倫理的價值性所在。

參考資料：2022年3月7日，經濟日報B版，項家麟報導

活動與討論

1. 請同學利用電腦（手機或平板），上富邦人壽保險股份有限公司的網站，瞭解該公司的企業文化與倫理的內容為何？

2. 請討論本個案的「護川」與「三認三用」的社會運動內容，並剖析「善」的開始與企業倫理教育的關聯性。

倫理引導心智圖

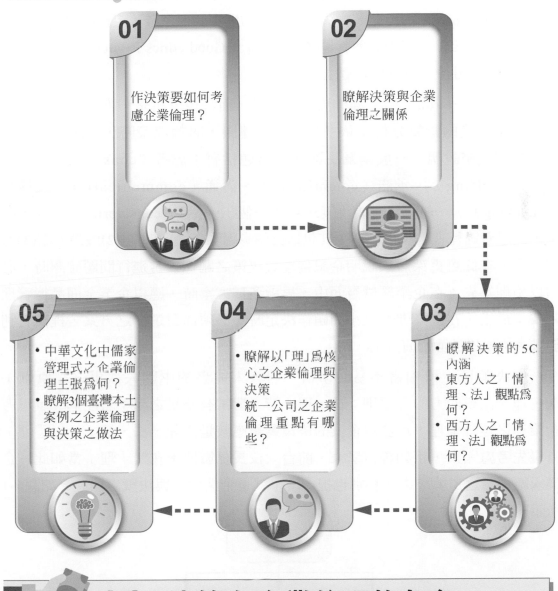

01 作決策要如何考慮企業倫理？

02 瞭解決策與企業倫理之關係

03
- 瞭解決策的5C內涵
- 東方人之「情、理、法」觀點為何？
- 西方人之「情、理、法」觀點為何？

04
- 瞭解以「理」為核心之企業倫理與決策
- 統一公司之企業倫理重點有哪些？

05
- 中華文化中儒家管理式之企業倫理主張為何？
- 瞭解3個臺灣本土案例之企業倫理與決策之做法

6.1 ▶ 決策在企業倫理的角色

　　企業倫理（business ethics）是企業永續經營的基石，大到全部企業活動的意義與角色，小至管理者的個人道德掙扎等。企業經營者若能以「堅持高度職業道德」來塑造企業文化，那企業在知識經濟時代中，遭遇問題必可迎刃而解，突破萬難，創造事業高峰。其原因為何？此道理頗為簡單；因為事業經營必須靠正確的「經營理想」，而正確的理想，可以說是企業經營者「心中的志向」，也

是企業經營者決策的基準。根據日本京都PHP（Peace and Happiness through Prosperity）研究所社長江口克彥先生認為：「如果企業的經營者只是一味地追求業績、利潤的成長，而忽略、喪失了『經營的理想』，企業一定會出現許多的問題」。西諺亦云：「好的倫理就是好的經營」（Good ethics is good business）。永續經營必須建立在倫理的基礎上。

決策（decision）是一種作決定的表徵，而決策分析是一件事物進行決定時前、中、後的動態分析；依多位學者之建議，討論決策時，可應用一套有系統化方式來說明，一般稱為決策5C，其包括有：思考（considering）、諮詢（consulting）、承諾（committing）、溝通（communicating）及檢討（checking），一般進一步將決策5C中第一個C，思考（considering）再深入指出，此思考過程就是決策循環，其包括三個步驟:(1)確認問題(2)設想方案(3)選擇方案。在此可更深層來說明企業倫理與決策之關係，當進行問題確認時，必須以倫理為先；在企業經營層面中，思考各種方案時，應以企業全面品德管理為要；最後，在企業進行大小問題作決定時，必須面對選擇之方案，提出有利於社會大眾道德面之責任心。

作決策是一種相當不易的事情，若人人能參酌中國人做事之三原則：情、理、法或西方的三原則：法、理、情；皆常有不足之處；若能進一步思考企業界之經營倫理，可發現企業的決策邏輯應該是「理、法、情」。以「理」為優先考慮因素，正如經濟學家，前台大校長孫震博士在《「理」當如此－企業永續經營之道》一書，特別也提「理」就是企業倫理與決策之核心。如圖6-1所示。

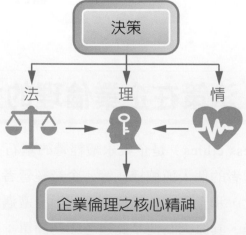

▶▶ 圖6-1 以「理」為核心之企業倫理與決策

6.2 ▶ 企業決策與倫理之定位

　　企業家作決策往往影響社會層面相當深遠，若每位企業家皆以利潤為首要考量，那社會的每個人，受惠於現代產品的文明程度可能會打折扣；原因是每位企業家並不是以現代人類福祉為最終指導原則，來創造人類之文明與進步；每　種產品皆是成本與利潤考量，這種決策皆可認為是一種不完全的決策，存在有缺點的決策。本節針對企業家為何要配合企業倫理來作決策？又企業家在決策過程宜如何配合企業倫理，來展現真正企業家的風範？皆是本節討論重點，旨使讀者在學習與建立企業經營與管理理念時，有深刻的企業倫理與中道思想，建立優質的品德管理，奉獻在企業界，進而貢獻社會。

6.2.1　企業家為何要配合企業倫理來做決策

　　本節在討論企業家經營事業時，為何要配合企業倫理作決策之前，先以國內著名產業：統一公司的「三好一公道」之經營理念來分享其做法。所謂三好是指：產品好、服務好及信用好；公道是代表價格公道。這幾十年來，統一企業在臺灣臺南發跡，目前成為國際化企業，其基本理念是正派經營，取信社會；在進行各項決策，皆以顧客滿意為主；重視產品品質，嘉惠社會大眾；重視貼心式的人性化服務，力行定價合理化，如有盈餘，則會考慮回饋社會部分比例。因此，統一公司之企業倫理概有下列五項，茲說明如下：

1. **心向國家**：幾乎完全配合政府經濟政策，投資對國家整體發展有利事業；不仿冒、不漏稅及不官商勾結，完全以正派經營，來發展國家經濟，真正心向國家之模範企業。

2. **善待同業、共同築夢**：對同業態度以「可以說自己好話，但不可說同業的壞話」；不任意挖角人才，人才以自己培養為主；對同業以光明磊落競爭，並用「善待同業、共同築夢」之高道理標準，自我期許之。

3. **照顧股東與員工**：對確保股東的權益相當用心，使其得到應有之報酬；對員工之生涯規劃及照顧，本著「家庭式」愛心與付出，以最大責任來照顧員工。

4. **忠於顧客**：本著「三好一公道」之經營理念，貼近顧客，堅守良心道德，為

顧客之健康食品努力；不偷工減料、不哄抬物價、不做不實宣傳廣告；完全以顧客需求爲服務訴求。

5. **服務社會**：不任意製造環境污染，並爲社會創造財富，增加就業。設立「健康快樂開創委員會」下設有福利基金會、兒童才藝促進中心、消費者服務中心及出版服務中心等，回饋社會。

由上述說明可以略知統一公司的企業倫理內涵。藉此基礎，大家可以發現，統一公司的作法給了「爲何企業界宜配合企業倫理來作決策？」這個問題最佳的見證及說帖。統一企業之經營成功，是以堅守高標準企業倫理化爲最高指導原則，正完全符合西諺說：「好的倫理就是最好的經營」，統一就是掌握此一原則。

最近國內或亞洲幾個國家，皆相當重視經營決策與企業倫理之結合，其最好指導綱領，其實是以五千年中華文化之精髓－儒家管理（confucian management）爲經緯之核心；而儒家管理式之企業倫理概可說明如下：

1. 以「人」爲基礎之管理要素。

2. 強調「以管理者爲焦點」，並重視「領導人宜具有品德才能風範」。

3. 企業管理者要有：言行一致、誠信爲先；恭謹誠懇、任勞任怨；待人寬厚、以德服人；處事態度全身投入、身先部屬。

4. 一個組織的企業文化，儒家主張爲：下屬對主管應要忠心，集體意識比較強烈，並注重整體表現和互信。

如圖6-2所示，爲中華文化中儒家管理式之企業倫理概念圖，中心以「人本」爲主，週邊以管理者及儒家主張之組織企業文化爲架構，藉此培養經營者中心思想，進而建立優質全面品德管理之永續經營宏願。

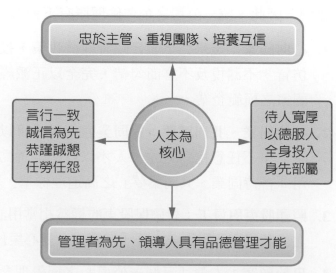

▶▶ 圖6-2 中華儒家管理式之企業倫理概念圖

本節討論到此，讀者不難理解企業家誠如醫生一樣，要有「濟世救人」及「服務人群」為標準的品德管理，來進行公司任何內外決策問題；其核心要以中華儒家以「人本」為中心思想，才是創造企業佳績最好策略，也是企業家為何要配合企業倫理來作決策之理由所在。

6.2.2　企業家決策過程與企業倫理關係

本節分別介紹三位企業家對企業倫理之看法及經營理念，來說明進行決策時，其企業倫理在他們心目中的地位與重要性為何。

一、臺灣半導體之父—張忠謀先生

臺灣半導體之父—張忠謀董事長，其經營理念有三：願景（visions）、理念（principles）、策略（strategies）。其中願景就是「志」與「道」二字，可為俗稱「志同道合」裡面的二字。張董事長特別針對「道」就是商業道德，亦是企業倫理，也是經營理念之核心。何謂商業道德，張董事長特別再唸一遍；「台積電的經營理念這個『道』字就是商業道德（企業倫理），它代表公司的品格，是台積電最基本也是最重要的理念，也是執行業務時必須遵守的法則。所謂高度企業倫理是：第一是說真話；第二是不誇張、不作秀；第三是對顧客言之有信；第四是對同業在合法範圍內全力競爭，絕不惡意中傷，並完全尊重同業的智慧財產權；第五是對供應商以客觀、清廉、公正的態度進行挑選及合作。要求公司同仁絕不容許貪污；如有情事不但開除，並要送法辦。不容許在公司內有派系或小團體之產生；也不容許『公司政治』的形成。用人的首要條件是品格與才能，絕不是關係。」從上述張董事長之理念，可獲知在決策過程必須要體會「品格」之重要，社會要進步，經營企業要順利，得從好的品德管理開始，才是最佳策略。

二、臺灣IBM公司總經理—許朱勝先生

1980年起，IBM有很好的表現，其業績領先其他業界，推出第一台個人電腦，享譽世界，是全球股票市場市值最高、最賺錢的公司。但相隔13年，直到1993年，好景不在，在其他後起之秀興起，進行創新，使其競爭力大減，華爾街人士皆認為：IBM玩完了！在當時令專家跌破眼鏡，董事會為扭轉乾坤，而快速決策，由賣餅乾出身的葛斯納（Louis Gerstner）接掌IBM的執行長，在他

的帶領下，IBM歷經12年，終於浴火重生。臺灣IBM總經理許朱勝親身經歷這段歷史，他特別提到過去12年，IBM之轉型再造，最重要有十六項決策，包括有：

1. 強調IBM不會從市場上消失。

2. 重申IBM的技術傳承。

3. 重組企業。

4. 我們的字典裡沒有「不」字。

5. 我們堅守開放。

6. 我們決心讓自己的產品成為標準。

7. 業務成長自基礎服務。

8. 我們要在亞洲扎根。

9. 將市場需求帶入。

10. 與同業分享皇冠上的寶石－技術。

11. 我們不放棄大型主機市場。

12. 我們專精中介軟體。

13. 我們找到自己的聲音。

14. 我們放鬆領帶。

15. 我們記得自己的中文名字。

16. 我們絕不丟棄自己的價值。

　　十六項重大決策有十五項談改變；唯一不變是IBM的組織文化與企業倫理，IBM為遵循傳統價值，正直面對一切，誠信以對顧客，講求服務至上，強調男女平等的經營理念；並在這12年來獲得重大教訓是：專心致志。企業必須應用各項教育方式，建立IBM的企業倫理，強化「以身作則」，IBM公司現階段精神為「領導主管必須要有燃燒自己內心的意志，才能感化同仁，使得上下一心，共同奮鬥」，這就是IBM公司在決策過對企業文化與倫理精神堡壘中最明確的闡述。由此可知，主管們之決策，深入影響企業永續經營之能力。

三、台達電子董事長—鄭崇華先生

　　另一位國內成功企業家—鄭崇華董事長，在30多年前創立台達電，由資本額30萬元開始，目前已超過數百億元。他是一位永遠追求雙贏的企業家，最明顯的雙贏案例，如：根留臺灣，佈局大陸；努力地為公司賺取利潤，也慷慨地回饋社會，這就是雙贏。台達電在鄭董事長明確決策之下，已經躍居全球最著名的交換式電源供應器、監視器及電磁零件大廠。

　　鄭董事長經營企業理念中，最重要的決策計有：

1. **進軍大陸、必然之勢**：市場全球化發展，企業無國界。如果具備全球供應的能力，就是最重要的優勢。

2. **研發促進升級**：臺灣電子產業必須升級，臺灣經濟發展才能升級，我們對研發及經營能力的增進絕對不可忽視。

3. **敏銳觀察掌握環境文化**：台達電有一願景及決策，即持續順世界潮流，創新研發，致力提供能源產品，堅持企業經營理想，提升人類生活品質。

4. **追求合理化管理、讓滿意度成長為100%**：台達電的經營團隊，有充分授權之企業文化，運用有效管理機制，讓組織力量達到100%滿意度。

5. **落實企業責任**：台達電在快速變遷的環境中，唯一不變就是變，公司之經營文化就是永續經營，也就是要能與世界變遷的潮流一致。

　　從上述資料，台達電在決策過程與企業倫理精神之發揭處處可見；在鄭董事長堅持企業社會責任的號召下，特別謹守企業公民責任，並特別強調「取之社會，用之社會」。在他企業經營心志中，認為社會環境如果不好，企業也不容易生存，所以企業既然依附社會而生存，又從社會中取得資源，得到利益，就應該在各重要決策過程，完全遵循企業高標準之倫理道德；以「容道」精神，開創事業，進行各種重要決策，這才是企業倫理的精髓所在。

倫理學習成果圖

1 公司進行決策時，必須考量企業倫理因素，是成功企業的保證

2 企業倫理與決策是一體兩面的問題，每一位管理者都必須重視

3 決策是每位管理者必定遇到的問題，要有5C之修為，5C為思考、諮詢、承諾、溝通及檢討

4 企業家或企業管理主管宜有以下企業倫理素養：
• 心向國家
• 善待同業
• 照顧股東與員工
• 忠於顧客及服務社會

5 中華文化中儒家管理式之企業倫理是：
• 以「人本」為核心之企業倫理作法
• 建立優質全面品德管理之永續經營的宏願

章後案例

企業倫理影響企業之成功，其中「讓客戶開心」是首要因素

　　本個案說明：股神—巴菲特成功法則——讓客戶開心之主張，在此我們特別敘述股神的主張，來證明企業—倫理—客戶，三者之關係性。一個優秀的新興企業團體，巴菲特特別指出最重要原則是：「讓客戶開心」，我們以學習企業倫理角度，來了解股神巴菲特為何要提出這種主張呢。他認為企業倫理中，也是企業文化型塑過程，就是要一直強調維繫客戶關係之重要性；他也特別推崇亞馬遜公司之執行長貝佐斯，在「企業倫理」的推動過程中，以「關懷客戶」、「維護客戶權益」和「維繫客戶關係性」為最高行銷原則。「讓客戶開心」是公司在經營理念之核心。同時巴菲特也在高盛公司辦理的「萬家小企業」之計畫畢業典禮演講，特別強調「讓客戶高興」，就是企業管理與企業倫理推動的最重要要素，同時也站在企業倫理角度建議政府，並呼籲政府要降低企業融資法規之繁雜，也要提升透明度，讓中小型有能力募得成長所需的資金。

參考資料：2016年6月9日，經濟日報A8版國際版，黃智勤譯

活動與討論

1. 請同學討論：「企業倫理」、「成功企業」與「讓客戶開心」三者之間的關係性。同學可以參考本個案之內容，來提出你的看法。全班可以分成若干組，請一位同學擔任召集人，讓每位同學輪流發言，並指定一位同學紀錄，將結論提供全班同學參考。

2. 巴菲特先生在公司經營上有其一套方法，請依此個案主張，提出你的看法，來討論他成功的重要因素及特性。又這些特性與企業倫理有何關聯性？

Review

╲ 觀念回顧 ╱

1. 企業倫理（business ethics）與決策（decision）關係：企業倫理是企業永續經營的基石，廣到全部企業活動的意義與角色，小至管理者的個人道德掙扎等。決策是一種作決定的表徵，是一種事物進行決定前、中、後的動態分析。

2. 決策包括有5C，如思考（considering）、諮詢（consulting）、承諾（committing）、溝通（communicating）與檢討（checking）等。

3. 以「理」為核心之企業倫理與決策，正是企業永續經營之道。

4. 「好的倫理就是好的經營」正驗證了企業經營者的「心中志向」，並不完全以利潤為單一考量，有時以社會大眾，社會責任來進行決策，造福人群，此乃正確的「經營理想」。

5. 中華文化之精髓如儒家管理（confucian management），正是國內各企業之精神核心，其以人本為主，有三大向度精神，其一是忠於主管、重視團隊、培養互信；其二是言行一致、誠信為先、恭謹誠懇及任勞任怨；其三是待人寬厚、以德服人、全身投入與身先部屬等。

1. 您閱讀了本章個案,在觀念上,您認為當機立斷的功夫重要嗎?有何進一步想法?請思考後提出討論。

2. 決策在企業倫理之角色,請從決策之5C來說明與企業倫理關係。

3. 西諺說:「好的倫理就是好的經營」一句話,您認為意義為何?

4. 試說明以「理」為核心的企業倫理與決策之意義。

5. 試說明統一公司之「三好一公道」的經營理念。

6. 試說明統一公司之企業倫埋內涵,並提出討論。

7. 試說明儒家管理之核心為何,並請以圖表示其企業倫理的重點。

8. 閱讀了台積電張忠謀董事長之經營理念,試說明您的心得。

9. 閱讀了臺灣IBM公司與許朱勝總經理之決策與經營理念,試說明您的心得。

10. 閱讀了台達電鄭崇華董事長之雙贏企業經營理念,試說明您的心得。

note

CHAPTER —— 07

企業倫理與公司治理

章前案例

❓ 玉山銀行 30 年——企業倫理與道德標竿企業

　　回顧1992年，國內開放新銀行設立，當時有16家銀行成立，是一個非常競爭的環境。時過30年，玉山銀行在企業經營管理上有獨特的方式，憑玉山人的意志力與企業倫理道德，與大眾結緣，重視服務品質，其財力背景沒有財團的奧援，仍一步一步朝向優質企業努力。玉山銀行目前是國內第三大發卡行，母公司玉山金控也是中型金控，該公司能有如此卓越成就，我們可以直言，是玉山銀行全體員工努力的成果。若讓我們探索更深層的緣由，其實和公司的企業倫理，及經營道德標準的自我要求，有相當大的關係。本個案就以玉山銀行的成果與玉山人對企業倫理的重視互動關係，進行探究。

1. 玉山人的平實與努力：黃董事長在企業倫理與企業文化中，奉行「The best is yet to come, this is beginning of great journey」，代表的意思是：「世界巨輪已經轉動，但最好的還沒有到。」玉山的企業倫理與文化中，自認「玉山人」只是一群平凡人，但可以一起努力創造不平凡的企業。

2. 玉山銀行落實企業社會責任，連結ESG（環境、社會、治理）的精神，只要是有簽署永續連結貸款（ESG link loan)的企業，並在期限內符合ESG相關目標（如每年碳排量、水用量等，玉山銀行就會給予貸款利率優惠，利率可以愈來愈低。

參考資料：2022年2月18日，經濟日報A12版，楊筱筠報導

活動與討論

1. 請同學上玉山銀行的官網，了解一下玉山銀行的經營理念與願景的落實。

2. 請討論玉山銀行的企業倫理與公司文化有何特色？請條列說明之。

倫理引導心智圖

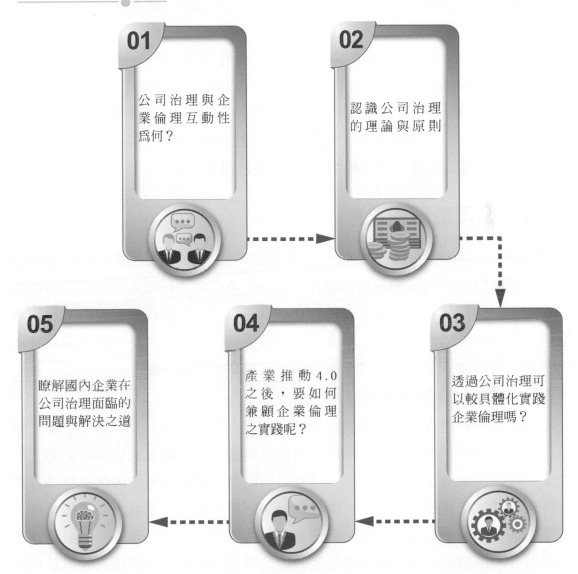

01 公司治理與企業倫理互動性為何？

02 認識公司治理的理論與原則

05 瞭解國內企業在公司治理面臨的問題與解決之道

04 產業推動4.0之後，要如何兼顧企業倫理之實踐呢？

03 透過公司治理可以較具體化實踐企業倫理嗎？

7.1 ▶ 公司治理的發展背景

公司治理（corporate governance）概念一般泛指公司管理與監控的方法。早在1970年代公司治理的概念即已出現，直到1997年亞洲金融危機發生後，這個議題才又被廣泛討論。1998年經濟合作暨開發組織（OECD）召開之部長級會議中，更明白揭示公司治理運作不上軌道，是亞洲企業無法提升國際競爭力之關

鍵因素之一。2001年美國安隆案（Enron）後陸續引發的金融危機，更突顯公司治理的重要性。有鑑於此，我國證券暨期貨管理委員會（證期會）於1998年起即開始向國內公開發行公司宣導公司治理之重要性，並在臺灣證券交易所（證交所）、櫃檯買賣中心、證券暨期貨市場發展基金會（證基會）及中華公司治理協會等單位共同努力之下，陸續推動獨立董事、獨立監察人的制度，及制定符合國情之「上市上櫃公司治理實務守則」，引導國內企業強化公司治理，提升國際競爭力。展望未來，主管機關及各相關單位將持續協助國內企業落實公司治理機制，以確保企業之永續經營，進而提昇國內整體經營環境。

7.1.1　公司治理的意義

經濟合作暨開發組織將公司治理定義為一種對公司進行管理和控制的體系，它不僅規定了公司的各個參與者（例如：董事會、經理人、股東和其他利害關係人）的責任和權利分配，而且明確了決策公司事務時所應遵循的規則和程序。綜上，公司治理的定義很多，但一般而言，公司治理是一種指導與管理的機制，以落實公司經營者責任為目的，在兼顧其他利害關係人利益下，藉由加強公司績效，保障股東權益。

我國證券暨期貨市場發展基金會則將公司治理定義為：公司治理主要著眼於企業所有與企業經營分離之現代公司組織體系下，如何透過法律的制衡管控設計，有效監督企業的組織活動，以及如何健全企業組織運作，防止脫法行為之經營弊端。重視經濟觀點者，則認為公司治理係使公司經濟價值達極大化為目標之制度，例如：追求股東、債權人、員工間報酬之極大化；強調財務管理之觀點者，則認為公司治理係指資金的提供者如何確保公司經理人能以最佳方式運用其資金，並為其賺取應得之報酬。

7.1.2　公司治理的範疇

行政院「改革公司治理專案小組」綜合各國經驗，認為公司治理涵蓋之範疇可區分為狹義及廣義兩方面：

一、狹義的範疇

公司治理的狹義範疇係指「公司監理」，尤其是上市、上櫃公司的監

理，重點涵蓋公司經營者之責任，公司股東之權利義務，公司董監事的結構與權責，以及公司營運之防弊措施等；涉及之規範包括公司法、證券交易法、會計準則等。

二、廣義的範疇

公司治理的廣義範疇除公司監理之外，還包括相關之市場機制、企業併購、特定組織（如管制機關、公營事業等）之治理、機構投資人機能、資本市場專業機構的建立、破產與重整機制、財經法之執行與改革等。

 # 7.2 ▶ 公司治理的理論

自1970年代以來公司治理的概念逐步出現，歐美等先進國家即大力提倡，逐漸受到世界各國的重視。經濟學者、財務管理學者、法律學者們逐漸在公司治理領域形成了以下幾個主要的理論觀點（李維安、武立東，2002），如圖7-1所示：

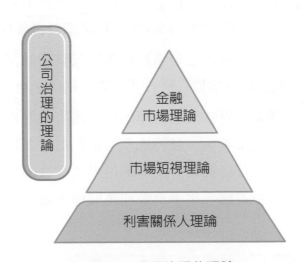

公司治理的理論

金融市場理論

市場短視理論

利害關係人理論

▶▶ 圖7-1　公司治理的理論

一、金融市場理論

美國學者與實務界專家大都主張此種論點，該理論主張公司的所有權屬於全體股東，公司的經理人應為股東的利益著想，要積極創造股東價值最大化。

股東價值最大化表現在金融（股票）市場之中，如此一來也象徵著公司價值的最大化。其理論是效率市場（efficient market）理論，即股票價格完全由金融

市場決定並有效地反映與該公司有關的所有訊息。根據此一理論，金融市場能夠較有效地解決股東與經理人之間的代理問題（agency problem）。對於表現良好的經理人，可以加以獎勵；而表現不佳的經理人，則可以給予懲罰或解雇。

二、市場短視理論

此一理論認為金融市場是短視的，股東們的眼光並非完全放在長期的利益上，大都著眼在短期的獲利。所以，當經理人為公司的長期利益進行投資時，大多數的股東（尤其是小股東）經常會傾向賣出股票，而造成股票價格下跌。因此，在金融市場短視的壓力之下，經理人不得不將精力集中在公司的短期績效及獲利上，而犧牲了長期的利益及未來公司的競爭力（competition）。

對於代理問題而言，市場短視理論強調在現實面的考量之下，公司的經理人必須在迎合並滿足股東的短期利益上下工夫。

三、利害關係人理論

利害關係人理論主張，企業的存在不僅是在為股東追求利潤而已，也必須關心或考慮企業的員工、供應商、顧客、債權人等，甚至於社會大眾。利害關係人理論認為企業是社會網絡中的一部分，所以必須善盡其社會責任。

在此種論點之下，公司的存在是為社會創造或貢獻財富。如此一來，股東必須把整體社會「大我」的利益放在個人「小我」利益之上。

根據利害關係人理論，對於公司治理的作法為將經營權與所有權分開，但是經理人最好不要具有股東身份，且將更多的權利交給其他的利害關係人，如員工、供應商、顧客、以及債權人。其中，最具代表性的作法就是增加員工對公司經營及公司財產的控制權，給予重要利害關係人進入公司的董事會（成為公司董事）。

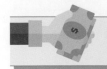

7.3 ▶ 公司治理的原則

經濟合作暨開發組織提出「公司治理原則」（Principles of Corporate Governance），包括：

一、保障股東權益（the right of shareholders）

公司治理之架構應保障股東的權利，包括股東的基本權利，如確保所有

權之登記方法、贈與或移轉、及時取得公司之相關資訊、出席股東會及投票權、選舉董事會成員及分享公司之利潤。

二、確保股東受到公平對待（the equitable treatment of shareholders）

強調所有的股東應有機會對所被侵犯的權利得到救濟，包括少數股東及外國股東。

三、利害關係人的角色（the role of stakeholders）

公司的競爭力及最後的成功係結合所有利害關係人的貢獻，因此，如何促進公司與利害關係人在財富創造及企業財富健全的維持上積極合作，以符合公司的長期利益，是相當重要的。

四、資訊揭露及透明化（disclosure and transparency）

股東及潛在投資人需要有管道取得經常、可靠及可比較的資訊，據以作出各項決策。因此，公司治理架構應能確保有關公司財務狀況、績效、所有權及管控的重大資訊，均能及時、正確地揭露。

五、董事會責任（the responsibility of the board）

董事會的主要職責包括：監督經營績效、防治利益衝突，在公司不同的需求間取得平衡及確保公司能夠遵循各種法令。因此，公司治理的架構應確保公司董事會的策略性指導及有效監督。

我國「上市上櫃公司治理實務守則」第二條亦說明上市上櫃公司建立公司治理制度，除應遵守法令及章程之規定，暨與證券交易所或櫃檯買賣中心所簽訂之契約及相關規範事項外，應依下列原則為之：

1. 保障股東權益。

2. 強化董事會職能。

3. 發揮監察人功能。

4. 尊重利害關係人之權益。

5. 提升資訊透明度。

7.4 ▶ 公司治理與企業倫理的關係

　　不論就公司治理的目的、精神、觀念或實質內涵等來看，公司治理都可以說是企業倫理的具體實踐，說明如下：

1. 公司治理的目的就是為了使公司所有的利害關係人都得到合理且公平的對待與尊重，不要因為資訊不對稱（information asymmetry）引發的代理問題（agency problem）而受害，這也是推行企業倫理的主要目的之一。

2. 公司治理要求資訊應充分揭露與透明化，財務報表不可作虛偽陳述或盈餘操弄，以供正確的判斷，這與企業倫理所強調的正直（integrity）、正義（justice）、能力（competence）與效用（utility）的核心價值是一致的（Payne et al., 1997）。

3. 公司治理要求公司管理階層「正派」、「光明磊落」的經營，避免公司受到少數有心人士的惡意挪用資金、掏空公司或其他傷害債權人、供應商、員工、股東、顧客等利害關係人的情事，甚至於造成公司倒閉；引發社會問題。這也和企業倫理所主張的：企業應善盡其社會責任（social responsibility）的觀念是一致的。

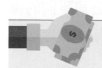

7.5 ▶ 我國公司治理面臨的問題

　　行政院「改革公司治理專案小組」（2003）指出：隨著臺灣經濟的快速發展，國內公司數量及規模日益擴增，近十多年國內資本市場迅速成長及企業國際化發展，公司股權漸趨大眾化，因此，公司治理較過去更形重要。但是，因為傳統家族企業型態及我國公司治理機制上若干缺失，臺灣在亞洲金融風暴期間爆發本土型金融風暴，部分企業相繼陷入經營危機，並暴露出我國公司治理的諸多問題，包括：

1. **公司決策機制閉鎖**：如家族企業公司股權集中、董監事功能不彰等因素，造成公司決策受到董事長或少數人操縱。

2. **財務不透明**：如關係人借款及交易（如中國或第三地投資往往以關係人借款，再以關係人個人名義投資大陸或第三地）、公司財務報表不實等。

3. **財務槓桿過高**：如交叉持股、炒作股票及房地產等。

4. **其他問題**：如員工分紅入股、併購、投資人保護、公營事業管理、金融服務業及特定行業管理等。

倫理學習成果圖 ✏

實施公司治理是永續經營的保證　**1**

2　公司治理是實踐企業倫理的另一種策略

公司治理包含狹義與廣義之範疇：　**3**
- 公司監理
- 市場機制
- 財經法規方面之執行與改革

4　公司治理之原則有：

- 保障股東權益
- 確保股東受到公平對待
- 利害關係人的角色
- 資訊揭露及透明化
- 董事會責任

國內企業實施公司治理之問題有：　**5**
- 公司決策機制問題
- 財務不透明
- 財務槓桿過高
- 其他管理問題

章後案例

將「在地思考，全球行動」融入企業倫理之內

　　工業技術研究院院長劉仲明博士，在大學畢業典禮中，特別提出現代人要有的創新觀念，期許大學生要為全球化展開行動，要為本地化思考及研發，提升自己的競爭力，這些觀念正是我們在研讀「企業倫理與增加企業競爭力」的最好建議。「企業倫理」是每位企業界朋友必有之修為，企業倫理的正面思考，就是建構優良的企業體及工作環境，若我們依劉院長之建議，就是「在地思考，全球行動」舉例二個例子；例一是雲林西螺市場之柴油拖板車上百台，造成空氣汙染嚴重，後來工研院以盡社會責任角度，開發電動拖板車，來嘉惠菜農，又與東元公司一起將此電動拖板車之技術行銷到菲律賓，並計劃行銷到印度等國家，創造出全球的商機。例二是工研院對脊椎損傷的癱瘓病人，開發出的「行動輔助機器人」，此項研發獲得美國等先進國家的青睞，加入投資陣容，也預計在2016年年底成立衛生公司，來嘉惠世界上的病人。以上兩個例子，正是因為發揮「企業倫理之社會責任」，而從「在地思考，找到可聚焦之處」。

參考資料：2016年6月10日，經濟日報A15版，李珣瑛撰

活動與討論

1. 請討論工研院院長認為從盡社會責任之研發成功舉例之心得，特別提出「在地思考，全球行動」之企業經營哲學，請將全班分成若干組，討論與企業倫理的關聯性有哪些？提出各組之看法。

2. 你認為要將「在地思考，全球行動」的觀念，如何融入「企業倫理」之宏觀理念中？再創造更多具有競爭力之企業體。請各組派代表提出該組的結論。

1. 公司治理的定義很多，但一般而言，公司治理是一種指導與管理的機制，以落實公司經營者責任為目的，在兼顧其他利害關係人利益下，藉由加強公司績效，保障股東權益。

2. 公司治理的狹義範疇係指「公司監理」，尤其是上市、上櫃公司的監理，重點涵蓋公司經營者之責任，公司股東之權利義務，公司董監事的結構與權責，以及公司營運之防弊措施等；涉及之規範包括公司法、證券交易法、會計準則等。

3. 公司治理的廣義範疇除公司監理之外，還包括相關之市場機制、企業併購、特定組織（如管制機關、公營事業等）之治理、機構投資人機能、資本市場專業機構的建立、破產與重整機制、財經法之執行與改革等。

4. 經濟學者、財務管理學者、法律學者們逐漸在公司治理領域形成了以下幾個主要的理論觀點：

   (1) 金融市場理論：該理論主張公司的所有權屬於全體股東，公司的經理人應為股東的利益著想，要積極創造股東價值最大化。

   (2) 市場短視理論：此一理論認為金融市場是短視的，股東們的眼光並非完全放在長期的利益上，大都著眼在短期的獲利。

   (3) 利害關係人理論：利害關人理論主張，企業的存在不僅是在為股東追求利潤而已，也必須關心或考慮企業的員工、供應商、顧客、債權人等；甚至於社會大眾。

5. 經濟合作暨開發組織（OECD）提出「公司治理原則」包括：

   (1) 保障股東權益。
   (2) 確保股東受到公平對待。
   (3) 利害關係人的角色。
   (4) 資訊揭露及透明化。
   (5) 董事會責任。

6. 不論就公司治理的目的、精神、觀念或實質內涵等來看,公司治理都可以說是企業倫理的具體實踐,說明如下:

   (1) 公司治理的目的就是為了使公司所有的利害關係人都得到合理且公平的對待與尊重。

   (2) 公司治理要求資訊應充分揭露與透明化,財務報表不可作虛偽陳述或盈餘操弄,以供正確的判斷。

   (3) 公司治理要求公司管理階層「正派」、「光明磊落」的經營。

7. 我國公司治理的諸多問題,包括:

   (1) 公司決策機制閉鎖。

   (2) 財務不透明。

   (3) 財務槓桿過高。

Exercise
本章習題

1. 請說明「公司治理」的意義。

2. 公司治理的範疇為何？試就廣義與狹義說明之。

3. 請說明公司治理的具體原則。

4. 請簡要說明公司治理與企業倫理的關係。

5. 請說明企業「資訊揭露」對公司治理的重要性。

6. 請簡要說明我國公司治理面臨的問題。

7. 您認為政府有關主管機關，要如何規範以健全我國公司治理制度。

8. 請舉某一上市公司或知名國際企業為例，簡要說明其公司治理。

CHAPTER —08

資訊化與企業倫理

章前案例

？ 元宇宙的願景與企業文化革命

　　本個案特別介紹宏達電公司王雪紅董事長，在2022年世界行動通訊大會（MWC）中，進行精彩專題演講，其內容介紹如下。

　　王雪紅董事長指出：人類透過元宇宙各種可能的應用，將驅動下一波的企業與創新產業的發展，因此，宏達電公司的願景是：將科技及人文極致融合，釋放人們無限的想像力。

　　宏達電公司長期開發新的元宇宙技術，主力是「VIVE Reality」，其將開創一股力量，促使文化革命與創新產業的發展。其重點有：VR、AR、AI、區塊鏈與5G等尖端科技，將整合並致力於創新技術的研發。公司發展VR、AR的目標，是 使用者可以突破所有藩籬與界限，無限制地揮灑創意、協作、遊玩、學習和應用夢想。王董事長特別要大家想像一下，元宇宙應用充滿奇妙新體驗，同時也可以是一個由眾人所創造、所擁有、可自由分享的開放式平台。

　　考量元宇宙的技術、企業倫理道德標準、未來元宇宙的文化革命、各企業的經營模式，企業宜加速認識與瞭解元宇宙的發展趨勢，全面性教育各業界，面對新科技、新挑戰全面的理解與認同的價值觀。誠如王董事長形容，「元宇宙科技是一種企業的文化革命」，未來有無限創新可能，各產業的發展，請大家拭目以待。

參考資料：2022年2月28日，經濟日報A3版，陳昱翔報導

活動與討論

1. 試說明元宇宙的發展技術與應用為何？

2. 依據王雪紅董事長預測，未來元宇宙科技應用類比於「科技文化」革命，其對企業倫理與道德，在標準上有何改變呢？

倫理引導心智圖

01 人類受資訊影響層面越來越大，企業要有企業倫理規範

02 瞭解資訊化產生的隱私權問題

03 學習資訊科技為倫理帶來挑戰的原因為何？

07 瞭解垃圾郵件與網路倫理的問題

06 要如何維護個人資料的隱私權？

05 為什麼會有個人資訊外洩問題呢？

04 探討資訊時代主要的倫理議題有哪些？

8.1 ▸ 資訊時代的倫理議題

　　從工業社會轉化到資訊社會，其轉變是全面性的。資訊科技改變了企業的組織型態和運作方式。不管是生產、銷售、人力資源、研究發展、財務管理、企業倫理等各方面都產生了巨大的影響和變化。例如電子郵件不但取代了一般的郵件，甚至瓜分了電話的功能，是一種全新的通訊方式。而視訊會議也

讓管理者不必勞師動眾的聚集在一個地點開會，甚至可以透過視訊，讓身在不同國家的人一起開會。

　　表面上看來，電腦只是一個機器，不是人，因此跟倫理好像無關。所以，我們常用「這是電腦做的！」來推卸責任，好像人無權過問一樣。同樣的，「這是電腦弄錯了！」也是一個合理的藉口，似乎這樣就沒有人要負責了，但是電腦是由人所發展出來的，其運作也是藉由人所撰寫的電腦程式來操控。當電腦被用來從事違背倫理的活動（如：入侵電腦主機、撰寫電腦病毒）時，電腦本身並不是罪犯，罪犯是操縱電腦的那個人。既然跟人有關，那就會涉及與倫理有關的相關議題。

　　而倫理議題也不只包含在電腦或是更廣泛一點的資訊科技使用層面，它牽涉到整個資訊時代的企業運作，也跟我們的日常生活息息相關。臺灣在2007年因軟體盜版造成的經濟損失高達66億元，以資策會統計，2006年臺灣商用軟體市場規模為56億元，軟體盜版所帶來的經濟損失，相當於失去一個商用軟體市場。可見得資訊時代所產生的道德和法律問題，其嚴重性是前所未有的。

8.1.1　資訊科技為倫理帶來挑戰的原因

　　資訊科技對於倫理帶來新的挑戰，主要的原因在於：

1. 網路通訊和電腦的使用改變了人與人之間的關係，讓人際間的接觸降低。原本在人際關係上已建構或是行之有年的倫理道德、法律規範都顯得模糊而派不上用場。再加上溝通的速度太快，也讓人沒時間想到倫理的問題。

2. 當資訊以電子檔的方式存在時，就比使用紙張的型態來得「脆弱」，也就是說，它比較容易被改變、傳送、複製，也就容易招致未授權存取的問題。

3. 資訊共享的觀念與資訊的隱私權及使用權等常會有衝突，因而產生倫理的問題。

4. 在缺乏授權與認證工具的情況下，資訊科技的應用常會引起故意或是無意觸犯的違反倫理行為。

8.1.2 倫理議題的產生

社會大眾在享受資訊科技帶來的好處之餘，對於如何設計電腦去完成實際的工作、電腦如何改變我們做事的方式、電腦在哪些方面的工作是無形的，是否造成巨大的傷害等問題非常關心。也希望能夠有一套倫理法則來作為指導。1986年，美國管理資訊科學專家理查梅森（Richard Mason）提出資訊時代有四個主要倫理議題，如圖8-1所示：

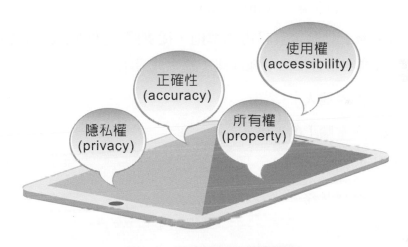

▶▶ 圖8-1 資訊時代的倫理議題

一、隱私權（privacy）

在什麼狀況及保護措施下，有哪些個人相關資訊可以或不可以透露給他人，諸如此類有關隱私的權利。

二、正確性（accuracy）

誰應該對資訊的真實性與資訊的錯誤負責，以及錯誤對整體造成損失時，應如何適當處理的權利。

三、所有權（property）

誰擁有資訊、資訊交易的合理價格為何、誰擁有資訊的管道、如何登錄作存取等擁有私人財產的權利。

四、使用權（accessibility）

在什麼狀況及保護措施下，個人有權獲得何種資訊等公平對待的權利。

這四個議題通常被稱為PAPA議題。但是在這近數十年來電腦及網路的快速

進步下，又產生了更多、更複雜的問題，已經超越了PAPA的範圍。

8.1.3 資訊倫理

由於電腦主要是由人來操作，因此對於資訊專業人員，如資訊科技使用者、資訊產品（包括軟、硬體）開發者、系統分析師以及資訊政策制訂者來說，不僅需要有倫理的素養，同時也要有專業的倫理觀念，這些規範資訊人員的道德系統，統稱為資訊倫理（information ethics）。

一些資訊組織主動制定資訊道德準則，從實踐上推動了資訊倫理的建立。例如，美國電腦倫理協會推出十條戒律，要求成員：

1. 不可使用電腦傷害他人。

2. 不可干擾他人在電腦上的工作。

3. 不可偷看他人的檔案。

4. 不可利用電腦偷竊財務。

5. 不可使用電腦造假。

6. 不可拷貝或使用未付費的軟體。

7. 未經授權，不可使用他人的電腦資源。

8. 不可侵佔他人的智慧成果。

9. 在設計程式之前，先衡量其對社會的影響。

10.使用電腦時必須表現出對他人的尊重與體諒。

一般較具規模的企業都設有資訊長（chief information officer，CIO）這個職務，擔任技術與業務人員之間的溝通橋樑。而企業內部對於資訊倫理的維持，也都由CIO來負責，其職責是(1)警覺並注意電腦如何影響社會；(2)試著公布公司政策以確定技術使用於正確的方向。但其實CIO無法完全承擔資訊倫理管理的工作，其他高階管理階層也應該負起這部分的責任。當然，除了管理者之外，每個員工對其電腦使用的行為也都負有一定的倫理責任。

接下來我們將就隱私權問題、資訊產品供應商的倫理問題、軟體盜版問題、垃圾郵件等問題進行討論。

8.2 ▸ 隱私權的問題

隱私權為個人對於其擁有之資訊有公開或使用上的權力。若未經同意就瀏覽、公開、轉送他人之資料檔案，就可能因此侵犯當事人隱私權。

例如，網路詐騙層出不窮，大型電子商務網站安全防護網也愈架愈高，但道高一尺、魔高一丈，詐騙集團「土法煉鋼」從各種管道蒐集資料，慢慢拼湊出個人資訊，由於不少人帳號、密碼從個資中皆有脈絡可循，甚至一組密碼「打通關」，一不小心就被歹徒入侵成功。

8.2.1 個人資料外洩問題

因為個人資料外洩而產生的問題，幾乎每個人都碰到過，突然接到電話，向你推銷產品，假冒國稅局通知你到提款機退稅、假冒信用卡公司要你轉帳繳款、甚至明確說出家人名字的假綁架案；而我們的電子信箱，每天收到的垃圾信件，更是無以計數。我們常會產生疑惑，他們是從哪裡取得這些資料的？

電腦及網路應用的普及，雖然有許多方便之處，但因網路能更容易、更快速地傳輸個人資料，一旦遭截取或資料庫被侵入，將造成更大的損失。通常個人資料，如姓名、生日、身分證字號、特徵、指紋、婚姻、家庭、教育、職業、健康、病歷、財務狀況等，所有足以識別個人之資料會經由下列各種不同的方式，被散播出去：

1. **與政府機關往來時**：如報稅、申辦汽機車行照駕照、戶籍登記或變更。

2. **與金融機構往來時**：如開立帳戶、申辦信用卡、辦理貸款或轉帳。

3. **購物時**：如申辦手機門號、使用信用卡刷卡購物、旅遊、付帳單、或捐款、使用郵購目錄、電話或利用網路進行購物。

4. **參加各種團體成為會員時**：如健身俱樂部、政黨團體、網站會員、公益團體等。

5. **參加各項商業促銷活動時**：如參加廠商的產品抽獎活動，領取免費獎品、參觀各項商品展覽等。

當這些個人資料透過這許多的管道散播出去後，最常面臨的是你將成為郵件、電話、電視、網路等的銷售宣傳對象，而不勝其擾。更嚴重的是會被詐欺集團利用，造成極大的損失。

8.2.2 企業應如何維護個人資料的隱私權

如上所述，政府機構、銀行及各企業都會為了各種業務所需，而蒐集到個人的資料，我國在民國84年制訂了「電腦處理個人資料保護法」，對公務機關及非公務機關在利用電腦處理個人資料時，如何避免侵犯個人的權利都有所規範，立法院又於94年4月進行修訂工作，將名稱改為「個人資料保護法」，對個人資料的保護範圍更加擴大。

這也顯示，個人資料外洩問題的嚴重性。除了於提供個人資料時要特別加以注意外，企業對於客戶資料的維護也要負起責任。以下說明企業維護個人資料隱私權應注意的事項：

一、盡到充分告知的義務

在蒐集個人資料時，企業必須以清楚易懂的方式將資料蒐集政策、目的、蒐集及處理的方式，以及由誰來處理這些個人資料，告訴資料提供者。企業更應該把保密政策公布在網站上，揭示廠商在網站上收集了那些資訊，以及資訊的用途為何，讓客戶在提供個人資料之前，可先閱讀這項保密政策，並提供選項，讓客戶有權拒絕將個人資料提供給其他廠商或作其他行銷用途。

二、按照實際使用作適當的資料蒐集

企業必須在明確的商業目標下蒐集個人資料，不應該蒐集不屬於此目標之外的資料，並應該以合法且公平的方式取得資料。

有關此點，以健保晶片卡為例。自94年開始，健保全面採用晶片卡。依照原先設計，健保IC卡具有電子病歷的功能，載有個人基本資料，例如過敏性藥物、心臟病、高血壓等資訊，便於醫師查詢，亦可避免民眾更換醫院時，碰到病歷調閱困難，各種檢驗重複浪費的缺點。但是，晶片卡的資料是否會外洩問題一直引起廣泛的討論：

「愛滋感染者權益促進會」認為臺灣的醫療體系對愛滋感染者已不太友善，許多患者被醫護人員拒絕照顧，未來若IC卡可看到病歷內容，愛滋病友的

隱私權與就醫權將被迫曝露，實在讓人難以放心。而「工作傷害受害人協會」也表示，IC卡所帶來的個人隱私資料外洩問題，還關係著民眾工作權。像梅毒、愛滋病等疾病或婦女懷孕等，並不影響正常工作進行，假設雇主取得員工的就醫資訊，便把員工貼上「有病」的標籤，員工不但受到嚴重歧視，甚至因此丟了工作，到時誰能負責損失？

也因為有諸多的顧慮，目前的健保IC卡只會顯示病人姓名、身分證字號、就診次數、有效期限，和過去就醫診別等少數資訊，並不會顯示就診醫院、病歷或用藥情形。

三、展現對個人資料負責的態度

企業必須支持相關隱私權法令與政策，並制訂企業內部人員違反相關規定的損害賠償責任、罰則與解決方案，來表示對個人資料的負責態度。

四、建立安全加密的機制

企業必須以安全加密保護機制來避免資料的遺失，並防止個人資料未經授權的使用、修改、刪除、揭露及閱讀。有關加密系統敘述如下。

8.2.3 加密系統

目前企業在資料的保密方面，有兩套系統廣為使用：一為資料傳輸安全協定（Secure Socket Layer，SSL）。一為安全電子交易協定（Secure Electronic Transaction，SET）。

SSL是Internet Commerce的國際標準，目的是保障網路交易的安全性。這是一種網路安全協定，透過資料加密的技術，傳輸的資料經過重新編碼，即使被攔截，攔截者沒有所謂的金鑰進行開啟（即無法進行資料的解密），無法閱讀資料。SSL是Netscape Communications公司於1994年10月為其產品Netscape Navigator所設計出來的資料傳輸安全標準，主要是提供利用「網際網路」交易的雙方，在交易過程中最基本的點對點通訊安全協定，以避免交易訊息在通訊的過程中被攔截、竊取、偽造及破壞。

SET是應用於網際網路上以信用卡為基礎的電子系統交易機制，用來保護開放網路上持卡交易的安全性。於1996年由VISA、MasterCard國際組織和其他公司所共同宣佈。在SET的系統架構中，包含了五個主要的角色分別是發卡機

構、持卡人、網路商家、收單銀行及憑證管理中心，各角色間有嚴謹的信賴關係，以保證整個 SET 交易的安全性。

除此之外，企業對於資料之防護除了密碼外，防火牆也不可少。防火牆是一部主機，架設在公司內部網路與 Internet 間。所有連外的網路資料，都必須經過公司所架設的防火牆，因此防火牆可以管制所有進出的連線，並記錄所有進出的連線資料。防火牆可防止公司網路遭到入侵、破壞、或被竊取重要資料，亦可管制員工送出資料或不當使用網路等。

除了防火牆的設置外，公司對重要資料存取的限制應該不止於僅有密碼之管理，在軟、硬體上對資料之保護都應有更進一步之規劃，例如：只有某些人能存取資料、必須用指紋或瞳孔辨識才有權限、有完善的防毒措施、資料分散儲存同時也隨時備份等。

8.2.4　在工作場所的隱私權問題

通常員工在公司使用電話，跟家人的聯絡是被允許的，談話內容也算是隱私。那麼員工可以使用公司內部信箱發送私人信件嗎？這算有隱私嗎？員工如果不是因為工作所需，上網玩遊戲、看股票行情、購物，甚至上色情網站或下載資料，這些行為是合理的嗎？公司可以加以監控嗎？

雇主擔心員工將機密資料外洩，因而會檢查員工的往來電子郵件。這類案例時有所聞，聯華電子公司曾經以「不務正業」為由，開除涉嫌將董事長曹興誠「致同仁書」內容傳給外人的員工外，和信電訊也曾經以「業務重大過失」為由，開除了11名將內部薪資調整的幅度寄給外界的員工。而臺灣積體電路公司也以違反公司機密資訊保護政策為由，解聘4名員工，另對1名離職經理提出警告，聲明永不錄用，並控告這名經理涉及洩露極機密資訊。這些公司會有上述這些懲罰性的舉動，其前提可能是透過監看員工的方式才會發現員工的洩密行為。這樣是否侵犯到個人隱私權呢？

前面所談的監控員工的電子信件和網際網路使用，都牽涉到雇主對員工監控的倫理問題。電腦技術讓這項監控比以前更加可行而且徹底。員工在電腦上的每一個鍵入動作，包括錯誤及速度都是可以記錄的。也就是說，一個員工在電腦面前的所有活動都可以被監控。在這種情況下，員工的隱私權何在？而雇主監控員工的限度又在哪裡？這當然要視情況而定。

一、員工倫理

在員工方面，員工有各種各樣的隱私，但其權利是相對的，員工工作場所的隱私保護應該受到一定的限制。在工作場所的工作時間內，員工有義務和職責從事本職工作，不應從事與工作無關的個人活動如收發私人郵件、上網瀏覽、電話聊天。也就是說，從事不為工作時所允許的個人活動而產生的隱私權是要受到限制的。

二、雇主倫理

在雇主方面，監控是一種控制，而這個控制應該是要符合工作所需。例如：如果在賣場的收銀機或是銀行的櫃臺前裝攝影機，一方面可以監督收銀員的行動，另一方面也有助於防止可能的失竊。如果公司的目的是計算員工或打字員的速度或效能，即使是記錄員工每一個敲擊鍵入，這樣也都算是合理。

但是，雇主對員工的監控也必須受到一定的限制，它必須僅限於工作場合的工作時間內，監控的內容也應有所約束。比如在洗手間、更衣室、休息室進行影像監控，或者在非工作時間內如員工在工作場所午休時進行監控，便不應允許，因為此時員工不具有從事本職工作的義務。

而在內容上，追蹤員工在網路上的全部瀏覽情況可以允許，對於電話來說，瞭解員工通話對象和通話時間並無不妥，但將其全部通話內容錄音監視，又是否合理呢？這就涉及到倫理的問題。

三、互相尊重的倫理

每一家企業都應該對這類行為有所規範。有些企業相信員工會適當的使用網路，只有在員工的工作耽誤時，才加以干涉；有的企業禁止私人用途使用；有的根本在大部分的工作站都不提供網路。其實，員工必須明白，雇主有權利保護公司的業務通訊工具不被濫用。雇主也需要在員工的信任和不信任之間取得恰當的平衡。

為了防止企業與員工之間因為監控造成關係的緊張、對立，企業最好先在工作規則中明訂監控條款，而且這個條款也不宜由企業單方面訂立，應該是企業與員工協商後，訂出雙方都能接受的合理方法。讓監控過程透明化後，不但可避免企業與員工間因為監控問題產生的互控，也可讓雙方產生互信，創造雙贏局面。

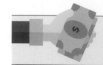

8.3 ▶ 資訊產品供應商的倫理問題

好不容易打出來的報告，在接近完工時，電腦忽然當機了，讓你的心血付諸流水；好不容易過關斬將，眼看著就要獲得寶物了，電腦又當機了，前功盡棄。這些都是我們在日常生活當中碰到過的問題。

當機的原因不計其數，但歸納起來只有兩方面：一是由電腦硬體引起的，一是軟體設計不完善或與系統和系統其他正在運行的程序發生衝突。在硬體方面，有時是因為使用者的操作不當，或外部環境不良導致機器毀損，當然機器的故障也有可能是硬體本身設計不當造成的問題。在軟體方面，因為軟體原因而造成電腦當機的狀況經常發生。這種情況當然也可能源於使用者的操作不當，但很多情形實際上是由於軟體本身設計不當或不周全所造成的。

如果這種因為軟硬體設計不當的問題發生在個人所使用的電腦上，會造成資料的毀損、個人研究付諸流水等傷害。如果發生在企業，則可能讓企業資料受到傷害，或是讓駭客有機可乘，影響企業甚至整個社會的運作，例如：2008年3月英國航空公司在倫敦希斯洛機場新啟用的第五航站因為電腦當機問題，被迫取消250個航班，也有近二萬件行李迷航，造成極大的混亂，影響了無數人的行程。這類的當機事件常常發生，其責任究竟該由誰負？

電腦軟體和硬體的製造商應該對產品有責任，提高軟、硬體的可靠度，也就是讓軟體系統及硬體設備都可以連續執行，而不出差錯。

除了製造問題外，因為軟體不是統一規格，會有不相容的問題，也因為有些屬於技術層面，對一般人來說是有些複雜難懂的，極可能需要技術協助。因此，軟體提供者對於顧客在安裝或使用軟體時，會產生的問題，應該提供專人服務。業者應該透過網站或是客戶服務專線等各種管道，讓消費者可以方便找到協助。也應該設立客戶服務專線，隨時提供顧客諮詢服務，這樣才合乎企業倫理。

臺灣微軟網頁上提供的技術支援及客戶服務兩個網站，可以作為企業售後服務的參考。

1. 微軟的技術支援服務網站

非常感謝您採用臺灣微軟的產品。近年來臺灣微軟技術支援處（Product

Support Services）一直致力於將產品技術透過研討會或網際網路的方式，完整而迅速地傳遞給每個使用客戶。在臺灣微軟的技術網頁http://support.microsoft.com 您可以找到中文全產品常見問答集、臺灣知識庫（Knowledge Base）、最新下載與更新程式、社群技術支援與線上輔助支援等眾多的自我幫助。

2. 臺灣微軟的客戶服務網站

http://www.microsoft.com/taiwan/misc/service/default.htm

8.4 ▶ 軟體產品所產生的倫理問題

軟體產品在特徵上與其他產品有許多的不同，在倫理方面引起了許多前所未有的問題。例如：

1. 軟體本身的邏輯結構複雜度較高，使得許多軟體問題在經過測試後，仍然繼續存在。但是，建構一套統一的軟體評估標準較為不易，使得軟體的檢查很難有一套規則可依循；如此就產生了產品責任歸屬問題。

2. 因為軟體的製作成本不高，使軟體得以普及化；但也因此使得盜版非常猖獗。

3. 由於電腦的廣泛使用與網路的普及，軟體的流通性增高，使得其影響力大大增加；再加上軟體的風險是分散到每一個使用者身上的，不像核能電廠或有毒廢料的處理，是將風險威脅集中化。這使得它為社會所帶來的問題較一般的產品複雜。

8.4.1 軟體盜版

盜版軟體是指非法拷貝正版程式，或仿冒、散發仿冒、未獲授權軟體的盜取行為。簡單來說，盜版行為包括個人或事業以非正式的方法拷貝正版軟體，或是散發非法拷貝品，來獲取利益的行為。

軟體製造業者投入一批團隊，包括了創意人員、程式設計、圖像設計等各種人力資源，而就如同書本、音樂、影片等其他創意產業，電腦軟體也受到著作權法的保護。

8.4.2 常見的軟體侵權型態

瞭解盜版的種類將可幫助使用者避免因使用非法軟體而衍生的各種問題。常見的軟體侵權型態，如圖8-2所示。

▶▶ 圖8-2 常見的軟體侵權型態

一、使用者侵權

通常發生於企業或員工間重製未經授權的軟體，又可分為以下幾種形式：

1. 將一份獲得授權的軟體安裝在多部電腦當中。

2. 將一份盜版軟體（如大補帖）安裝在多部電腦當中。

3. 員工將自行取得的盜版軟體帶到公司進行安裝或散布。

4. 員工將公司內部的軟體帶回家中進行拷貝或散布。

5. 購買升級版來為軟體進行升級，卻未擁有該軟體的合法舊版本授權。

6. 不具有學術教育機構的資格，卻購買教育版軟體使用。

二、用戶端／伺服器侵權

　　企業自單機型環境轉為網路環境時，通常會請專人安裝網路，並代為處理轉型時各項相關事宜。要特別注意的是，一般單機型的軟體大都限制只能安裝在一台機器上，若要轉換為企業內網路時，不論伺服器或用戶端之使用軟體皆須合法授權，某些授權合約允許某單一軟體被多位使用者所用，但必須依照授權合約之規範。以微軟公司為例，就有對企業或政府機關等需要五台以上軟體授權的大量用戶，提供大量授權方案。

三、網際網路侵權

　　網際網路侵權有以下幾種侵權形式，常會被大家所忽視：

1. 部分網站提供免費下載或上傳軟體以供交換。

2. 網際網路上販賣的盜版軟體（如大補帖或其他非法軟體）。

3. 因拍賣網站盛行，亦可能被利用來銷售盜版軟體。

4. 點對點交換未經授權軟體。

四、硬碟非法預裝軟體

　　某些電腦經銷商將未經授權的軟體灌裝到他們出售的電腦，以增加銷售誘因。購買新的硬體設備時，務必於驗收時確認所有與硬體一同購買的原版軟體已取得發票並附有授權書、磁片或光碟、以及相關文件。

五、偽造軟體

　　通常以偽造整套軟體的形式出現，包括軟體的包裝彩盒、光碟片、防偽標籤、授權合約書、註冊卡等，這種形式的盜版意圖以接近真品的價格與品質矇騙消費者。

六、大補帖仿冒

　　將單一或各種電腦程式燒錄於光碟中，於攤販或透過網際網路等其他方式兜售。

8.4.3　盜版軟體造成的傷害

　　使用盜版軟體除了是一種侵權行為，要面對法律之制裁外，盜版軟體也會造成下列不良後果，不論是個人或是企業都應該避免。

1. **電腦病毒**：若未能採取適當合宜的軟體管理程序，可能導致電腦系統遭受嚴重的電腦病毒侵擾。

2. **電腦軟體孤兒**：盜版軟體的使用者若沒有「使用者手冊」，將無法獲得原廠之技術支援及售後服務。

3. **不完整的電腦軟體程式**：盜版軟體可能未包括所有的必要程式，將浪費許多時間在處理因不完整的工作程式所導致的後果。

4. 無法獲得原版軟體所能獲得的軟體升級資格。

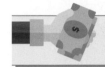

8.5 ▸ 網路倫理

　　除了在網路上任意散播不雅照片或影片外，網路上常見的不合倫理行為就是使用匿名信。使用匿名，來指證朋友或同事不當的行為，雖然有時只是抒發自己內心的想法，以避免一些令人尷尬難堪的情況，但網路的影響力非同小可，也因此所造成的傷害是難以想像和彌補的。再加上有些人是蓄意利用這種不具名的特性，惡意藉由網路來進行犯罪行為，例如：層出不窮的網路交友問題，以及散播不實言論以打擊商業對手。

　　其實網路使用者並非能完全躲在匿名的保護傘後。曾有網友在版上散布某業者的謠言，最後業者提出控告，網站的管理者便從帳號查出使用者的資料送交警方，違反版規的網友不但會遭到其他網友的約束，一旦觸法，亦可從帳號循線找人。

　　在網路上發表言論時，除了要有基本的法學素養之外，如何在抒發本身的想法時，也保障另一方的權益並給予適當的尊重，是網路上應有的倫理。

8.6 ▸ 垃圾郵件與倫理

　　我們每個人都有同樣的經驗，打開電子郵件信箱，每天都有清不完的垃圾郵件，簡直是永無窮盡的「信騷擾」。事實上，根據估計，全球每日電子郵件中，有一半是不請自來的垃圾郵件，數量達30億封，每年全球的企業體花在處理垃圾郵件的成木支出，超過數10億美元；並有逐年增加的趨勢。

　　「垃圾郵件」在美國被稱為Unsolicited Commercial Email（不請自來的商業電子郵件）或Spam。任何人未經對方同意，擅自發送電子郵件至其他使用者信箱中，此郵件即稱為垃圾郵件。換句話說，就接收郵件者而言，收到未經同意且無意義的郵件即為垃圾郵件。垃圾郵件多以廣告、色情、行銷、詐欺性質居多，大量垃圾郵件，會影響網路頻寬、正常郵件的傳遞時間、壓縮伺服器與儲存空間，小則影響個人郵件信箱管理，大至消耗企業成本；有些駭客利用垃圾郵件，夾藏電腦病毒或木馬程式，癱瘓企業電腦主機、甚至竊取商業機密，造成個人與企業財產的極大損失。目前像微軟或各大防毒軟體公司都致力於防堵垃圾郵件的工作，各國政府已經著手立法管制垃圾郵件，希望保障個人與企業權益。

　　而企業本身，至少也應該不要擅自寄發大量的廣告信函或是散發打擊競爭對手的郵件，而成為散發垃圾郵件的一員。

倫理學習成果圖

1 應用資訊化之便利性，要有良好的企業倫理與道德規範

2 重視資訊化之企業，也要有良好的資訊倫理，才會有良性循環

3 資訊工具是人與人之間必備的工具，但要有資訊共享觀念，特別注意隱私權與使用權問題

4 資訊時代的倫理議題：
- 隱私權
- 正確性
- 所有權
- 使用權

5 人人要注意防範個資外洩，在報稅、開立帳戶、購物填資料及參加會員等情況，皆要特別小心

6 要建立安全加密的機制，讓它成為習慣

7 電腦病毒及不完整的電腦軟體程式是影響企業與個人資訊化之重要問題

章後案例

注意：勒索軟體Ransonware的資訊安全問題

趨勢科技公司（Trend-Micro）是國人創辦的資訊安全公司，已經成立全球著名的資安大公司。在2016年5月初參訪時，公司工程部經理特別介紹了「勒索軟體」的危害及不道德的資訊軟體病毒。勒索軟體自2006開始出現，是從病毒：TROJ-CRYPZIP.A. 變種而來，其病毒之危害現象是將受害者硬碟中某些副檔名的檔案，壓縮成含有密碼保護的壓縮檔，並將原始檔案刪除。受害者沒有原始檔了，只好試著打開這份壓縮檔。此時，這病毒即留下勒索訊息，告訴使用者只要支付300美元，就能取得壓縮檔的密碼。當然，這是勒索軟體Ransonware之詐騙手法。歹徒的密碼其實就儲存在惡意程式，其中一個元件當中。而經過五年，又重大發現勒索軟體在贖金的付款方式上已經可以接受行動

支付機制。到2012年，該年是勒索軟體轉捩點的年份，又改變了破壞方式，並擴大版圖；到桌上型電腦，要求贖金的方式一再改變；除了付贖金外，還要付一筆罰款才可，不然還會被逮入獄。並擴大透過網站來散佈。有時又開始利用隨身碟散佈的變種病毒。最新勒索軟體利用網路釣魚網站來感染使用裝置，並偽裝一般網頁一樣之使用方式，讓大眾信以為真，而受到危害。一般資安專家，希望防範勒索軟體與減少損失有四點方法：

1. 定期更新軟體：修補程式公開後，四天沒有更新就有危險。

2. 只打開信任的郵件：不隨意打開未知來源信件的連結以及附件。

3. 安裝防護軟體：防毒軟體。

4. 定期備份檔案：減少被勒索軟體加密重要文件的損失。

參考資料：2016年5月，參訪臺灣趨勢科技之心得

活動與討論

1. 請全班同學，分為若干組，來了解勒索軟體的起因與危害情形，並討論如何來防範勒索軟體受到之損失？請各組提出看法。

2. 請全班同學提供自己以往的資訊安全經驗，來作為他人學習之參考。

1. 資訊科技對於倫理帶來新的挑戰,主要的原因在於:

   (1) 網路通訊和電腦的使用改變了人與人之間的關係,讓人際間的接觸降低。

   (2) 當資訊以電子檔的方式存在時,就比使用紙張的型態來得「脆弱」。

   (3) 資訊共享的觀念與資訊的隱私權及使用權等常會有衝突。

   (4) 在缺乏授權與認證工具的情況下,資訊科技的應用常引起故意或無意觸犯的違反倫理行為。

2. 對於資訊專業人員,如資訊科技使用者、資訊產品(包括軟、硬體)開發者、系統分析師以及資訊政策制訂者來說,不僅需要有倫理的素養,同時也要有專業的倫理觀念,這些規範資訊人員的道德系統,統稱為資訊倫理(information ethics)。

3. 企業在維護個人資料隱私權應注意的事項:(1)盡到充分告知的義務(2)按照實際使用作適當的資料蒐集(3)展現對個人資料負責的態度(4)建立安全加密的機制。

4. 在工作場所的工作時間內,員工有義務和職責從事本職工作,不應從事與工作無關的個人活動如收發私人郵件、上網瀏覽、電話聊天。也就是說,從事不為工作時所允許的個人活動而產生的隱私權是要受到限制的。

5. 在雇主方面,監控是一種控制,而這個控制應該要符合工作所需。例如:在賣場的收銀機或是銀行的櫃臺前裝攝影機,一方面可監督收銀員的行動,另一方面也有助於防止可能的失竊。

6. 為了防止企業與員工之間因為監控造成關係的緊張、對立,企業最好應該先在工作規則中明訂監控條款,而且這個條款也不宜由企業單方面訂立,應該是企業與員工協商後,訂出雙方都能接受的合理方法。

7. 軟體產品在特徵上與其他產品有許多的不同,在倫理方面引起了許多前所未有的問題。例如:

   (1) 軟體本身的邏輯結構複雜度較高,使得許多軟體的問題在經過測試後,仍然

繼續存在。

(2) 因為軟體的製作成本不高，使得軟體得以普及化，但也因此使得盜版非常猖獗。

(3) 由於電腦的廣泛使用與網路的普及，軟體的流通性增高，使得其影響力大大增加。

8. 瞭解盜版的種類將可幫助使用者避免因使用非法軟體而衍生的各種問題：(1)使用者侵權 (2)用戶端／伺服器侵權 (3)網際網路侵權 (4)硬碟非法預裝軟體、偽造軟體 (5)大補帖仿冒。

9. 盜版軟體造成的傷害：(1)電腦病毒(2)電腦軟體孤兒(3)不完整的電腦軟體程式，無法獲得原版軟體所能獲得的軟體升級資格。

10. 在網路上發表言論時，除了要有基本的法學素養之外，如何在抒發本身的想法時，也保障另一方的權益並給予適當的尊重，是網路上應有的倫理。

11. 「垃圾郵件」在美國被稱為Unsolicited Commercial Email（不請自來的商業電子郵件）或Spam。任何人未經對方同意，擅自發送電子郵件至其他使用者信箱中，此郵件即稱為垃圾郵件。換句話說，就接收郵件者而言，如果收到的郵件是未經同意且無意義的，則此郵件即為垃圾郵件。

Exercise

1. 資訊科技為倫理帶來了新的挑戰，主要原因有哪些？

2. 美國電腦倫理協會推出十條戒律，要求成員應遵守的資訊倫理為何？

3. 個人資料牽涉隱私權問題，通常個人資料會經由哪些管道流出去？

4. 企業應如何維護個人資料的隱私權？

5. 雇主對員工的監控如何進行才能合情合理？

6. 軟體產品所產生的倫理問題有哪些？

7. 常見的軟體侵權型態有哪些？

9. 盜版軟體容易造成的傷害有哪些？

9. 如何維護與遵守網路倫理？

10. 何謂垃圾郵件？對企業會有哪些影響？

note

CHAPTER —09

品質、技術與企業倫理

章前案例

❓ 元太公司——關懷員工薪情打造幸福企業

元太（E Ink）公司在2021年參加亞洲最佳企業雇主獎（HR Asia）比賽，得到首獎，該比賽共有292家公司參與。元太公司李董事長更發下宏願，要讓元太公司員工的薪資水準，朝大家羨慕的薪資目標邁進，成為幸福企業。元太公司在全球電子紙市場佔據龍頭地位，2021年是元太的「材料元年」，目前電子紙供不應求，正努力擴增產能，期待在2023年全數投產才能解決。元太公司的產品如電子書閱讀器、電子筆記本及電子標籤等產品，都搭上疫情之後的數位化浪潮，業務超乎預期。

元太公司的電子紙產品也進步到三色、四色電子紙技術。公司轉型邁向永續經營之道，第一次轉型在2015年，專注電子紙研發製造開拓應用，建構生態圈的扎根工作。2020年進階啟動策略轉型2.0作業，以重視幸福企業的企業倫理規範為主，擬定出「獲利＋永續」的方針，迎接下一個30年。公司大策略的運用是：透過技術與產品的延伸、擴大、再精進、朝永續經營邁開大步。

參考資料：2022年1月3日，經濟日報A版，李珣瑛撰

活動與討論

1. 請說明並剖析，元太能成為世界最佳電子紙專業產品公司，其特色有哪些？

2. 請介紹元太公司重視的幸福企業，推動內涵為何？

倫理引導心智圖

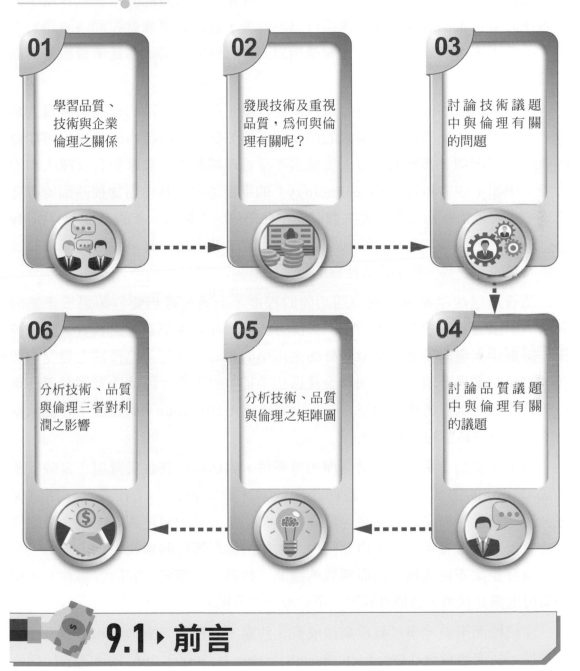

01 學習品質、技術與企業倫理之關係

02 發展技術及重視品質，為何與倫理有關呢？

03 討論技術議題中與倫理有關的問題

06 分析技術、品質與倫理三者對利潤之影響

05 分析技術、品質與倫理之矩陣圖

04 討論品質議題中與倫理有關的議題

9.1 ▶ 前言

　　企業的發展倚賴許多不同的因素，品質、技術與企業倫理是常見於管理領域中，被認為是維繫企業競爭力的基本關鍵因素。倫理 （ethics）是指針對個人行為的是非對錯之判斷標準（Griffin, 2003），而運用於企業領域則可稱為企業倫理。企業倫理是用以規範個人或群體決策與行為的原則，與企業的利害關係

人有密切的關係，是一種經營企業是非對錯的行為準則與規範，也是指引個別管理者於其工作中應有的行為標準。企業倫理是企業與倫理間的交互作用，其目的在於對企業活動中倫理標準與行為的探究。倫理的概念就如同《論語》中的「己所不欲，勿施於人」，一般是指對良好行為的關切，亦是考量自身與他人福祉的義務。

人類文明的進展許多來自於新技術的貢獻，科學與技術的快速進展為人類帶來更好的生活品質以及更有效的解決問題的方法，然而技術的發展也可能會與倫理相互衝突，甚至有部分人士認為不受倫理規範的科技發展有反噬人類的可能。例如：生命科技（biotechnology）的進展迅速，其中對物種基因的研究結果，在在地顯現出人類想要主觀賦予生命價值的企圖心。英國桃麗羊（Dolly the sheep）的出現宣告生命的複製已成為可能，若有朝一日可以透過基因科技選擇人類的下一代，勢必造成社會的重大衝擊。

品質是達成產品或服務預期功能的程度，企業經營也要有防患於未然的觀念，但由於預防效果並不明顯，大部分人只會在發生不幸時對負責人大加撻伐，卻很少人會對預防措施做得好而未出事的人給予肯定，這種缺乏遠見的觀念，常使企業界必須多花時間及金錢做亡羊補牢的工作。因此企業經營者一定要秉持「第一次就將事情做好」（do it right the first time）的態度，才能減少企業及社會不必要的資源浪費。

愈來愈多的企業發現企業倫理的重要性，因為倫理在企業營運正常時，雖無法看出它的迫切性，但不論在企業競爭、敬業精神、工作安全、環境保護、產品安全、公司利害衝突等層面，企業組織成員的倫理觀念，對企業的發展會有重大的影響；此外，由於國內外大學對倫理課程的重視，加上國內、外陸續暴發企業不符倫理行為而導致的醜聞（如霸菱、博達、安隆等事件），使企業付出慘痛代價，也使外界對企業倫理更加重視。

從積極面來看，學者發現業績成長、利潤、與投資報酬率都和企業倫理有關聯性；研究也發現（Fraedrich, Ferrell & Ferrell, 2000）76% 的顧客會因為倫理或社會的問題而選擇轉換產品或服務提供者，88%的顧客會因為企業善盡社會責任而更加願意購買該企業的產品，所以為了增進企業倫理行為所花費的費用與成本可以視為對培養顧客忠誠度的一種投資。

雖然多數業者也認為企業營運時應符合倫理規範，但在日趨競爭劇烈的

市場環境裡，業者為了勝出，偶爾會有違反倫理規範的現象發生，競爭愈激烈，這種情況愈容易發生。但從管理學的系統觀點來看，企業是屬於構成社會的眾多組織之一，企業雖以營利為目標，但仍屬社會群體中的一環，若在追求獲利的過程中侵害及損傷社會或其他組織或個人的利益時，則未來的發展會由於社會的疑慮而受到影響，因此倫理的實踐對企業有一定的重要性。近來國內外於管理學的研究領域中，已逐漸重視企業倫理方面的研究，然而較多的焦點是置於倫理對組織策略與決策層面的影響，探討倫理、品質與技術之間相關性的文獻卻並不多見，因此本章針對技術議題、品質議題、倫理與技術及品質的關係進行討論。

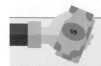

9.2 ▶ 技術議題

9.2.1　技術的重要性

技術是人類賴以生存和發展的基礎，與人類社會、經濟和文明進步的關係甚為密切。早期人類從大自然中選擇生活環境週遭物質如木材、土石進行加工以獲得適用的材料，來滿足生活所需，隨後為了提升生活的便利性，進而發展出各種技術，如半導體、高分子和複合材料等，以提昇生活品質。因此，技術的演進就是人類物質文明發展的里程碑，而技術的適切利用，不僅可促進社會進步及生活福祉，也影響著國家及產業的競爭優勢。

諾貝爾經濟學獎得主顧志耐（Kuznets, 1971）教授指出，人工及資本累積對平均生產力之成長率貢獻有限，而經濟成長的主要來源是技術進步。哈佛大學波特（Porter, 1985）教授也指出，在全球競爭激烈的世界，傳統的天然資源與資本不再是經濟優勢的主要因素，新知識的創造與運用更為重要。麻省理工學院教授梭羅（Thurow, 1992）也認為技術是人造的競爭優勢，是21世紀國家競爭力的基礎，因此為了因應知識經濟時代的來臨，他建議各國政府應加強三方面的努力：一是強化教育，培養高科技人才；二是增加基礎建設投資，如資訊網建設等；最後則是政府應加強科技的研究發展活動。由於一國的經濟成長和國際競爭力強弱，一般都與其技術研發能力呈正相關性。先進技術的商品化，不論是新產品或新製造方法的推出，或提供降低生產成本的有效率生產方

式，都可改善一國經濟成長和國際競爭力。技術發展與技術商品化同樣都是帶動國家經濟活力的源泉，世界各國也都期待藉科技創新，促進本國產業技術升級，從而提升競爭力。

綜觀人類歷史中的產業革命，多是以技術方面的突破為主軸；而從管理學的觀點看人類文明的發展史，其實就是追求生產力提升的一種不間斷過程。生產力的提升主要是透過新技術的引進來達成的，因此，我們看到當人類運用獸力取代人力，不再需要單憑自己的氣力與自然搏鬥，文明的演進即邁出了一大步。隨後人們不滿於獸力對生產力提升的有限進展，因此發明機械設備並應用機械力以取代獸力，引發工業革命，奠定了現代化工業的基礎；而後續的資訊科技的進展，更是大幅度地改變了社會的相貌，並對個人及組織帶來巨大的影響。

新技術的重大進展皆為社會帶來重大的影響，為企業創造出新的產品與新的生產技術，進而為經濟及人類生活帶來重大變化。例如：羅盤的發明開啟了人類對世界的探索新契機、蒸汽機的問世揭開了工業革命的序幕；積體電路取代真空管，半導體的發明與網際網路相關技術的演進奠定了目前e化社會的基礎，而目前正方興未艾的奈米科技（nanotechnology）與生物科技更將會在各種不同的產業帶來重大的影響與開創新的市場機會。因此，對企業而言，若忽視技術發展的趨勢，將很可能導致企業喪失市場機會，並帶來致命性的影響。科技的進展可為企業組織帶來正面或負面的影響，例如：半導體的發明造就了如德州儀器（TI）等公司的發展機會，但卻對原先生產真空管的廠商帶來致命的威脅。

創造產品的差異化及降低成本是企業提升競爭優勢的主要策略，而採用新技術是達成前述策略的主要方式之一。有鑑於技術對企業競爭力的重要性，技術的取得、維持與創新便成為企業成敗的關鍵因素。

9.2.2 技術的定義

技術是把創新與發明運用至社會的一種方法，所追求的是更新、更快、更方便以及更有效率地解決人類本身的問題，也是人類提升生活水準的動力。技術是指用來設計、生產以及配送產品或服務所需的技藝、知識、工具、機械、設備等的組合。

　　企業以營利為主要目的，而利潤的來源是依靠在與買方的交易過程中，消費者願意以高於企業成本的「有價值的物品或勞務」來換取企業所提供的「有價值的物品或勞務」，因此企業能夠生存的主要關鍵之一是能提供消費者認為有價值的解決問題的可行方案。這些可行方案是以實體產品或服務的型態出現，例如：解決消費者「行」的問題，有依靠消費者自行操作的自行車、機車、汽車，以及透過其他人服務的計程車、公車、捷運、火車、飛機、輪船等大眾運輸工具。隨著環境的變遷與消費者的期待改變，舊有技術可能無法滿足消費者需求，為彌補該期望的缺口，新技術就有可能因應而生。

　　技術從生產與作業管理的觀點來看，是指將組織所投入（input）的資源變為產出（output）所採用的轉換過程、系統和技巧，而羅賓斯與迪珊佐（Robbins & Decenzo，2001）將技術定義為使工作更有效率的設備、工具、或操作方法。例如製造業的鋼鐵公司運用有效率的冶煉技術、資訊與機械設備及生產流程，將礦砂轉變成為各式各樣的鋼材，供應市場需求；又如服務業的投資顧問公司，利用經理人嫻熟的投資技術與財經資訊分析，將投資大眾所挹注的資金，進行有效率的投資，創造投資人更多的財富。所以技術可視為將組織投入轉換為產出所使用的知識、工具、活動等，包含機器、員工的技藝和工作流程，簡單地說，也就是解決問題的系統性方法，或是一般企業所說的know-how。

9.2.3　技術的類型

　　目前技術進展的速度日新月異，儘管有多面向的呈現，但主要從企業的層面看技術，而生產作業相關技術以及資訊科技為其焦點所在。生產作業相關技術中至少有四大類型的技術，包括：(1)能源科技；(2)設計相關技術；(3)材料科技，以及(4)方法相關技術。

　　能源科技主要在於尋找新能源與開發可再生的能源，例如：目前手機與筆記型電腦使用的電池壽命與待機時間更長，省卻了消費者需要不斷充電的煩惱，助長了使用的意願；設計相關技術使得業者得以在產品外觀及內部設計方面進行創新，例如：手機與筆記型電腦的外型與傳統室內電話及桌上型電腦有所不同，MP3播放器和家用音響、隨身聽的設計有更加不同的型態；材料科技的進步使得業者產品的材質考量有更多的選擇，例如：碳纖維材質的網球

拍與自行車由於相較於傳統產品重量的減輕而深受消費者喜愛；奈米材料的出現，也呈現出與傳統材質不同的特色而增加賣點。

　　在方法相關技術方面，新的技術會影響作業流程、工作方式，以及與顧客的互動關係，例如：機器人導入使汽車生產作業現場減低對人力需求的依賴之外，也提升了製程的精準性；新聞記者透過所配發的筆記型電腦，可隨時將文字稿件回傳報社，爭取排版時效，而電子媒體記者更可透過連線轉播設備，即時將重大新聞現場的影音資料轉播至收視戶的螢光幕前；銀行也可透過自動提款機來降低消費者例行性存提款時對行員的需求，以便將有限的人力資源，引導至其他更具獲利潛力的業務。這些生產作業相關技術在不同的產業中已見到技術演進對產業帶來的影響，包括企業的效率、效能、競爭力，與財務績效。

　　資訊科技是指電腦與通信領域中相關硬體與軟體的發展，針對特定活動所呈現的應用系統，以及各種系統整合。資訊科技能改善企業準確性、時效性、以及業者與相關利害關係人的互動，並對組織的財務績效帶來正面的影響（Rubenstein & Greisler, 1990; Sox, Stern, Owens & Abrams, 1989）。例如：超商或賣場透過銷售點管理（POS）系統，可以即時協助管理者瞭解各項產品庫存量的多寡以及熱門銷售的產品，以避免缺貨及進行相關產品調整的依據；臺灣安麗透過e化的方式進行線上交易與顧客關係管理，強化了對金流的掌握與顧客喜好的瞭解。在各種科技發展中，資訊科技無疑是近年來發展最快速的科技行列，而且這些科技的發展對一般企業的影響相當普遍，並不限於某些特定的行業或產業。特別是資訊科技與通訊和運輸技術的結合，促成了近年來最重要的電子商務的快速發展，影響尤為深遠。

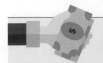

9.3 ▶ 品質議題

9.3.1　品質對企業發展的重要性

　　由於環境的變遷，顧客的需求一直在改變，然而他們也一直期望以最少代價換得最好的品質。因此企業必須把品質當成最重要的責任。要維持品質，最簡單的方法是全體組織成員的參與，每個員工都要有內部顧客的觀點，要有不放行不合品質的半成品的責任。

　　品質已成爲企業競爭的基本要件。品質是一種持續改善的過程，如同一場沒有終點線的競賽，企業只有不斷努力，才不會被競爭對手超前，因此品質可視爲企業對消費者所提供的一種不間斷承諾，需要企業挹注資源，以便實踐承諾。但由於可供選擇的產品日趨多元，再加上教育程度的提升與接觸資訊管道的增加，消費者對產品品質意識日益高漲，且日漸挑剔；在此同時，企業也面臨著其他同業與其互補性產業業者的強大競爭壓力。因此企業必須創造優於競爭者的競爭優勢，而創造競爭優勢的方法之一，即是專注於品質的提升，這個概念不僅適用於製造業，同時也適用於服務業。

　　高品質的產品是可靠的、令人滿意的，是可依照其被設計的目的展現其功能，並符合消費者的需求與期待。提升公司產品的品質除了可以塑造值得信賴的品牌形象之外，還可以透過生產力的增加達到降低成本與提高企業的獲利能力。文獻中顯示品質的提昇與企業的獲利能力間具有顯著的關係，此外，研究也顯示企業若有較高的品質聲望，則對整體的企業形象也會有所提升，國際知名品牌如Dior、Nike及國內的台積電、宏碁、捷安特等，在品質方面的成就，皆協助這些企業塑造公司優越的形象，對企業的員工招募及產品銷售方面，都有所助益；而因企業對品質的重視所減少的無謂浪費，使得企業在生產實體產品或服務的過程中生產力提升，並降低不良品產出機率而減少品質保證的成本；這些都會使生產成本降低。又目前政府法規對消費者的保護日趨成熟，品質的提升使得潛在侵犯消費者權益的機率減少，也降低了責任準備的成本，這是一個企業應正視的因素。

　　提供優異的品質已成爲企業成功的先決條件，相關論點在文獻中已是屢見不鮮。學者Porter（1985），Dawkins & Reichheld（1990），Reichheld & Sasser（1990）與Zeithaml與其研究同僚（1990）皆認爲品質乃是企業在今日競爭激烈的商業環境中，成功及生存的重要策略。學者Gronroos（1990）也宣稱品質是追求卓越及建立競爭優勢的最佳方式。因此重視品質可說是企業的重要策略方向。但是品質是一個抽象的概念（Bateson, 1989; Brown & Swartz, 1989），若沒有採行一個清晰的品質定義，企業可能會模糊了策略焦點，並且也因企業成員對品質的概念缺乏共識，而難以推動品質改善或維持活動。

9.3.2 品質的定義

早期學術界於品質定義的努力大多來自對消費品的瞭解（Parasuraman et al., 1985）。在文獻中，「品質」一詞，在不同的情境下，常被用來解釋不同的現象（Garvin, 1988），而大多的定義為從實體產品的觀點而產生。表9-1列出了幾個常見的品質定義：

🌐 **表9-1　不同學者對品質的定義**

學　者	品質的定義
Levitt (1972)	符合規格。
Juran & Gryna (1988)	適合使用。
Crosby (1979)	符合需求。
Deming (1986)	在低成本與適合市場需求的情境下，一種可預期的一致性與可靠性的程度。
Taguchi (1986)	產品出廠後導致社會的損失。

過去，品質管理常被稱為品質管制，被視為整個生產流程中接近最後的一個控制性步驟，因為該步驟主要的任務是篩檢出不良品，避免流入市面，因此常被認為與生產力的提升並無太大關連，甚至會因為企業需投入人力與金錢等資源至品質管制部門而被認為反倒會降低生產力；然而品質管理大師戴明（Edward Deming, 1986）發現，若生產過程的各個階段重視品質，可以實質提昇生產力，其主要的原因為對於品質的專注與承諾可以降低如產品重工（rework）、加工過程的錯誤、延遲進料等不必要的時間、人力或原物料的浪費。所以品質管制理論已逐漸演進至目前的全面品質管理（Total Quality Management，TQM）理論。

全面品質管理是指一種組織成員全面性參與，及改善生產產品或服務過程相關每個活動的一種持續性過程。近年來已可見到在服務品質的相關理論出現，認為品質應整合企業的作業面與行銷面之活動，除重視作業面的效率因素外，更應重視行銷面中顧客的期待，認為品質是顧客期望得到的服務與主觀認知實際所得到的服務差距。這使得企業對品質的努力方向逐漸由內部的效率導向轉至除重視內部的效率外，尚需符合顧客期待的外部導向。目前此種品質的觀點也已被服務業與製造業所接受。

　　另一個趨勢是服務品質概念的興起。以往對於品質的理解多源於製造業的觀點，然而由於服務業的蓬勃發展，使其占國內生產毛額的比率不斷增加，目前服務業對國內生產毛額的貢獻程度，同英國、美國等已開發國家，皆達六成以上；而且一般的服務多具有無形性、異質性、易逝性與不可分性等特性，因此適用於製造業的品質觀念也不盡然全盤適用於服務業，必須有所調整；品質學者也質疑實體產品的品質知識並不足以了解服務業的品質（Parasuraman et al., 1985），其他學者如Juran & Bingham（1974）Edvardsson, Thomasson & Oretveit（1994）也觀察到製造業導向的品質概念無法良好應用於服務業。Gummesson & Gronroos（1987）發現一般的服務業常在沒有分析自身的產業、品質特性及需求的狀況下，即運用製造業的品質管制技術，因此提出了警告，認為該品管技術所重視的內部系統控制，可能使管理者忽略了顧客的期待，運用傳統製造業的方法來定義品質，可能會遺漏掉顧客這個關鍵的決策者（Rust, Zahorik and Keiningham, 1996）。由於學者較無法運用傳統製造業觀點的品質概念於服務業上，而導致了服務品質概念的興起（Gronroos, 1990）。

　　目前學術界與實務界有關品質的廣泛討論已逐漸得到共識，即是服務品質需從消費者的知覺品質（perceived quality）來探討（Stauss, 1993）。Lewis & Booms（1982）定義服務品質是衡量服務水準符合顧客期望的程度，而良好的服務品質意味著持續不斷地達到顧客的預期服務水準。Gronroos（1990）認為服務品質乃由顧客主觀判斷，是顧客對服務的期望與實際感受的差異程度，而這些從顧客觀點出發的知覺品質理論也成為後續服務品相關研究的基礎。除了學界有此看法外，製造業也有支持此種顧客導向品質定義的聲音，美國一項以製造業廠商為主要研究對象的PIMS（profit impact on marketing strategy）計畫採用了上述的品質定義，認為品質是由顧客主觀判斷，與其直接感受到的產品或服務有關（Buzzell & Gale, 1987）。因此品質也可視為消費者所感受的服務水準與其預期的差異。

9.4 ▶ 倫理與技術及品質的關係

　　由於經濟與技術之發展，導致企業所面臨的環境改變迅速，企業除了對管理功能需持續精進以因應環境變遷的挑戰外，對「企業倫理」亦應多加重視。「企

業倫理」如前言所指出是企業對於外界社會的責任或是企業內部組織成員的道德和倫理規範。科學與技術的快速進展，為社會帶來生活環境的變化與衝擊，並導致人們價值觀的改變，企業自然不能自外於此。被譽為臺灣經濟奇蹟的「科技之父」李國鼎先生早在民國70年的時候，就對臺灣經濟與科技環境的急遽改變感到憂心，認為若僅對君臣、父子、夫婦、兄弟、朋友等「五倫」講求倫理，卻未對非特定之一般社會成員加以關懷的話，將會衍生出許多社會問題，因此他倡議增加「群我倫理」，使之成為五倫之外的「第六倫」。

然而自工業革命後的數百年間，人類科技文明進步如跳躍般迅速發展，技術的進步，大大地改變了人類的生活方式，也影響了企業組織的運作方式以及消費者的消費型態，但在此同時卻鮮少思考人類與自然環境的互動關係，而使其蒙受前所未有的損害；此外由過去歷史的紀錄發現，科技除為人類帶來利益外，不當的使用也會導致人類的悲劇，因此對科技的使用必須審慎評估，不能單以生產力或經濟面來考量，而忽略了對社會及環境的衝擊，這些都會直接或間接地影響到廣大的消費群眾。也就是說企業組織對科技發展與使用的態度不能不計代價，也應該考量倫理的層面，儘可能取得彼此之間的均衡點。

過去關於品質與倫理的研究通常是分開的，因為倫理的探討多偏向哲學，而品質的研究原自生產與作業管理。然而品質與倫理有共通之處，那就是「責任」問題，為不同的利害關係人負責。

既然技術、品質與倫理對企業都有關鍵性的影響，若將這三個因素整合起來，對企業又有什麼意涵呢？本章提出了一個整合性的模式，並透過圖9-1加以說明。

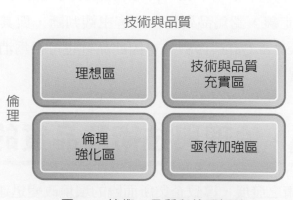

▶ 圖9-1　技術、品質與倫理矩陣

　　圖9-1是由縱軸「倫理」與橫軸「技術與品質」所構成，透過企業執行的成效，可呈現出四個區塊，分別是理想區、技術與品質充實區、倫理強化區、與亟待加強區。

　　在探討這四個區域前，首先要說明為什麼將品質與技術合併成為同一個因素。企業為求生存，致力於新技術的取得與開發，新技術的出現可能導致某些解決問題方案的沒落，例如：都會區捷運系統技術的成熟，逐漸取代消費者對公車及計程車的需求，高速鐵路的建造也有可能取代部分旅客對飛機運輸的需求。然而新技術初次導入市場時，消費者會有所疑慮，除了相關的推廣促銷，提供資訊教育消費者外，事實上，品質的確保也扮演重要的角色。例如：台北捷運營運初期消費者對捷運施工品質的疑慮，然而在經由低故障率、安全性、高準時性、方便性、服務態度與整潔的實體環境等因素塑造品質口碑後，進而使技術的執行得以落實，更多消費者願意搭乘，形成一個善循環。

　　然而若新技術的導入無法確保品質，影響了消費者的權益，則可能為企業帶來不利的後果。因此沒有技術，企業的營運等於空談，而有技術但無法確保品質，也因無法達成顧客使用的期待，將無法獲得顧客的青睞。因此技術與品質應兩者同時兼具，消費者才有可能接受企業的產品或服務。技術是關於將組織投入轉化為產出的過程，所著重的是轉換過程的設計與規劃並評估是否適切及有效率，而品質為產出的產品或服務滿足消費者期待的程度，所注重的是確保實際執行此過程時，相關的規範能徹底為組織成員實踐，兩者皆為提供企業產品或服務的主要關鍵，品質與技術實為管理領域中相互互補的兩大支柱，品質為用正確的方法做事而技術是做事的方法，兩者關係密切，因此認為在此模式中可以一併討論。接下來探討各區的意涵。

一、理想區

　　本區是指企業強調倫理的實踐與重視技術與品質，若企業的執行成效落於此區域，則應繼續保持。品質與技術為競爭優勢的來源之一，而前IBM總裁Aker也認為倫理與競爭力兩者密不可分。倫理不但使組織了解應盡的社會責任，可以更容易達成作業及策略性目標，也會導致更好的獲利；倫理在品質策略中也扮演著重要的角色，例如：美國的國家品質獎（Malcom Bladrige Award）以及歐洲的歐洲品質獎（The European Quality Award）的衡量項目中，除領導、策略、人員、流程等項目外，社會責任與倫理也佔了不少的比

重。在美國國家品質獎中,社會責任與倫理的比重佔了12%,認為優質的企業應該思考產品及其生產過程是否對社會有負面的衝擊,是否能積極回應社會的疑慮,以及對產品服務或作業有關的風險方面,是否有目標程序與措施來因應以便防範於未然,以及在所有與社會互動的過程中如何監督促進與確保倫理規範的行為。在歐洲品質獎中,社會責任與倫理也有相似的比重。在上述品質獎的評定標準中皆有衡量重視社會責任與倫理的因素,顯示成功的企業除了專業表現之外,也應重視倫理層面的因素。

二、技術與品質充實區

本區是指企業強調倫理的實踐,但對技術與品質的強調略嫌不足,若企業的執行成效落於此區域,則應在技術與品質上更加充實。對企業而言,若無法掌握技術發展的趨勢,將很可能喪失市場機會,並可能帶來致命性的影響;品質可視為滿足顧客需求的程度,而品質的提升也意味著是在追求效率的提升,若無法確保品質,也會減少消費者的再購意願,因此若技術與品質表現未達理想,對企業獲利也會有負面的影響。也就是意味著若只是遵循著倫理規範的指引但無法提升技術與品質,對企業未來的發展也會有所威脅。

技術的創新與強化除企業在相關的資源投入,也需要有管理高層的持續支持,而品質的強化方面,戴明的品質原則可以參考。戴明(Deming, 1986)的十四點原則包括:(1)建立持續長遠的目標、(2)採取嶄新的哲學、(3)停止仰賴大量檢驗來獲得品質、(4)停止實施以價格依據的交易行為、(5)持續改善每一系統、(6)實施在職訓練、(7)實施領導、(8)排除恐懼、(9)排除各部門間的阻礙、(10)排除標語、口號及訓誡、(11)排除數據目標與工作配額、(12)排除剝奪員工自尊的障礙、(13)建立堅強的教育與自我改善方案、(14)採取行動完成革新。

在這十四點原則中,第(2)、(6)、(7)、(8)、(9)、(11)與(12)項和人的行為有關,而這些項目又可歸納為員工技藝、授權與無懼(fearless)。員工技藝可經由訓練達成,與員工的自我價值感有關,而授權使員工執行工作時,能夠有權並有責,會對決策的品質產生影響;而無懼是指組織不可使用強迫威脅的手段,使員工心生畏懼,如此一來會使員工無法發揮創造力,甚至影響員工的身心健康。

三、倫理強化區

　　企業所獲得的利潤，不僅來自於企業經營的結果，也來自於消費者的惠顧以及企業與外界環境互動的結果。而一個能遵守企業倫理及善盡社會責任的企業，方能受到公眾的支持，創造更多利潤。然而目前企業競爭愈來愈激烈，企業倫理也愈來愈受重視，在競爭劇烈的市場環境中，企業偶爾會有違反倫理規範的現象發生，競爭愈激烈，這種情況愈容易發生。過去有太多因為企業空有技術但忽視企業倫理而付出重大代價的慘痛案例，亦使整體社會付出高額代價，例如：原RCA電視機製造工廠廠房用地被揭發出該區有不當傾倒有毒廢料，造成地下水污染和土壤污染，造成到現在為止RCA員工仍然飽受病痛的煎熬，員工的罹癌率為一般人的20倍以上，業者因為短期的成本考量或便宜行事，捨棄處理廢水而將其不當排流，造成社會的負擔；又現金卡的促銷訴求借錢是高尚的行為或及時行樂的觀念，若只強調發卡與借貸的方便性與時效性，而未同時強調利息與手續費的負擔以及償還能力的考量，會造成年輕人逐漸形成「借錢容易、先甘後苦」的不適當理財觀念，後續的呆帳風險可能增高，也會造成對發卡銀行業績的衝擊，因此，企業應在企業倫理方面扮演積極的角色，使企業的經營符合社會的期待。

四、亟待加強區

　　本區意味著企業在倫理的實踐以及技術與品質的表現都有再進一步加強的空間，若無法提升，則未來的生存可能會產生問題。例如：汽車製造業者由於技術因素或品質管理的疏漏，導致安全性的問題，除造成消費者生命安全受到威脅外，對業者而言，意外事故衍生的相關賠償、龐大的召回維修所須負擔的成本，以及對商譽的減損都會造成獲利能力的降低，並對企業的生存造成威脅。因此業者應致力於這兩大因素的實踐。

　　由前述模式可知，在四個區域中，理想區意味著企業應追尋的策略方向，當企業在追求發展時，若能遵循倫理的規範，以倫理為指引的方向，再配合技術與品質的確實實踐，應可增加消費者正面的觀感並進而塑造企業形象、增加顧客忠誠度，達成獲利的狀態，如圖9-2所示。若在倫理面的實踐與技術及品質面的執行有任何的不足，應予以強化，往理想區推進，畢竟空有技術與品質而無倫理容易導致技術的濫用；有倫理規範但無技術與品質也容易導致競爭力下滑。若經營方式不符合倫理規範，也沒有技術及品質的能力，則企業

的前途可能較為堪慮。

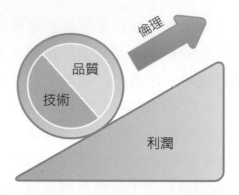

▸ 圖9-2　技術、品質與倫理關係圖

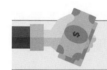

9.5 ▸ 結語

　　倫理的意義，是要符合道德標準或是某個專業行業的行為標準，特別是在法律制定尚未周延時，更需要靠倫理來運作，企業若缺乏倫理的考量及對社會責任的重視，除了會產生負面報導而影響組織商譽、導致股價下滑，也阻礙組織對優質人才的聘任。

　　企業以改善人類的生活水準為使命，其中技術扮演了相當重要的角色。隨著科技的快速發展，企業界將研究發展的成果化為實際產品，致使人類生活的方便性與舒適程度越來越高，提昇了人們的生活水準。但技術的進步帶動產業競爭，倘若企業無法掌握技術的潮流，將會面臨被淘汰的壓力。在日益激烈的競爭情況下，誰能掌握到技術發展的脈動，便能有效提升其競爭優勢。因此業者須尋求技術創新，以因應產業內外的挑戰。

　　品質是達成消費者對產品或服務預期功能的程度，品質也決定了企業的聲譽，與企業握有的技術互補，是競爭優勢的來源之一，企業對消費者提供一種不間斷的承諾，強調對消費者的責任。

　　過去文獻中對技術、品質與倫理的討論多為個別性的，較少進行綜合性的討論，然而在目前激烈競爭的環境下，業界應整體思考並了解這些因素其實對企業目標的達成，有關鍵性的影響。本章進行了相關文獻的整理與討論，彙整一個包含技術、品質與倫理的模式，並討論其意涵，以利未來研究者參考之用。

倫理學習成果圖 🖊

企業經營者一定要秉持「第一次就將事情做好」的態度，才能減少企業及社會不必要的資源浪費

1

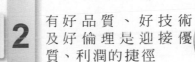

2 有好品質、好技術及好倫理是迎接優質、利潤的捷徑

無論是理工類各項製造技術或是各型服務技術，都要重視：
• 創新與整合工作
• 合乎倫理道德
才能得到社會認同

3

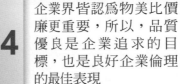

4 企業界皆認為物美比價廉更重要，所以，品質優良是企業追求的目標，也是良好企業倫理的最佳表現

在現今文明時代，唯有：
• 重視倫理道德之強化
• 不斷創新技術
• 提升品質
才是達到合理利潤及永續經營的最佳保證

5

章後案例

若員工不創業就離職吧！你認為合乎企業倫理嗎？

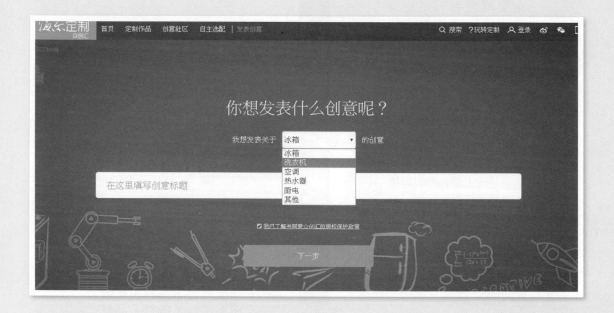

　　本個案是介紹：大陸海爾公司的轉型之道：「員工不創業就離職吧」。此理念是海爾公司執行長張瑞敏先生，接受臺灣天下雜誌採訪時，提出的理念。海爾公司是現在全球最大家電企業；近年來，張執行長推動組織大改造後，11萬多的員工剩下6萬多人，海爾卻因此轉型為一個對外開放、連結各界資源的創業、創新生態園。張執行長更認為現在市場瞬息萬變，網路打破了資訊不對稱，也帶來速度與便利性。用戶主導產品的時代來臨，這是繼「福特」流水線、「豐田」式管理之後，企業面臨重大變革的時刻。前方沒有人，也沒有路標，未來不管是不是網路企業；最後，也只會有兩種結局：平台運營〈控制〉你，或是你營運平台。海爾集團公司在張執行長領導之下，2015年營業額達9,000億多台幣，並有900億台幣之獲利，而面對「員工怎麼可能全部成為創業者？」的疑問，張執行長之答案是「我們不是把每一個人都變成創業者，而是把所有創業者變成我們的員工。」他特別鼓勵創客、小微主抓住用戶需求就能

替自己賺錢，也能創業。所以，鼓勵海爾冷氣工廠C2B工廠，由用戶決定冷氣機外型從方的變圓的；在筆電領域上，則緊緊結合用戶需求，讓各事業單位獨立成為公司，創造佳績。執行長認為：用戶與企業的關係，在零距離時代下，人人都是中心，企業應變成讓人可以發揮最大價值的平台。因為唯有企業成為平台，才能吸引人才與資源。

參考資料：2016年5月25日，天下雜誌，第598期，第104頁，呂國禎撰

活動與討論

1. 大陸海爾集團公司之故事中，可以了解他們的企業經營理念，這些理念與我們討論之企業倫理有何關係呢？全班同學可以分成若干組，並推舉一位組長，來討論企業倫理與企業生存之道間，有何衝突點及互動性？海爾公司之創業與變革有何值得我們學習之處呢？面對企業競爭與企業倫理之雙贏，要如何應用正面思考的企業倫理觀念？來把每一位想創業的工作者，給予機會、給予平台，給予創造價值的環境，來改變公司的營運生態。

2. 企業倫理的範圍很廣，同學可以從經營面及顧客需求面來討論企業倫理最適當的企業文化與創新文化。請分組討論並提出各組的看法。

1. 品質是達成產品或服務預期功能的程度，企業經營者一定要秉持「第一次就將事情做好」（do it right the first time）的態度，才能減少企業以及社會不必要的資源浪費。

2. 技術的演進就是人類物質文明發展的里程碑，而技術的適切利用，不僅可促進社會進步及生活福祉，也影響著國家及產業的競爭優勢。

3. 新技術的重大進展皆為社會帶來重大的影響，為企業創造出新的產品與新的生產技術，進而為經濟及人類生活帶來重大變化。

4. 創造產品的差異化及降低成本是企業提升競爭優勢的主要策略，而採用新技術是達成前述策略的主要方式之一。有鑑於技術對企業競爭力的重要性，技術的取得、維持與創新便成為企業成敗的關鍵因素。

5. 技術是把創新與發明運用至社會的一種方法，所追求的是更新、更快、更方便以及更有效率地解決人類本身的問題，也是人類提升生活水準的動力。技術是指用來設計、生產以及配送產品或服務所需的技藝、知識、工具、機械、設備等的組合。

6. 技術從生產與作業管理的觀點來看，是指將組織所投入（input）的資源變為產出（output）所採用的轉換過程、系統和技巧，而羅賓斯與迪珊佐（Robbins & Decenzo，2001）將技術定義為使工作更有效率的設備、工具、或操作方法。

7. 目前技術進展的速度日新月異，儘管有多面向的呈現，但主要從企業的層面看技術，而生產作業相關技術以及資訊科技為其焦點所在。生產作業相關技術中至少有四大類型的技術，包括能源科技、設計相關技術、材料科技、以及方法相關技術。

8. 資訊科技是指電腦與通信領域中相關硬體與軟體的發展，針對特定活動所呈現的應用系統，以及各種系統整合。資訊科技能改善企業準確性、時效性、以及業者與相關利害關係人的互動，並對組織的財務績效帶來正面的影響。

9. 品質已成為企業競爭的基本要件。品質是一種持續改善的過程，如同一場沒有終點線的競賽，企業只有不斷努力，才不會被競爭對手超前，因此品質可視為企業對消費者所提供的一種不間斷承諾，需要企業挹注資源，以便實踐承諾。

10. 品質管理大師戴明（Edward Deming, 1986）發現，若生產過程的各個階段重視品質，可以實質提升生產力，其主要的原因為對於品質的專注與承諾可以降低如產品重工（rework）、加工過程的錯誤、延遲進料等不必要的時間、人力或原物料的浪費。

11. 全面品質管理是指一種組織成員全面性參與及改善生產產品或服務過程相關的每個活動的一種持續性過程。近年來已可見到在服務品質的相關理論出現，認為品質應整合企業的作業面與行銷面的活動，除重視作業面的效率因素外，更應重視行銷面中顧客的期待，認為品質是顧客期望得到的服務與主觀認知實際所得到的服務差距。

12. 由於經濟與技術之發展，導致企業所面臨的環境改變迅速，企業除了對管理功能需持續精進以因應環境變遷的挑戰外，對「企業倫理」亦應多所重視。

13. 「企業倫理」所指出是企業對於外界社會的責任或是企業內部組織成員的道德和倫理規範。科學與技術的快速進展，為社會帶來生活環境的變化與衝擊，並導致人們價值觀的改變，企業自然不能自外於此。

14. 技術、品質與倫理對企業都有關鍵性的影響，若將這三個因素整合起來，本章提出了一個整合性的模式，由縱軸「倫理」與橫軸「技術與品質」所構成，透過企業執行的成效，可呈現出四個區塊，分別是理想區、技術與品質充實區、倫理強化區、與亟待加強區。

15. 理想區：是指企業強調倫理的實踐與重視技術與品質，若企業的執行成效落於此區域，則應繼續保持。

16. 技術與品質充實區：是指企業強調倫理的實踐但對技術與品質的強調略嫌不足，若企業的執行成效落於此區域，則應在技術與品質更加充實。

17. 倫理強化區：是指企業所獲得的利潤，不僅來自於企業經營的結果，也來自於消費者的惠顧以及企業與外界環境互動的結果。而一個能遵守企業倫理及善盡社會責任的企業，方能受到公眾的支持，創造更多利潤。

18. 亟待加強區：意味著企業在倫理的實踐以及技術與品質的表現都有再進一步加強的空間，若無法提升，則未來的生存可能會產生問題。

19. 戴明的十四點原則包括：(1)建立持續長遠的目標、(2)採取嶄新的哲學、(3)停止仰賴大量檢驗來獲得品質、(4)停止實施以價格依據的交易行為、(5)持續改善每一系統、(6)實施在職訓練、(7)實施領導、(8)排除恐懼、(9)排除各部門間的阻礙、(10)排除標語、口號及訓誡、(11)排除數據目標與工作配額、(12)排除剝奪員工自尊的障礙、(13)建立堅強的教育與自我改善方案、(14)採取行動完成革新。

20. 倫理的意義，是要符合道德標準或者是某個專業行業的行為標準，特別是在法律制定尚未周延時，更需要靠倫理來運作，企業若缺乏倫理的考量及對社會責任的重視，除了會產生負面報導而影響組織商譽、導致股價下滑，也阻礙組織對優質人才的聘任。

21. 品質是達成消費者對產品或服務預期功能的程度，品質也決定了企業的聲譽，與企業握有的技術互補，是競爭優勢的來源之一，企業對消費者所提供的一種不間斷承諾，強調對消費者的責任。

1. 試說明技術為何。

2. 試說明品質為何。

3. 請簡要說明技術與品質對企業的重要性為何。

4. 請閱讀有關具有技術與品質但卻展現出不具倫理規範行為公司案例，並分析輿論對此公司的評價與消費者的反應。

5. 服務業的重要性日益增加導致管理概念的局部修正。請問在服務業是否也需重視技術、品質與倫理因素？

note

CHAPTER
—— 10

服務與企業倫理

章前案例

❓ 綠色飲食風潮——「連淨」綠色科技公司的企業文化與永續經營

　　本個案特別選擇「連淨綠色科技公司」，其引領綠色飲食風潮，落實農場到餐桌的永續經營管理。該公司產品涵蓋：綠色食品、保健生醫、生醫科技、健康服務等四大領域。連淨公司陳董事長及其經營團隊特別之處在於，本著「以人為本」的理念，發揮企業家精神，及為善助人的博愛精神。

　　連淨公司以「綠色食品」與大家結緣，用心的維持食品安全性，並發揮創意，進行各種食品的設計、製作與品管等。連淨公司的綠色食品，如苦茶油產品，從茶的種子來源就費心把關，並精心策劃。考量土壤、水質、氣候等因素，連淨公司特別選擇江西鷹潭無污染的原生態區域農場，契作合約50公頃農地，成為油茶樹示範基地，由專業的農業博士率領技術團隊，以自然農法細心栽培管理。在團隊的努力之下，苦茶油獲得品質金質獎。為製作人體需要的好油，連淨苦茶油以科技製油，除純度高之外，也將好的養份保留下來，如：茶多酚、角鯊烯、維生素等，製作出口味與健康並重的好油。

　　連淨公司的團隊最重要的信念是「科技必將透過綠色飲食來促進人們的幸福」，甚至在生活用品的製造上也要開始落實社會責任，達成綠色用品。

參考資料：2022年3月10日，經濟日報A16版，溫志煌報導

活動與討論

1. 請介紹連淨公司的經營策略，同學可以到公司的官網查資料，再給予剖析。

2. 連淨公司的「人性化」企業的願景，特別重視從綠色食物的角色，來促進幸福的生活環境，請加以說明。

倫理引導心智圖

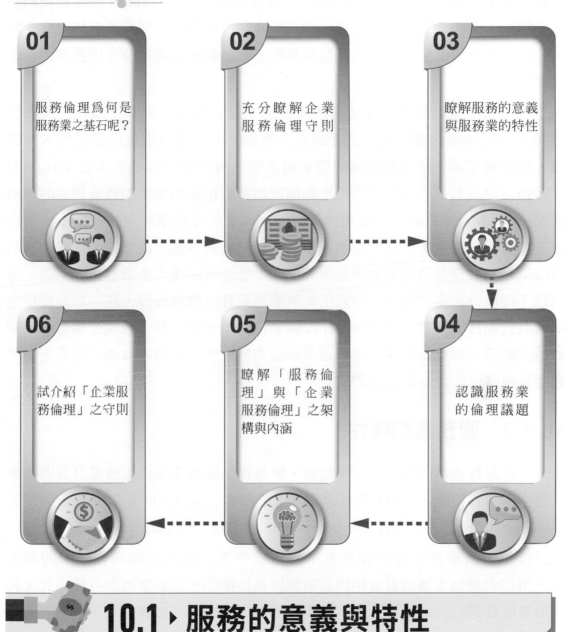

01 服務倫理為何是服務業之基石呢？

02 充分瞭解企業服務倫理守則

03 瞭解服務的意義與服務業的特性

04 認識服務業的倫理議題

05 瞭解「服務倫理」與「企業服務倫理」之架構與內涵

06 試介紹「企業服務倫理」之守則

10.1 ▸ 服務的意義與特性

10.1.1 服務的意義

在美國行銷協會（AMA）的定義，所謂的「服務」（service）是指「組織提供無形或至少有相當部分為無形的產品」，這樣的說明顯示組織提供服務類型的複雜性與多樣性，從日常生活中仔細觀察，都可以看到提供各式各樣服務

性的產品，從營利企業，例如：便利商店的銷售服務、加油站的加油服務、速食店的用餐服務、銀行的金融服務、百貨公司的專櫃諮詢服務，到非營利企業，例如：中央政府的公共服務、地方政府的文化服務、學校的教學服務、醫院的醫療服務、基金會的社會公益服務等，都是組織為滿足特定消費者的需求所提供的。

然而隨著全世界商業環境的快速改變，組織雖然提供千變萬化的服務性產品，但是卻無法讓消費者感受到完全的滿意，主要原因是消費者需求的改變。所以為了進一步了解服務的模式與流程，兩位學者Lovelock & Wright將「服務」定義為「在特定時間和地點創造消費者價值和提供消費者利益的經濟活動」，AMA亦定義為「服務—用於出售或者與產品連在一起進行出售的活動、利益或滿足感」，在此定義下可深入探討組織為滿足消費者的需求與利益所提供優良服務品質的方式與類型，例如：宏碁電腦建立企業形象與品牌、全國電子提供分期購物服務、中國信託商銀延長分行服務時間、統一超商提供宅配與繳費服務、學校進行產學合作提供學生就業機會、基金會與企業合作舉辦公益活動等，都是說明企業從服務策略的角度來強化服務的改善，提高企業整體經營管理績效與消費者滿意程度。

10.1.2 服務業的特性

基於服務產品的複雜性與多樣性，使得提供服務產品的服務業具有四種異於其他產業的特性，這四種特性分別為：無形性（intangibility）、不可分割性（inseparability）、異質性（heterogeneity）、易逝性（perishability）。

首先，服務具有讓消費者看不到、摸不著且無法預知品質好壞的無形性，所以企業為了讓消費者相信且購買服務性產品，就必須透過各種方式，將無形性服務進行有形性產品包裝或商品展示，以滿足消費者需求，這些方式如SKII找女明星代言建立品牌形象、媚登峰找一般民眾進行實驗證明美容前後比較效果、職棒球隊找吉祥物代表產品特色、銀行利用顏色區隔不同所得等級信用卡，以提高消費意願或吸引潛在消費者。

其次，服務具有和工作人員、設備與消費者必須同時存在的不可分割性，所以企業為了贏得消費者的認同，就必須在面對客戶時提供高品質的服務方式與態度，例如：醫生對病人的診療諮詢涵蓋醫生、診療器材，銀行對客戶

存款與放款的協助涵蓋商品介紹、資訊系統的協助，知名歌星舉辦的演唱會不能由別人代替等，都是強調服務性產品與服務人員的連結性。

再者，服務性產品也具有服務品質無法一致的異質性，這種現象主要可能來自於因人而異的服務方式，或服務人員未依公司規定直接依個人直覺提供服務，因此企業為了使消費者能享受品質相同的服務方式，便在服務流程、人員態度、商店裝潢上要求標準化或規格化，甚至透過完整的教育訓練課程要求員工遵守，例如連鎖商店的員工對顧客的點餐應對方式，金融機構透過資訊系統處理客戶存款或轉帳，房屋仲介公司為客戶買賣房屋建立一套標準作業程序等，都是希望企業提供一致性的服務品質。

最後，由於服務性產品無法有效儲存，使其具有因為時間改變容易讓服務消失的易逝性特質，所以提供服務的廠商會利用一些服務行銷策略改變消費者的服務需求，提高整體產能利用率，例如戲院調降午夜場票價吸引夜貓族，旅行社、飯店或航空公司在淡季推出各項優惠活動吸引潛在消費者，交通運輸工具在春節期間加開班次紓解返鄉人潮，醫院採用預約掛號制度讓病患減少等待時間等，對企業而言可以有效改善服務品質與提高消費者滿意度。

10.2 ▸ 服務分類與服務倫理

10.2.1 服務分類

因為服務業的四種特殊性，使得一項服務性工作，由不同的人員在不同時間或不同地點去執行，皆可能因個人的能力或訓練及個人人品等差異，而使服務品質不一。因此，服務人員本身在服務過程中展現出的專業性、態度、誠懇、忠誠度的動機或行為，將嚴重影響服務品質的好壞，而這也是屬於企業倫理在提供服務時必須關心的重要議題。所以我們在了解企業提供服務可能面臨的倫理議題前，必須先探討服務的分類架構，才能掌握到改善與提升每一類企業服務品質。

有關服務的分類，過去這二、三十年，許多學術界人士進行了大量且深入的探索，並提出許多分類法，本書主要提出一種具有代表性的分類方式，這是行銷著名學者史曼能（Schmenner）在1986年所提出的服務過程矩陣圖，這個架

構主要根據兩個構面：顧客與服務人員互動和客製化程度、服務性企業勞動密集程度，對服務進行分類說明如圖10-1。

在本分類架構中，所謂「勞動密集程度」是指服務過程中所產生的人力成本與固定資產總值之比值，當勞動密集程度高時，表示企業使用的人力成本高，服務人員必須花費大量時間和精力，才能夠完成服務性工作。「互動與客製化程度」是指服務過程中服務人員配合客戶個人需求增減服務工作的程度，當互動與客製化程度高時，表示服務人員與客戶都積極參與整個服務過程，企業才能有效滿足客戶的需求。

根據這兩個構面將服務性企業劃分成四大類型，第一類型是勞動密集程度低、互動與客製化程度亦低的「服務工廠」（service factory），例如：民航客機、汽車貨運公司、旅館、渡假村等。第二類型是勞動密集程度低、互動與客製化程度較高的「服務工坊」（service shop），例如醫院、汽車維修站、餐廳等。第三類型是勞動密集程度較高、互動與客製化程度低的「大量服務」（mass service），例如零售企業、批發企業、商業銀行的部分消費金融業務等。第四類型是勞動密集程度與互動與客製化程度都比較高的「專業服務」（professional service），例如：醫生、律師、會計師、建築設計師、專業投資顧問等。

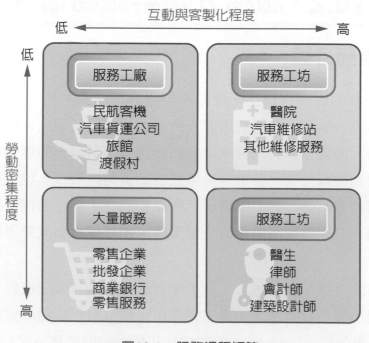

▶▶ 圖10-1　服務過程矩陣

10.2.2 服務業的倫理議題

從上述服務業的特性與服務業的分類中可得知，服務業在提供服務的過程中，服務人員所顯露出的忠誠度、誠懇與專業技巧之行為，除了攸關企業服務品質的優劣外，更是屬於企業倫理討論的範疇。

在服務業內常見的企業倫理議題，主要包括以下幾項：

1. 專業的形象。

2. 專業的教育訓練。

3. 誠信的服務。

4. 社會責任。

5. 公平競爭。

6. 最佳化的服務導向。

首先，服務業人員應呈現出專業的形象，諸如：化妝品服務人員、銀行服務人員的穿著與應對方式，主要是讓消費者能信賴企業的商品與服務，與企業形成相互依存的關係，進而達成企業與顧客雙贏的目標。

然而服務人員空有專業形象，無實質專業內涵，容易讓消費者感受到企業虛有其表，也可能懷疑服務人員對消費者進行欺騙行為，因此如何讓消費者感受到企業提供商品與服務的價值，針對服務人員進行專業的教育訓練則是必須執行的重點。教育訓練的重點包括：商品內容與功能的介紹、企業在提供商品與服務過程的付出、消費者進行商品體驗與服務的感受等。

誠信的服務是希望讓企業服務人員知道，有一分實力說一分話，企業能提供多少服務特色，就誠實的向消費者說明清楚，以免在企業賣出商品與服務之後，產生許多消費者與企業間的權益糾紛，這樣的問題在塑身美容業比較常見。

服務業的社會責任，一般來說常見的有三種，第一個責任是要使企業的服務與管理更具有效率與效能，因為有時候企業為了達到公司整體銷售目的，想盡各種方法鼓勵消費者購買產品，等到成交後消費者才發現有瑕疵或不是他想要的，這都造成整體社會的運作沒有效率。

　　服務業第二個社會責任，是要顧及消費者的基本權利，也就是企業在與消費者進行交易和買賣過程，不但不可以欺騙消費者，而且必須依據和遵守各項商業或交易法律。第三個社會責任是對於社會環境生態的責任，也就是企業在製造產品與行銷產品，必須考慮到為了社會整體環境生態的永續經營，不要消耗過多的天然資源，並考慮到可以重複使用等問題。在上述三項企業應有的社會責任下，常見企業為了善盡社會公益角色，積極規劃與推動各項的善因行銷（cause-related marketing）或事件行銷（event marketing）。善因行銷主要以推動各項慈善義演活動、義賣活動，或是捐款贊助社會弱勢團體等為主要方向，這也可算是企業第四個社會責任。

10.2.3　服務倫理

　　企業提供服務時應該重視哪些可能面臨的倫理議題，可根據吳成豐教授提出的「公司－員工－顧客」三者利害關係的平衡生態架構進行探討，這樣的平衡生態被認為是服務業必須重視的重要課題，吳教授根據此平衡生態發展出一項服務倫理模式圖，詳如圖10-2。

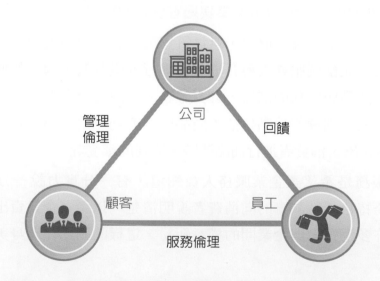

▶▶ 圖10-2　服務倫理模式圖（參考吳成豐《企業倫理的實踐》）

　　此觀念主要在說明當公司要求員工對顧客做好服務性工作前，公司必須先做好對公司內部員工的服務工作，這種等同於內部行銷的做法，稱為「管理倫理」（managerial ethics），強調提供內部員工優質的薪資福利、工作環境與

企業文化。如此，公司內部員工就擁有足夠的工作誘因，而願意花時間與精神去做好服務顧客的工作，這種行為稱為「服務倫理」（service ethics），顧客接受公司員工優質的服務品質後，也會願意購買公司產品或是長期消費公司產品，而給予公司正面的回饋。這樣的一種互動關係是一種良性循環的過程，但若是發生三者任何一方對待另外一方不好時，整個過程就會產生平衡生態受到破壞，彼此之間出現劣質的服務倫理等問題，這種模式也告訴我們，在企業服務倫理的過程中，「公司－員工－顧客」三者之間均應有維繫良好服務品質的責任與義務。

10.3 ▶ 企業服務倫理的架構

本節將提出企業服務倫理架構，作為各產業或企業建立與檢視服務倫理的參考。首先，我們將企業視為一個完整的系統在營運，企業本身必須向上游的供應商採購多項資源投入（inputs）進行生產與開發過程（process），經過一連串的管理作業程序後，企業再供應完整的產出（outputs）如產品與服務給顧客，顧客消費企業的產品與服務，或有一些購後反應回饋（feedback）給企業，作為企業未來改善或加強經營管理的參考。

在企業系統營運過程中，牽涉到許多企業服務倫理的問題，我們將企業服務倫理分成內部倫理（internal ethics）、外部倫理（external ethics）與夥伴倫理（partner ethics）等三類進行探討，整體企業服務倫理運作架構圖參考如圖10-3。

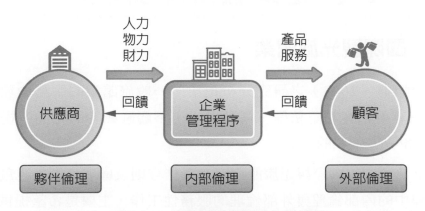

▶▶ 圖10-3　企業服務倫理運作架構圖

　　首先,內部倫理的議題主要是指企業提供員工安心工作、認真工作與有成就感工作的服務。服務的內容包括明確的內部管理作業程序、專業人員的管理、完善的人才培育制度、知識管理分享機制、照顧員工的薪資福利制度等,都屬於企業內部倫理的規劃範圍,對企業來說,做好內部企業服務倫理工作,將有助於提升企業內部整體競爭優勢。

　　其次,外部倫理的議題則是指企業是否提供顧客具有特色、安全與高附加價值的產品與服務。外部倫理強調提供顧客完整的產品與服務資訊,降低顧客的交易成本,提高顧客的購買與消費意願。服務的內容包括資訊完整且正確的廣告促銷、建立確實的顧客服務管理、提供完善的產品與服務資訊、積極參與社會公益活動、提升企業產品與服務的品質等,都屬於企業外部倫理的討論範圍,對企業來說,做好外部企業服務倫理工作,將可建立顧客對企業的忠誠度,維持企業與顧客長久的交易關係。

　　第三,夥伴倫理的議題主要是指企業積極與上游供應商合作結盟的服務。夥伴倫理強調企業與上游供應商合作的方向在於取得高品質的原料、高素質的人力與足夠資金,讓企業本身順利運作,以提高產品與服務品質,因此牽涉的活動範圍包括建立一套管理供應商原料品質的機制,提供金融機構完整財務資訊取得應有的營運資金,與人力服務機構合作舉辦各項人才招募活動,都是屬於企業夥伴倫理的討論範圍,對企業來說,做好與上游供應商結盟關係,可有效穩定原料、人力與資金來源,提升企業的作業管理與營運能力。

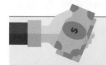

10.4 ▶ 企業服務倫理守則

10.4.1　國際觀光旅館業

　　根據李旭梅(2003)之研究分析指出,一般旅館業的服務倫理守則,主要是著重在尊重顧客的隱私權、電話過濾、不觸碰顧客的物品、提供顧客安全、安寧、舒適及便利的環境。

　　而在臺灣所謂的國際觀光旅館均訂有工作守則及顧客守則,也就是重視企業服務倫理中的內部倫理與外部倫理的服務性工作,主要是希望提供顧客高品質的住宿服務,同時也能保護旅館員工的工作安全,而有關服務倫理在國際觀

光旅館業被重視的項目包括：

一、內部服務倫理

1. 提供完善的員工教育訓練課程，特別是在職訓練（on-job training），提高員工服務性的專業能力。

2. 員工任職期間均不得透露公司資料給旅館以外的其他人，離職以後更應做到保護公司資料的義務。

3. 培養盡責的工作態度，準時上班，認真投入服務顧客之工作，若非業務需求亦不得停留在顧客區域。

4. 愛惜旅館整體公物及設施資源，應該主動節約能源，避免不必要的浪費。

二、外部服務倫理

1. 認真服務顧客是應盡之責任，不得有索取小費之行為，若非因工作需要，不得私自與顧客接觸。

2. 服務旅館顧客時應保持適當溝通距離，不得過分親暱或攀談。女性員工遇顧客有不符規矩之言行時，應即迴避，並報請主管改派男性員工接替工作。

10.4.2　銀行業

　　銀行屬於金融中介機構，透過存款、匯兌、放款、押匯等金融服務功能，使民間的資金受到有效的運用，以發揮調節資金供需缺口、穩定金融與促進產業升級的金融中介功能。因此，銀行與社會的互動關係日益密切，任何有關銀行問題與弊端的發生，都會嚴重影響到銀行本身與許多社會大眾的權益，像早期的十信案件、農會擠兌等，以及後來的壞帳造成逾放比過高的問題，對社會都會造成相當大的衝擊。

　　為了讓銀行有效發揮功能，做好銀行服務倫理的工作是相當重要的，茲就銀行各項服務倫理工作的重點說明如下：

一、內部服務倫理

1. 建立一套完整的資金管控作業，包括每日資金進出的結算速度、資金帳目的完整，絕不可造成銀行承兌的違約，降低銀行的誠信經營原則。

2. 銀行放款審查人員應遵守基本服務倫理原則，對於客戶的基本資料應該依據銀行訂定之規則嚴格審查，做好徵信工作，掌握企業或個人真正的還款能力。

3. 提供員工完整的教育訓練制度，特別強調內稽內控、授信徵信、商品買賣資訊等，並利用在職訓練或特定場所培訓等方式，提高員工專業技巧與能力。

二、外部服務倫理

1. 銀行理財專員面對顧客應保持服務熱誠，提供並告知顧客完整的金融商品資訊，例如信用卡、現金卡、基金、保險等，不應有欺騙或隱瞞金融商品買賣的利益或可能帶來之風險。

2. 銀行放款人員對於客戶資料應該完整蒐集、嚴格核對，在銀行本身規定之範圍外，不應有索取回扣、任意盜用客戶資料等不法行為。

三、夥伴服務倫理

1. 與資金提供者之交易，應依據銀行作業規定嚴格執行，不應有內線交易或產生違法動用資金等行為，特別是在集團內的公司或家族式的企業等，都應該避免發生此類問題。

2. 在招聘、任用、訓練與升遷銀行服務人員之過程，應將誠信與服務倫理問題列為優先考慮重點，所以員工過去的工作紀錄、績效考核等資料，都可以作為選用之參考依據。

10.4.3 會計師事務所

根據蔡蒔菁（1999）年指出，會計師屬於專門的高級技術人員，是社會不可或缺的專門職業。會計師在執業時具備有幾項重要的特性：

1. 具備複雜的專業會計知識與技能，協助企業與個人做好企業內部或個人的資金財務檢核，並進一步簽訂相關財務報表。

2. 依循職業準則必須通過與取得專門職業人員的考試，始能取得會計師開業執照，一旦執業則必須遵守各項執業準則、職業道德規範。

3. 會計師簽訂財務報表的影響常擴及社會大眾，特別是上市上櫃公司的投資大眾，所以會計師必須取得社會大眾的信賴與信任。

因此，中華民國會計師公會全國聯合會為使社會大眾對會計師簽訂之財部報表具有信心並給予足夠的信賴，特訂定會計師職業道德規範，以提供會計師執業時應保有專業水準和服務倫理的原則，進而提高會計師整體素質。在我國會計師職業道德規範訂定有六項原則，這六項原則若從內部服務倫理與外部服務倫理探討如下：

一、內部服務倫理

1. 會計師應保有誠實與公正的待人處事態度，對於資料的判斷應本著公正的認知方式，作出最完整的判讀，絕不可因個人意識型態或與他人意見相左，造成違法的處理作業。

2. 會計師在取得專業認證與執業後，為了改善與提高個人專業判斷與作業的品質，應利用時間在所內或所外，安排與接受相關會計專業的教育訓練制度，或其他有關產業分析與判斷的專業課程。

二、外部服務倫理

1. 會計師應對企業或個人的財務活動予以敏銳的觀察，在專業和道德上給予企業或個人適當的回應與協助，因為會計師的服務成果都會嚴重影響到社會大眾的權益。

2. 會計師在執行業務時必須保持客觀避免利益衝突，且在提供企業或個人審計或其他簽證服務時，必須在實質上或形式上保持超然獨立。

10.4.4 志工服務

近年來因為社會經濟的快速發展與變遷，產生許多與人攸關的生理與心理問題，若再加上政府資源不足時，就會有一些有心之士願意以「人飢己飢、人溺己溺」之精神，到基金會、醫院等機構參與和擔任志願服務之志工。志工服務工作具有以下特質：

1. 志工工作是出於自己的自由意願所從事的服務性工作，也就是本著助人利他的意願，不計酬勞貢獻所長、關懷社會、服務人群所提供的服務工作。

2. 志工工作的範圍相當廣，既是出自志願，所以範圍大小可由自己規劃與安排，但多以配合機構協助之範圍為基本準則。

3. 志工服務工作是不計酬勞而有津貼，以減輕其部分經濟負擔。

所以整體來看，志工服務工作的服務倫理，約可從以下幾點分析：

一、內部服務倫理

1. 經常性的自我反省，掌握志工路的收穫與損失。

2. 經常性的自我學習，學習各種成長知識，學會分享的過程。

3. 保有不為己的無私態度，經常性的邊做邊學，學習愛人、助人與樂人。

二、外部服務倫理

1. 志願服務工作目標應明確具體，在追求服務數量的提升過程中，也應該追求服務品質的提升。

2. 志願服務工作過程中，應該與其他志工或其他人分享，並帶動整體志工組織的發展。

3. 積極擴增服務網絡，邀集許多服務的夥伴，進而延伸服務的觸角至各層面，以使更多人受惠。

10.4.5　高科技產業

這些年來，我國政府積極推動各項產業發展措施，致力於產業升級以提高國家核心競爭力，其中特別以高科技產業的表現最具有特色與成效。而所謂的高科技產業以資本密集、技術密集為主要的導向，包括手機產業、半導體產業、資訊產業、通訊產業、物聯網、綠能產業、智慧自動化產業（機器人）等都是，所以整體高科技產品的生命週期都相當短，因此高科技產品市場的競爭都相當激烈，而高科技廠商應該如何善用人力資源持續成長與茁壯，將是維持產業競爭優勢的重要關鍵。

就因為高科技產業人力資源管理的問題比一般產業要來得複雜許多，所以衍生出的服務倫理議題也比較多，前述的人力資源管理問題包括：薪資福利挖角造成人才跳槽，員工離職自行創立公司，高流動率與低忠誠度的人力等，而其產生的服務倫理議題則如：隱私權、責任感、所有權、存取權與動機等。一般來說，高科技產業可能產生之洩密方法如下：

1. 以合法掩護非法，上網談論機密資料。

2. 借學術交流擴展領域，衍生洩密違規問題。

3. 文書流程管制不當，造成資料外洩。

　　因此，許多高科技產業為防止洩密事件的發生，可能會採取以下精進保密的做法，以降低發生違犯服務倫理的情況發生：

一、內部服務倫理

1. 強化文書管制作業，持續進行安全稽核工作，限制機密資料的取得與散發，實施不定期的控管稽查。

2. 執行資訊安全作業，從機密資料之編製、送會、分發、建檔及銷毀均詳細訂定標準作業規範，以利機密文件獨立管理，並對員工電子郵件事先告知約定會有檢查，以免侵害隱私權。

3. 增添防護措施，適時更新防毒軟體，防止駭客入侵，確保資訊安全。

4. 與員工簽訂業務保密約定，並適時實施忠誠度測試或調查，並不定期對員工加強保密宣導，注意機密資料的防護措施，降低可能產生違法之情事。

二、外部服務倫理

1. 加強舉相關法令宣導之活動，培養公司內部尊重智慧財產權及創作權之守法觀念，降低違反服務倫理之情事發生。

2. 參與國際保護智慧財產權之活動，強化與加強法律執行與取締效果，以確保廠商之利益。

3. 將產業界之「競業條款」、「員工保密規定」列入管理員工制度與文件中，以適時保障公司智慧財產權，減少高科技廠商員工違反服務倫理之可能性。

10.4.6　電子商務

　　近年來，電子商務隨著資訊產業與通訊產業的進步，快速的電子商務市場發展，已逐漸成為消費者採購、消費與蒐集資訊的重要途徑，其中網路消費或是B2C的電子商務消費模式，更是成為許多年輕消費者的購物重心。

　　由於在網路上消費，牽涉到買賣交易雙方資訊不對稱的問題，所以在相關媒體上也經常看到各項網路交易產生糾紛等事件，因此在電子商務盛行的同時，服務倫理的議題也是服務業探討的重點，簡要說明如下：

1. 賣方應該選擇高品質的商品，以增加買方消費的信賴度。

2. 賣方對於買方各種對於產品或交易機制所提出的問題，應該立即給予快速且有效率的回應，以提升消費者的滿意度。

3. 買方應該隨時了解消費者近況，掌握消費者買賣的問題，讓消費者能成為永續會員。

4. 買方應該特別重視交易安全，提供完整的產品品牌、功能等相關資訊。

　　事實上，雖然電子商務消費者在消費時，容易以價格為主要的考量因素，但是買方還是應該堅持以優質的商品與服務提供給消費者。再進一步來看，改善服務倫理的品質，維持服務品質的穩定性，同時積極增加頻寬，持續開發新的軟體，改進電子商務的消費環境，將有助於提升整體的服務倫理品質。

倫理學習成果圖 ✏

 1 服務業與「人」互動為主，因而特別重視其倫理道德的實踐

 2 服務業會因落實企業倫理與道德規範而成長、受益

 3 服務業特性有：
- 無形性
- 不可分割性
- 異質性
- 易逝性

 **4** 服務業之倫理議題有：
- 專業形象
- 專業的教育訓練
- 誠信的服務
- 社會責任
- 公平競爭
- 最佳化的服務導向

 5 企業倫理之服務倫理實踐重視公司、員工與顧客三者之互動，同時以瞭解顧客、員工為核心

 **6** 一般企業服務倫理分為：
- 內部倫理
- 外部倫理
- 夥伴倫理

其中以內部倫理與外部倫理為核心

章後案例

從具有企業倫理的服務態度，談新鮮人之就業

　　本個案主題討論員工服務態度的問題，經濟日報特別訪問國內16家金控公司，彙整四大金融族群，提出人力資源管理主管（俗稱人資長）對新鮮人找工作，到金融單位上班必要的服務態度與想法。給新鮮人宜注意16點服務態度，說明如下：

1. 多走一哩路的哲學：金融業重視與期待新鮮人剛進來，下功夫在基礎功，多付出一些，多走一哩路，才能勝出。

2. 要誠懇認真且具有熱忱，才能適應變化多端的金融業。

3. 隨時準備好接受挑戰，工作態度比能力更重要。

4. 記住「沉舟側伴千帆過，病樹前頭萬木春」的精神，盼新鮮人永遠生機蓬勃，樂觀向上的心態。

5. 趁年輕時充實自己，提升自我價值。

6. 熱情創意，「勇」不止息。

7. 接受挑戰，用行動豐富夢想。

8. 注意兩大點：語文、與人互動能力。

9. 勇於嘗試、發揮創意、持續學習，提升競爭力。

10. 注意轉向全方位金融人才。

11. 選對一家提供完整學習計畫與工作環境的公司。

12. 要怎樣收穫，先那麼栽。

13. 用自己的雙手，打造自己的未來。

14. 發掘你的潛力，實現自己的夢想。

15. 從可以發揮自己長處的工作出發，全力投入。

16. 讓自己成為一位真才、真學、有見識的全方位人才。

　　從上述給新鮮人的16句話。句句號人資長的指導重點，也最重要的服務態度，我們在研讀企業倫理之時，宜多多學習與注意上述原則，誠盼新鮮人面試首要誠懇，自傳須掌握財經脈動，表現落落大方，但裝懂耍油是大忌。

參考資料：2016年6月10日，經濟日報A5版，陳嘉宇撰

活動與討論

1 請參考本個案的16點服務態度之建議，分組討論，並提出在大學階段，如何按部就班來完成之？例如：證照之完成，語文程度之提升，各項專業知識之累積及服務態度之養成等等，請各組提供5分鐘之結論報告。

2 有很多職場的先進，期望新鮮人在待人接待之表現，首重服務態度及熱忱，亦有人說：「態度等於一個人的高度，也是成就的表現度。」，同學同意嗎？請進一步提供達到此目標的做法，提供你的看法。

1. 美國行銷協會（AMA）的定義，所謂的「服務」（service）是指「組織提供無形或至少有相當部分為無形的產品」，這樣的說明顯示組織提供服務類型的複雜性與多樣性。基於此特性，使得提供服務產品的服務業具有四種異於其他產業的特性，這四種特性分別為：無形性（intangibility）、不可分割性（inseparability）、異質性（heterogeneity）、易逝性（perishability）。

2. Schmenner在1986年所提出的服務過程矩陣圖，這個架構主要根據兩個構面：顧客與服務人員互動和客製化程度、服務性企業勞動密集程度，根據這兩個構面將服務性企業劃分成四大類型，第一類型是勞動密集程度低、互動與客製化程度亦低的「服務工廠」（service factory），第二類型是勞動密集程度低、互動與客製化程度較高的「服務工坊」（service shop），第三類型是勞動密集程度較高、互動與客製化程度低的「大量服務」（mass service），第四類型是勞動密集程度與互動與客製化程度都比較高的「專業服務」（professional service）。

3. 吳成豐教授所提出的服務倫理模式圖，主要在說明當公司要求員工對顧客做好服務性工作前，公司必須先做好對公司內部員工的服務工作，這種稱為「管理倫理」（managerial ethics），強調提供內部員工優質的薪資福利、工作環境與企業文化。另一部分就是內部員工若擁有足夠的工作誘因，而願意花時間與精神去做好服務顧客的工作，這種行為稱為「服務倫理」（service ethics），顧客接受公司員工優質的服務品質後，也會願意購買公司產品或是長期消費公司產品，而給予公司正面的回饋。

4. 在企業系統營運過程中，牽涉到許多企業服務倫理的問題，我們將企業服務倫理分成內部倫理（internal ethics）、外部倫理（external ethics）與夥伴倫理（partner ethics）等三類，內部倫理的議題主要是指企業提供員工安心工作、認真工作與有成就感工作的服務。外部倫理的議題則是指企業是否提供顧客具有特色、安全與高附加價值的產品與服務。夥伴倫理的議題主要是指企業積極與上游供應商合作結盟的服務。

1. 請解釋何謂AMA定義的「服務」，並舉例說明。

2. 請問服務業具有哪四大特性？各舉一實例配合說明。

3. 請簡要說明學者Schmenner的服務過程矩陣之構面與實例。

4. 請問企業在提供服務時，何謂「管理倫理」？何謂「服務倫理」？試舉例說明。

5. 請簡要以企業服務倫埋架構圖，說明企業在營運過程中有哪些可能面臨的倫理議題。

6. 請討論說明一家醫院在提供醫療服務時，有哪些可能必須面對的內部倫理與外部倫理問題。

7. 請討論說明若是一家企業的員工在提供服務時，若不注意服務倫理議題，可能產生哪些對企業不利的後果。

8. 請討論說明一家製造業在生產出產品到最後販售到消費者，有哪些可能遇到的服務倫理議題。

note

CHAPTER —— 11

勞資關係與工會倫理

章前案例

❓ 機會留給「有準備好的人」──訊連公司座右銘

圖片來源：遠見雜誌

　　2022年1月6日在經濟日報的稅務法務版中，報導安永企業家獎，本個案特別將獲頒「寰宇智能企業」的訊連科技公司的黃董事長，在企業倫理與價值之成就，加以介紹。訊連公司以「打造臺灣軟體產業龍頭，創造奇蹟」，大受好評。

　　訊連公司在1996年成立，以Power DVD電腦播放器軟體起家，至今已經是全球首屈一指的多媒體影音及AI臉部辨識技術開發商。創辦人黃董事長是美國

電腦科學博士，回臺灣於臺大任教，主持多媒體實驗室，但開始重視產學合作工作。經過幾年的歷練，開始投入創業，黃董事長由教授華麗轉身，成為一位創辦人。剛開始也是在經過深思熟慮之後，認為AI、AR有前途，即鎖定此一方向，並配合AI的應用，如開發「玩美彩妝」APP，果然一炮而紅，之後又繼續開發「Face Me臉部辨識引擎」，大量應用於保全系統的運作。近期因疫情嚴峻，訊連公司的人臉辨識系統發展更加厲害，可以結合健康偵測功能，讓訊連公司一舉成為臺灣臉部辨識一哥。

　　身為國內少數在國際上發光的軟體大廠，黃董事長對臺灣軟體產業的發展，有相當深的期許。安永聯合會計師事務所辦理的「安永企業家獎」獎，為何訊連公司可以被推崇呢？因為訊連公司具備了三創（創意、創新、創業）的精神，黃董事長以具備無比信心的勇氣，再加上企業價值與創造企業倫理的優質公司文化，走出不一樣的訊連公司文化，積極推進特殊的企業價值。

參考資料：2022年1月6日，經濟日報稅務法務版，陳碧雲撰

活動與討論

1. 請上訊連公司的網站，進一步了解該公司如何打下臺灣軟體產業的龍頭地位。

2. 請討論訊連公司的企業價值、企業家精神（黃創辦人）、企業倫理與企業文化的相關性為何？

倫理引導心智圖

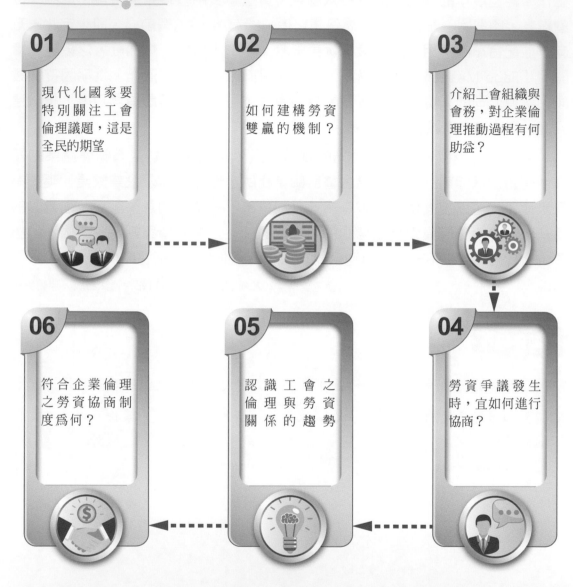

01 現代化國家要特別關注工會倫理議題,這是全民的期望

02 如何建構勞資雙贏的機制?

03 介紹工會組織與會務,對企業倫理推動過程有何助益?

06 符合企業倫理之勞資協商制度為何?

05 認識工會之倫理與勞資關係的趨勢

04 勞資爭議發生時,宜如何進行協商?

11.1 ▶ 勞資關係的發展沿革

　　勞資關係是指勞方與資方之間相互作用的關係。依我國勞基法第二條規定,凡受雇主僱用從事工作而獲致工資者稱為勞工。資方,則是指以必須支付工資或薪給僱用他人為其工作者。而關係是指勞方與資方相互作用之行為,包括雙方間之權利與義務及其有關之事項。此關係從法律的觀點言之,勞資關係

係依據雙方所定之僱傭契約而產生的權利義務關係。另一方面從社會的觀點而言，勞資關係係指勞資雙方彼此間的人際、情感甚至道義等關係，亦即勞資雙方權利義務不成文之傳統、習慣即默契等的倫理關係。

11.1.1　勞資關係的發展階段

近代勞資關係是十八世紀末工業革命以後的產物，在工業化推進之過程中，由於經濟與社會的環境變動，使得勞資關係表現出如下幾個不同階段的特徵。

一、專制的勞資關係

這是十九世紀中葉已後之型態，資本是以獨資或合資而成立，企業的經營完全依照雇主個人之意見為中心，帶有專制的特性。

二、溫情的勞資關係

到了十九世紀中葉，資本家大量投資生產，使得勞工隨之增加，但雇主基於專制主義下之勞資關係，無法得到勞工的合作，為了提高生產率乃採取家族式之溫情主義，提供各項福利措施，表現初期照顧之親情，而勞工方面為了報答雇主之恩惠，乃表示其忠誠心，因此造成雙方溫情之關係。

三、緩和的勞資關係

十九世紀末期，由於資本集中，企業型態以股份公司出現，經營與資本分開，經營規模擴大，管理也合理化，而且由於近代勞動市場之形成以及職業工會之成立，使得勞動條件改善，以工會力量來爭取，使勞動力之組織與資本立於同等之地位，而形成勞資雙方間緩和的關係。

四、民主的勞資關係

1929年之世界大恐慌以後，由於資本的集中，獨占化之發展，使得企業規模比以前更為擴大，其結果是資本與管理分離，專門管理者負起重要之任務，而經營者地位的確立以及經營者團體之組織也很普遍，而且，女性勞動者大量進出使得勞動市場更為強化，而勞動組織也由職業工擴充到產業工會，所有勞動條件之改善，均由工會與資本家依據勞動關係以團體協商來解決，而實現民主的勞資關係。

所以從上述資料我們知道，自工業革命之後，才產生近代工業組織，由近代工業組織，才產生近代勞資關係，所以近代勞資關係是十八世紀末期工業革命以後的產物。

11.1.2　勞資關係於公司生命週期的發展

公司的創立其勞資關係會伴隨著公司的營運發展，會有所不同的發展。從不成比例漸漸地勞資關係的力量會逐漸拉進，可以分為四個階段，分別如圖11-1所描述：

開創期
應建立勞資關係的基本理念與組織

成長期
要維持勞資和諧，並提振員工的動機與士氣

成熟期
控制員工成本和維持勞資和諧，並提高生產力

衰退期
要提高生產力，也要講求工作規則的彈性化，同時重視工作保障

▶▶ 圖11-1　勞資關係於公司生命週期的發展

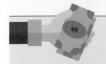

11.2 ▸ 勞資關係的內涵

勞資關係乃勞資雙方間之權利與義務及其有關事項的處理。而其模式主要從勞動者的基本三權，即團結權、協商權和爭議權來著眼，以下分別說明之：

1. **團結權**：勞動者或雇主自由組織團體維護自身權益之權一行使集體權利之基礎。

2. **協商權**：勞動者組織與雇主組織透過集體交涉締結團體協之權一目的。

3. **爭議權**：透過集體爭議行為迫使相對當事人妥協以達成締結團體協約目的之權一手段。

　　而勞資關係的內容係由團體協商、勞資爭議與工會等三個部分所組成。以下則分述之：

一、團體協商

　　團體協商乃是勞方與資方代表，利用協商的過程來決定雇用條件,團體協商是勞方與資方訂定雇用條件的互動過程，團體協商對勞資雙方均有利，勞方組織工會，經由團體協商可瞭解企業經營的狀況與問題，資方則可瞭解勞方的需要與想法建立勞資一體的共識，促進勞工對企業的向心力；另外透過團體協商，勞工的權益可獲得保障，資方則可避免勞工怠工、罷工等行為的產生，使勞資雙方的行為有所規範。由此可知，團體協商可規範勞資雙方的權力與義務，促進勞資關係的合諧。

　　團體協商的內容，包含三大面向：

1. **實質性的內容**：包括薪資、獎金、福利、工時、解雇等。

2. **程序性的內容**：包括申訴、紀律、工作評價等的程序，以解決勞資衝突。

3. **工作的安排**：為因應經營環境的改變和配合企業的發展，例如：人員的配置、工作與時間的彈性等。

　　團體協商的過程中、通常有五種類型：(1)分配的協商：協商結果某方獲利，另一方就有損失。(2)整合的協商：雙方共同合力解決衝突，謀求最大的立益。(3)讓步的協商：當雇主面對經營濟困境時，為獲得生存與復甦，雇主要工會作某方面的讓步，例如，減薪，同時以工作保障為回饋。(4)繼續的協商：當安全與衛生的需求、政府的法規等環境的便變動，會促使勞資雙方不斷的進行協商。(5)組織內部的協商：在協商的過程中，勞資雙方都必須從事各自團體內的協商，以利協約的達成。

團體協商的過程：

1. **協商的準備**：首先得組成協商委員會或小組，進行資料的搜集和擬定策略，並且提出建議案。

2. **協商的進行**：雙方約定時間、地點，進行面對面的協商，協商的次數因議題而異，雙方可運用各種協商策略，以獲取各自最大的利益。

3. **團體協約的簽訂或陷入僵局**：協商達成初步協議後，雙方代表須需獲得各自團體成員的支持與認可後，團體協約才能正式簽訂。

　　雙方如果經過多次協商，意見仍然分歧，協商便會陷入僵局，就有可能產生勞資爭議。

二、勞資爭議

（一）勞資爭議的產生

　　勞資爭議的產生主要有兩種情況：

1. 簽訂團體協約之後，勞資雙方之中的任何一方不履行協約。

2. 協商陷入僵局。

　　以上兩種情況都會發生勞資爭議，前者稱之為權利事項或訴願的勞資爭議，後者稱之為利益或調整事項的勞資爭議。勞資爭議非正式的處理方式指的是「勞資爭議處理法」所未規定的「協調」。實務上，協調是目前最為地方勞工行政主管機關遇縣市勞資爭議事件時優先採取的勞資爭議處理方法。統計上自1996年到2010年，以協調方式解決爭議的案件數歷年均遠多於調解與仲裁。

　　勞資爭議發生後，雙方為了迫使另一方屈服，往往會採取爭議行為壓迫對方。「爭議行為」有其特殊的含意，與一般所謂的勞工「抗爭手段」不同，常見的丟雞蛋、灑冥紙等勞工抗議時的動作與勞工法規中的「爭議行為」不能等同視之。

　　勞資爭議中雙方所採取的各種行動統稱為「爭議行為」，先發動的爭議行為稱「採取行為」，另一方針對「採取行為」所進行的爭議行為稱「對抗行為」。

（二）爭議行為

　　勞方的爭議行有四種：

1. 罷工

罷工是指一群勞工用暫時共同停止工作的方式，來表達對雇主的不滿，或極力主張他們的要求。罷工只是勞工暫時拒絕提供勞務，爭議當事人之間的勞動契約仍然存續。罷工是一種集體的行為，由一群勞工共同進行，個別勞工中止正常工作不能稱罷工；罷工通常是有計畫的行為，意圖表達不滿或需求。

罷工的型態依目的性分為三種：積極性罷工（positive strike）、消極性罷工（negative strike）與同情性罷工（sympathy strike）。若依範圍可分為三種：總罷工（general strike）、同業總罷工（industry-wide strike）與局部罷工（partial strike）。依據合法性，可分為合法罷工與非法罷工兩種。而非法罷工，包含野貓式罷工（wildcat strike）、冷不防罷工（snap strike）兩種。

政府因國家政治、社會、經濟的特殊情況，或其他理由，通常會限制或禁止勞資爭議當事人採取爭議行為以相互對抗，此種限制或禁止尤其針對特定行業。

我國「勞資爭議處理法」第54條規定，教師、國防部及其所屬機關（構）、學校之勞工不得罷工；影響大眾生命安全、國家安全或重大公共利益之事業如自來水事業、電力及燃氣供應業、醫院、部份金融資訊服務業與證券期貨業等，勞資雙方必須事先約定必要服務條款，工會始得宣告罷工。

2. 怠工（slowdown）

怠工是指工人們為了迫使雇主讓步，暫時性地放慢工作的步調，這是一種勞務不完全提供的行為。怠工與罷工形式上相同，但是策略上不同，罷工是企圖以積極的作為達到爭議的目的，怠工則是企圖以消極的作為達到目的。

3. 杯葛（boycott）

杯葛又稱「消費者杯葛」（consumer boycott），它是指勞工和工會聯合起來拒絕購買雇主的產品，或者與雇主交易。這種行動若是針對直接涉入爭議的雇主，稱為「一級杯葛」（primary boycott）；如果這種行動是針對未涉入爭議的第三者，或者拒絕與雇主交易會影響到第三者，稱為「次級杯葛」。此外，蓄意破壞（sabotage）雇主資產、設備和原料的直接行動，以及占據工廠（occupation of the plant）使雇主的企業或工廠無法營運等爭議行為也可能為勞方所採取。

4. 鎖廠（lockout）

鎖廠是雇主所採取的暫時性停工，大部分的鎖廠是一種對抗行為，即勞資爭

議發生後，勞方已出現罷工、怠工等爭議行為，雇主為減輕損失，遂將工廠關閉。

就組織內部的程序而言，勞工在採取行為之前，必須經過工會的議決，「勞資爭議處理法」第54條規定：「工會非經會員以直接、無記名投票且經全體過半數同意，不得宣告罷工及設置糾察線」。

爭議之目的在於和好，而非毀滅對方。因此，發動爭議行為之前，有向對方預先告知的義務，其目的在使對方能有所準備與調整，避免造成彼此不可挽回的損失。

（三）對抗行為

1. 繼續營運（continued operation）

當工會進行罷工時，雇主為了維持企業的繼續營運，可能會採取兩種策略：第一種是利用不具備勞工身分的員工去從事第一線的生產工作；第二種是另外僱用一批勞工來替代罷工者的工作，這些勞工被稱為「替代勞工」（replacements）。雇主無論採取上述任何一種策略，都會導致工會的過激反應，尤其是第二種。

2. 建立黑名單（blacklisting）

建立黑名單是雇主將勞資爭議中工會積極份子列冊，並與其他雇主互相通知或交換，共同採取不僱用的手段。

（四）勞資爭議後的處理方式

發生勞資爭議後，處理方式通常有四種：

1. **協調**：此可由勞資雙方自行協調，或是由中介團體居中協調，例如，政府機構或民間中介團體的人員來協調，屬於非正式的處理方式。

2. **調解**：由中介團體依法定程序協助雙方達成協議，但中介團體沒有權力強制雙方達成協議，只是擔任協議的促進者。

3. **仲裁**：由中介團體依法定程序，對勞資雙方的衝突作成判決，類似準司法的過程，通常仲裁的決定對勞資雙方具有約束力。

4. **司法訴訟**：此乃透過司法途徑來解決勞資爭議中的權力事項，不適用於利益或調整事項勞資爭議的處理。

　　換言之，勞工權利事項的勞資爭議可採用上述四種方式來處理，但有關利益或調整事項的爭議只能採用前三種方式處理。產生勞資爭議時，勞方可採用的行為有罷工、怠工、杯葛、佔據、生產管理和糾察等；資方可採用的行為有繼續經營、鎖廠和開列黑名單等。任何一方採取爭議行為時，對爭議的目的、程序以及採用的行為等，均應考慮其正當性與合法性，方能使爭議行為獲得效果，並免除民事和刑事的責任。

三、工會

　　工會係由員工所組成的組織，用以代表他們在工作和社會上的利益，特別是直接透過團體協商的過程。現行工會法規定凡年滿二十歲之同一產業工人，或同一區域同一職業之工人，人數在三十人以上時，應依法組織工會；同一區域內之同一產業工人，不足三十人時，得合併組織之，由發起人向主管機關登記。經主管機關許可後，發起人應即組織籌備會，辦理徵求會員，展開各種籌備工作，主要事項有：

1. 草擬工會章程。

2. 辦理會員登記。

3. 準備選舉事宜。

　　召開成立大會，並經出席成立大會會員或代表三分之二以上的同意，議定工會章程，而後依照本工會章程所定職員的名額及工會法所定職員資格之限制規定，選舉理、監事，並分別組織理、監事會，互推常務理事、常務監事負責處理日常事務。工會組織完成，應送主管機關備案，並發給登記證書。

　　工會依成員的組成，傳統上可分為三類：

1. **職業工會**：係由同一職業或相同技能等級的勞工所組成，此可橫跨不同產業的勞工，是一種水平的組合。

2. **產業工會**：係由同一產業內所有的勞工所組成，包括組織內各層級的勞工，是一種垂直的組合。

3. **一般工會**：成員不受職業或產業的限制，亦可依政治、宗教、種族等來設定其範圍，是一種綜合性的組合。

　　2010年修正「工會法」，依據「勞工團結權保護」、「工會會務自主

化」、「工會運作民主化」等三項原則大幅放寬對工會組織與結構上的限制。新「工會法」規定的工會內部機構仍是決策機構、執行機構、監察機構三個。但相較於舊法，新「工會法」作了五項過去舊法未明確規範的工會內部機構規定：

1. 明定會員大會是工會的最高權力機關，以明確工會組織內的權責劃分。

2. 明定工會必須設置理事長，並得視需要設置副理事長。

3. 明定工會理事長由會員大會或會員代表大會選任，含有直接選舉精神。

4. 明定工會聯合組織應置專任會務人員辦理會務。

5. 明定監事名額在3人以上時，得推選常務監事，但應設監事會，置監事會召集人1人。

　　新「工會法」規定，企業工會以組織一個為限；職業工會應以同一直轄市或縣（市）為組織區域，而在組織區域內同種類職業工會也以組織一個為限（第6條、第9條）。此外，廠場或事業單位中若已依法成立企業工會，其勞工應加入（第7條）。至於工會的聯合組織，新「工會法」只規定工會依據本身的需要自行籌組，有關名稱、層級、區域及屬性等在聯合組織的章程中規定即可。

　　相較於舊法，新「工會法」對工會結構規定的更新主要有三：

1. 延續舊法「基層產業工會以組織一個為限」規定，明定企業工會以組織一個為限，以強化工會的團結。不過，新「工會法」對同一產業所組的工會則不限制。

2. 明定企業工會的強制入會原則，但並無處罰規定，可稱為「軟性強制入會原則」。至於產業工會與職業工會，則無強制入會規定。

3. 不再限制工會聯合組織如總工會、同業工會聯合會等的組織原則，由工會自行籌組，因此，未來我國工會的結構呈現何種面貌，則視實際的發展。

　　新「工會法」第6條將工會組織類型分成企業工會、產業工會、職業工會三種。相較於舊法，新「工會法」對於工會類型的規定有兩項主要變更：

1. 增加企業工會的組織類型。

2. 放寬對工會組成聯合組織之規範，容許工會依據本身需要籌組聯合組織，而且其名稱、層級、區域及屬性等在聯合組織的章程中規定即可（第8條）。

11.3 ▶ 工會功能、權力與特徵

　　工會的主要任務在於維護其會員的經濟利益，所以透過與雇主的協商，工會試圖在團體協約的架構中，為會員爭取最好的工資與僱用條件。

　　工會的重要性在於：它所協商出的工資和僱用條件的提高，不僅直接影響到工會會員和雇主，也影響其他企業，甚至整個經濟。

11.3.1　工會的功能

　　根據英國勞資關係學者索羅門的說法，工會有經濟制約（economic regulation）、工作制約（job regulation）、社會改革（social change）、會員服務（member services）、自我實現（self-fulfillment）五種功能，如圖11-2所示。

▶▶ 圖11-2　工會的功能

　　工作能夠執行上述五種功能，是因為工會有權力（power），所以力量的集結又可視為工會的第六種功能，不過它是隱性的。

11.3.2　工會的權力

工會透過集結會員的力量，獲得了權力，然後使用此權力去牽制雇主，並且在社會上扮演著壓力團體的角色，去保護、支持個別勞工構成工會權力的要素包括：

1. 會員人數。

2. 財務。

3. 會員的承諾。

4. 團結。

5. 領導人的技巧與專業知識。

此外，工會提供了一種機制，讓會員在工作的領域以外有所發揮，尤其參與工會內部管理、或集體協商，甚至是政府政策的決策過程，以成就自我。其中，工會會員最重視的決策角色，主要在以下三種制度中運作：

1. 工會本身的內部管理制度。

2. 集體協商制度。

3. 政治性代表制度中。

11.3.3　工會的特質

美國經濟學者傅利門（Richard Freeman）和麥道夫（James Medoff）指出，工會具有「雙面孔」（two faces）的特質，一方面工會有著「壟斷的面孔」（monopoly face），另一方面它又有「集體的聲音／制度性的回應面孔」（collective voice/institutional response face）。

新古典學派經濟學家主張，工會是一個「有害的壟斷」，其基本論點是：工會是勞動市場壟斷性的專賣機構，它們唯一的要求就是提高會員的薪資，在自由勞動市場中對工資與就業方面形成障礙，並以無工會組織的勞工與經濟效率為犧牲品。傅利門和麥道夫對於這種負面評價，特別提出三點補充性的說明，以避免過於濫用：

1. 工會的壟斷性質不同於一般壟斷性的企業。

2. 工會提高工資的能力受到雇主減少僱用的限制。

3. 工會壟斷力量的來源有所不同。

　　傅利門和麥道夫指出，「發出聲音」代表與雇主討論工作場所中可以改變的條件。工會乃是「發出集體聲音」的一個工具，它提供給勞工一個與雇主溝通的管道，此亦即工會要扮演集體聲音的重要之處。

11.4 ▸ 工會的管理

　　工會的規模有大有小，小的工會可能由數十人組成，大型工會可能高達數十萬人。為了發揮工會組織的功能，工會的內部分設不同的機構，因此必須進行管理，而這便涉及以下領導與民主兩個管理議題。

　　工會組織與其他社會組織一樣，都有自己的營運目標，必須利用其有限的資源，訂定人事等方面的政策，亦須與其他組織或政府作不同程度的互動，同時更會面臨環境變遷的挑戰，這些需仰賴工會領袖與幹部其領導職責與特性的發揮。工會領袖與幹部的領導具有以下特徵：

1. 會員選票是評量表現的工具。

2. 公平重於效率。

3. 兼用指揮與說服。

4. 內部決策過程不公開。

5. 人員任用較無侷限。

6. 全國性工會有一定任期，地方性工會轉換率高。

　　工會管理除了涉及領袖與幹部的領導外，工會與會員間的關係也是影響工會管理的另一要素，而工會民主在其中扮演著重要角色。工會民主的基本意義就是讓會員經由各種正式和非正式的管道，參與工會決策，在參與的過程中，會員的多數決定了工會的政策與領導階層。

　　研究工會的學者們大多都同意，工會組織很容易跟政黨組織一樣，最後由少數領袖壟斷決策過程與權力，這種悲觀的論調主要是根據以下四個理由：

1. 會員專業不足。

2. 會員與領袖間溝通管道受限。

3. 會員與領袖間關係的疏隔。

4. 會員態度趨冷漠。

11.5 ▸ 工會倫理

　　工作倫理包含了三大層面，員工與經營管理者的相處，員工與消費者的關係，以及員工彼此的相處等。要落實工作倫理，首先應發揮工會自主應有的功能，以改善工會的正面形象。按照現行工會法的任務包括保障勞工權益、改善勞動條件、增進勞工福利、舉辦勞工教育、協調勞資關係以及發展生產事業等。而要達成這些任務，工會必須透過自主的調整，才能獲得勞工會員的認同與雇主的尊重。

　　根據工會組織法的規定，工會的組織要件可區分為實質要件及形式要件。

1. 實質要件－自主性

　　工會以保障勞工權益、增進勞工智能、發展生產事業、改善勞工生活為宗旨。因此在與雇主的關係上，確保工會的自主性便成為組織的前提要件。

　　我國工會法第十三條規定：「同一產業之被僱人員，除代表僱方行使管理權之各級業務行政主管人員外，均有會員資格」。這點排除了管理人員的獨斷，且確立了勞工組織的自主性。

2. 形式要件－民主性

　　民主性是指每位勞工均有加入工會之自由，工會法第十二條規定男女勞工均有加入工會的權利及義務。此處所謂權利應當是強調其民主性，所謂義務性按工會法「施行細則」第十三條之規定，對拒絕加入工會的工人可施予停職處分，表面上來看，似乎具有強制性，然而這是為了保障勞工的權益，因此不能說是侵害了勞工的自由。

　　工會的活動可分為經濟性的活動、社會性的活動以及政治性的活動三項。

　　分別說明如下：

1. 經濟性的活動

　　工會是勞工以改善勞動條件、保障經濟上利益為目的而組織的團體，因此其

經濟性的活動主要是與雇主協商以達到維持、改善勞工的工作情況，提高勞工的經濟與社會地位為目標，其主要的方法有勞資爭議及團體協商。

2. 社會性的活動

工會對社會的責任是協助與滿足勞工大眾之社會事業，此事業包括互助性與教育性的活動。

(1) 互助性的活動：主要是對會員之社會服務，即展開疾病醫療、福利措施以及各種社會保險、勞動條件之改善活動等。

(2) 教育性的活動：此乃是對會員實施各種技能訓練、在職訓練，以獲得職業上所須之知識與技能並補充新知與實技，以達到技術與設備之革新而提高生產效率與品質，加強企業經營與競爭實力。

3. 政治性的活動

工會為保障勞工之權益及提高其地位並改善與雇主之關係，乃積極推選或支持會員參與國家之立法權或政治性的活動，包括影響立法者之參選活動以及影響勞工立法內容的活動。

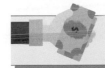

11.6 ▶ 結論

我國勞資政策為「勞資合諧、產業自治」。要勞資合諧需政府產業與工會員工互助合作才能達成，雖有勞動勞動六法包含工會法團體協約法勞資爭議處理法等法令的保護，不當的爭議行為屢見不鮮。其主要原因有四，如圖11-3所示：

「勞工關係」一詞的焦點在於工會與雇主之間的互動過程，也就是集體勞資關係，尤其注重集體協商。是故，由企業倫理的角度來看，企業主以企業倫理為原則，有照顧員工

▶ 圖11-3　勞資不當的爭議行為

的責任，主管以身作則遵守法令，互相尊重誠信，與員工共同建構企業倫理的企業文化。

　　工會是勞資關係溝通的橋樑，工會以工會倫理為基礎發展勞資關係，雙方秉持誠信原則，互助合作的勞資關係，以組織目標為共同努力方向，屏除一己之私，才能避免勞資爭議，達成勞資雙贏的目標。

倫理學習成果圖 ✎

1 工會應透過企業倫理建立優質關係，是勞資雙方雙贏的最佳策略

2 工會倫理猶如家庭夫妻或婆媳的相處一樣，要共同經營

3 工會組織的倫理責任是指法律沒有規定的行為與活動

健全工會組織之作為有：
- 選擇優秀之工會職員
- 充裕的工會經費
- 按期舉辦工會幹部教育訓練
- 強化工會服務功能
- 聘僱專業會務人員
- 按期舉辦工會各種會議
- 政府對工會自主極為重視

4

瞭解勞資爭議本質，在勞資協商之設計應考慮之原則有：
- 中立性　　• 複雜性
- 延續性　　• 互動性
- 變異性

5

建立勞資協商之企業倫理：
- 透過制度化予以公開
- 增加溝通之可能性
- 建立合理化與人性化原則
- 可善用內部協商調解減少仲裁
- 應以不違反現行外部各種相關法令規章為前提

6

工作倫理包含了三大層面：
- 員工與經營管理者的相處
- 員工與消費者的關係
- 員工彼此的相處等

7

工會的組織要件可分為實質要件—即自主性，及形式要件—民主性

8

章後案例

罷工問題與企業倫理

　　法國主辦2016年歐洲國家盃足球賽在6月10日開始,但巴黎街頭卻因為清潔人員及鐵路員工「大罷工」,造成街道堆積恨多垃圾及交通受到重創現象。本次罷工問題,自總統、部長及市長們全部動員,要一起來解決本次罷工事件,為期一個月的歐洲國家盃賽事,在法國10座城市舉辦,預料吸引250萬名球迷觀戰,也部署了9萬名安全人員,然而由於清潔人員罷工,巴黎街頭推滿垃圾,還有鐵路、航空和能源業罷工的隱憂,可能擾亂這麼大的足球賽事。造成總統也特別提出:採取一切必要的手段確保比賽順利進行。交通部長提出:強制徵召火車駕駛,確保公共運輸,甚至表示必要時將調動部隊。更聲明:「政府不會再進行協商,如果不是基於政治因素,現在沒有理由繼續罷工。」;這次法國之罷工爭議起因是:有意修改勞工法,提高企業聘僱員工的容易度。上述罷工問題,是因勞工與政府溝通不良,從企業倫理之角度,政府與國內各單位員工,應在創造良好工作環境而努力,就因為某些政治因素及理念不同,而造成重大的罷工問題,實在不是好現象。

參考資料:2016年6月11日,經濟日報A8版國際版,林奕榮譯

活動與討論

1. 在我們學習「企業倫理」過程中,勞資問題或員工罷工問題是必須接觸的課題,請同學藉此罷工個案,來分析罷工問題之成因,解決原則與如何創造勞資(或政府與員工)兩方雙贏的局面?分成若干組,由各組長召集討論,並指定記錄人員,提出各組的看法。

2. 當我們在訂定或修訂「勞動基準法或勞工法」時,其運作方式宜注意哪些必要的原則?以避免有「罷工」情事發生呢?請各組上網找一些資料或個案閱讀之心得,提出每一組的看法。

Review

/ 觀念回顧 \

1. 勞資關係是指勞方與資方之間相互作用的關係。

2. 勞資關係表現出幾個不同階段的特徵：

   (1) 專制的勞資關係

   (2) 溫情的勞資關係

   (3) 緩和的勞資關係

   (4) 民主的勞資關係

3. 勞資關係於公司生命週期的發展可以分為四個階段：

   (1) 開創期

   (2) 成長期

   (3) 成熟期

   (4) 衰退期

4. 勞動者的基本三權，即團結權、協商權和爭議權。

5. 勞資關係的內容係由團體協商、勞資爭議與工會等三個部分所組成。

6. 工會功能：經濟制約（economic regulation）、工作制約（job regulation）、社會改革（social change）、會員服務（member services）、自我實現（self-fulfillment）。

7. 工會的權力：工會扮演著壓力團體的角色，去保護、支持個別勞工構成工會權力。

8. 工會的管理：工會的規模有大有小，小的工會可能由數十人組成，大型工會可能高達數十萬人。工會管理涉及領導與民主兩個管理議題。

9. 工會倫理：工作倫理包含了三大層面，員工與經營管理者的相處，員工與消費者的關係，以及員工彼此的相處等。

Exercise

1. 從報章雜誌或網路中，剪貼有關勞資爭議的文章。

2. 剪貼全球幸福企業報導一則，並簡短說明你（妳）對此報導的看法（心得）。

3. 觀賞勞資爭議主題之影片並評論之。

CHAPTER
—— 12

社會安全責任

章前案例

❓ 「誠」──企業邁向永續經營的不二法門

　　本個案在討論「道德標準與控制方案」之內涵，個案說明如下：如果你是一位公司主管，需要花費一定時間去閱讀員工的電子訊息，也可能需要去查看員工的秘密錄影帶（這錄影帶是在男廁所內拍攝的）。當然，主管查看錄影帶的唯一用意只是「監督員工」的行為，希望杜絕員工的浪費和吸毒行為。這個個案在現代技術，使主管監視員工成為可能，甚至很容易。很多人這樣做希望幫助公司提高生產力和品質，而這方面存在的問題是：「在什麼情況使用這種控制方法是不道德的？」。上述這種監視員工的行為到底有多流行？一般公司皆有一套員工監督政策，詳細規定監視的內容、時間及訊息的用途，員工一般也能容能監視行為；但往往與沒有受監視的員工，互相比較，反而沒有受監視之員工，其受到更大的壓力。

　　主管的行為是否超越了正當的作法和尊重員工的界限呢？也是我們在企業倫理教育中，必須面對的課題。

參考資料：全華圖書《領導學》2004年，第四版，李弘暉審訂，299頁

活動與討論

1. 全班同學可以分為若干組，討論：你認為對員工進行監視控制手段是對個人隱私的侵犯嗎？又如，你認為主管在什麼時候對員工行為進行無聲（甚至是秘密）的檢查，是超越了正當範圍呢？讓各組提出結論，供大家參考。

2. 就每位同學在平日參加工讀活動中，有何員工工作場所的隱私權問題？請提出你的經驗，分享給大家。

倫理引導心智圖

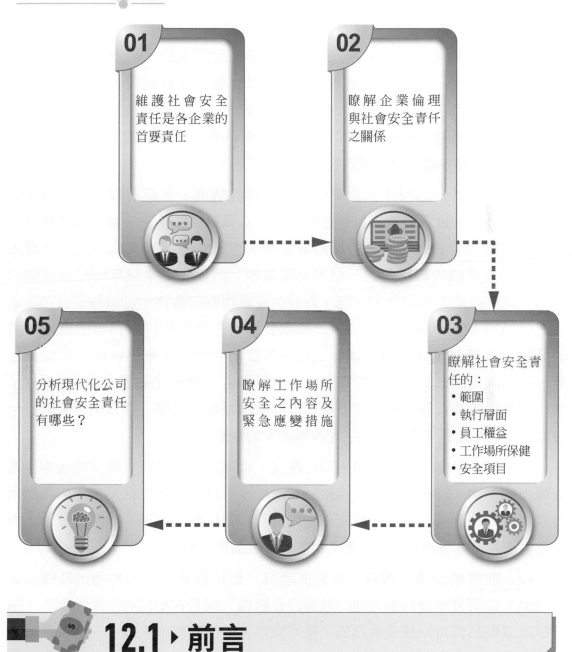

01 維護社會安全責任是各企業的首要責任

02 瞭解企業倫理與社會安全責任之關係

03 瞭解社會安全責任的：
- 範圍
- 執行層面
- 員工權益
- 工作場所保健
- 安全項目

04 瞭解工作場所安全之內容及緊急應變措施

05 分析現代化公司的社會安全責任有哪些？

12.1 ▸ 前言

一個企業基本的結構，是由土地、勞動力、資本、企業家四大要素所組成，並且以永續經營為前提，使公司賺取合理的利潤。而企業家根據自己的知識與經驗，統合上述的四大要素，在合理的策略規劃下，為整體企業在激烈的競爭環境下尋求生機。

　　以老闆的立場而言，企業家謀求有利的生存條件無可厚非。如果沒有企業，又哪來的員工？更何來的員工權益？而在資本主義極致的年代，對於所投資的每一分錢，當然都要以獲取最大的效用為目的，才符合所謂的經濟原則。然而企業家必須承受的風險，公司的員工不會共同承擔，畢竟員工僅是領取合理的工資而已。所以一般企業主會認為以其投資換取利潤，是很正常的行為，甚至在經營過程中遇到因大環境改變，或企業主決策產生問題造成公司損失時，企業主必須面對事業的存亡與員工生計的責任，種種的壓力下，老闆在能多賺錢的時候多賺一點，或許也是理所當然的。

　　然而在經營的過程中，對於生產原物料的購買、生產過程中所必須耗費的能源與費用、投入的機械設備、員工工作必須給付的薪資、廢棄物的處理與公司產品購買者的議價，都必須錙銖必較，才能在整體經營成效上獲取最大的利潤。以老闆的觀點而言，當然有其道理。然而，如果只單純根據效率的觀念，就可能產生相當多的問題。對於生產原物料的購買，可以為了公司的利益，與廠商進行「獨買」行為，亦即聯合市場上購買相同原物料的廠商，將該原物料購買額度達到可以控制價錢的程度，共同要求原物料提供者降低售價，不然就集體抵制，以獲得最低的原物料價格。雖然有所謂「公平交易法」禁止此種壟斷性行為，但在買方與賣方的優勢是取決於哪一邊有主導權的競合遊戲中，大都是弱者必須向強者屈服與讓步的殘酷世界。

　　在生產過程中，為了增加生產的速度，企業家當然希望以最少的成本，獲取最大的利潤，就橫斷面上，希望公司的機器可以加快生產速度，在使用機器可以負荷的範圍內生產最大的產量，相對而言對於照明設備、空氣品質、工作安全裝備等，就必須視企業家的人道主義程度而做定奪。

　　投入的機械設備、機器的性能與產值，也扮演著重要的角色，為顧及資金有限，公司可能會抄襲先進的設備自行組裝，或者在相似的生產性能下，選擇較低價但品質可以接受的設備，無可諱言，在微利時代來臨，一切設備的投資，當然必須衡量企業整體獲利為主，有安全疑慮的機器設備，對操作者而言，可能是一連串夢魘的開始。

　　對於聘僱的勞工，在公司扮演的角色，是操作生產設備與提供專業勞動生產力，為公司的產品創造出附加價值，在類似一台大機器的公司上，如同其中的一顆小小的螺絲釘，而善待員工的老闆，就會常常為這些螺絲釘進行

保養,譬如把員工當成自己的家人一樣看待,用心體會員工的工作環境與生活,改善員工生活的狀況,但實際上卻還是必須面對工作時間、工作性質、工作薪資與員工福利等問題,而這些關鍵要素對於公司整體的獲利上卻是對立的,例如相對福利措施與現場工作環境改善等的調整,就會產生必要的支出,也會直接影響到利潤,做與不做則取決於企業主的心態。

對於環境保護的概念上,生產出的產品要花原料與人力的成本,直接會帶給企業利潤,但是,其他生產過程中產生的廢棄物,卻是要多花經費處理,而這些是否應該花錢處理?到底要花多少錢處理這些因生產所產生的費用?例如有害氣體,一根煙囪即可解決,但無形中排放廢氣對整體環境將造成不良的影響,但對於採用較高價格且無污染的原料,加上相關空氣的濾淨設備,卻可要花上一大筆金額,而這些費用是否可以技術性的讓社會大眾一起負擔,這一部分則涉及到經濟學所提到的外部性。所造成社會的成本,究竟要企業買單?還是社會整體買單?當然這也涉及到兩者角力之下的結果。

對於販售產品給購買者,則又是企業對外的另一場角力戰,不論是買方市場或是賣方市場,經營者必須發展出一套生存之道,在掌握交易優勢的人,可以藉由產品的不可取代性與差異性決定價格,並可藉由操縱市場的力量,譬如以托拉斯、卡特爾的方式,掌握產品、控制市場價格等,以爭取企業的利潤。

根據上述說明,應該隱約可以知道社會安全責任的範疇,其中包含的範圍相當廣泛,以下將以系統的方式介紹所謂的「社會安全責任」。

12.2 ▶ 社會安全責任的範圍

社會安全責任中所包含的範圍,基本上是以人權為主體,其範圍涵蓋公司以內與公司以外。公司範圍以內包含兩大部分:第一部分是公司內的員工人權,第二部分是屬於員工照顧方面。公司範圍以外,則包含產品責任與社會回饋。如圖12-1所示:

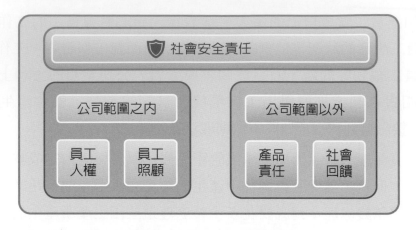

▶ 圖12-1 社會安全責任範疇

12.2.1 公司範圍以內

一、員工人權

基於憲法上保障人權的法理不變，包含集會結社、宗教信仰等基本人權，而工作中的相關規定，則以「勞動基準法」與「勞動基準法實行細則」明文規定，基本上，公司之工作規則或公司勞動契約如果抵觸「憲法」或「勞動基準法」等相關法令，基於保障員工基本人權與工作權，企業之工作規則與工作勞動契約抵觸的部分是無效的。

二、員工照顧

在「勞動基準法」與「衛生安全法規」中明文規定，為保障員工工作安全與工作權益，如果公司之工作規則或公司勞動契約抵觸「憲法」相關人權保障，或「勞動基準法」之相關規定，基於保障員工基本人權與工作權，工作規則與工作勞動契約抵觸的部分是無效的。

12.2.2 公司範圍以外

一、產品責任

為保障社會大眾，對於使用該公司生產產品，不會因此造成生理或心理障礙，公司也必須恪守社會道德之相關規範。

二、社會回饋

公司在企業主統籌資源下，妥善規劃取得利潤，本於取之於社會，用之於社會，必須對所在地之社區、社會提供一定的回饋。而生產過程中，亦須遵守商業道德，不得將公司產生的成本轉嫁於社會負擔。基本上，公司範圍以外，即以公司之外部性進行探討。

社會安全責任可以包含上述的項目，但包含範圍過於龐大，其實公司的一舉一動，基本上都涵蓋此一範疇，為使您更清楚相關的內容，將此整合成公司一般必須注意的六大部分。

在瞭解社會安全責任的範圍之前，必須先瞭解公司組織中的生產單位。一般而言公司的生產單位，可以分為直接單位與間接單位。所謂「直接單位」即是對產品附加價值有貢獻的生產行為，例如：由生產原物料的採購，將原物料運送到工廠的運輸行為，原物料在工廠藉由生產行為轉變成產品，到完成的產品藉由行銷創造出商業效用，與其中產品由工廠到購買者中間的運送等，屬於創造生產產品的附加價值的行為單位。而「間接單位」即是協助輔助這些附加價值創造的行為，例如：新產品的研發、產品品質好壞的檢驗、交易行為產生金錢往來的處理等，大致屬於此一範疇內。

社會安全責任六大部分，基本上包含下面幾個範圍：如圖12-2所示：

在12-2的圖中，可以明顯的看到，社會安全責任整體的涵蓋範圍，主要以人權為主，其對象包含社會整

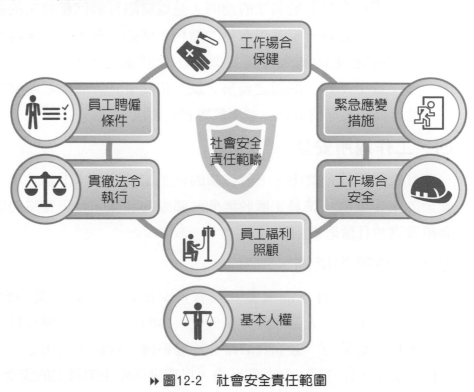

▶▶ 圖12-2　社會安全責任範圍

體，而非僅限於保障公司內的人。同時本著「取之於社會、用之於社會」的基本態度為主要精神。相對企業必須注意的，可以區分為下述六大要點：

一、貫徹法令執行

政府為保障社會大眾安全，保障勞工基本權益，於立法機關不定期修法，以確保社會大眾與勞工的權益。公司對於已經修訂的法規，也必須時時留意相關最新法規訊息，並將公司相關規定調整與政府法規所規定的立法精神相同，同時公司必須遵照修訂後之規則執行，並且要定期稽核公司本身執行規定的成效，如有不足，務必檢討改進，而相關的內容必須妥善記錄保存，以備日後修正之用。

二、員工聘僱條件

根據「憲法」規定，基於人人平等，不得因特殊身分，而歧視拒絕雇用特殊身分人士，且工作時間、休假時間、支領薪水等皆必須遵守一般相關法令規定。

三、員工福利權益

員工在公司貢獻心力，為企業家創造財富，而於企業整體結構上獲得合理的報酬。公司對於員工報酬外的回饋，如員工旅遊、三節獎金、子女獎助學金等，也是一種企業對於員工的認同，並以實際行動回饋員工的措施。而員工本身在工作上，也有一定表示意見的權利，例如：個人在企業內的生涯發展，與個人工作中產生問題表達需要改善工作狀態的權利，而企業也必須負起處理、解決員工工作上問題之義務，以上相關事宜皆必須在明文規定和平等立足點下進行公正公開的溝通，並出於善意的解決。

四、工作場所安全

員工服務於企業中，一般正職的員工工時，基本上為八小時。而雇主建立安全的工作環境，讓員工處於無危險顧慮的狀態，並可長時間安心工作，更是必須確實並且徹底做到的。

五、緊急應變措施

俗語說「天有不測風雲，人有旦夕禍福。」而企業因颱風、地震、雷擊、暴動、戰爭、人為疏失等天然或人為的災害，可能導致員工生命財產的損失。因此，必須有一套完整的緊急應變系統。政府明文規定，一般企業必須有「衛生安全工作守則」與相關計畫，以確實保障企業員工的安全。

六、工作場所保健

　　工作場所中，可能因為不同的業種和工作性質造成員工身體上的傷害，員工在企業中付出體力與時間換取報酬，但在合理的範圍內，雇主不能因為已有提供報酬，而將員工身體或心理所受到的損害，視為理所當然。或許有些工作，長期可能造成職業傷害，但企業必須處於人道立場，為所屬的員工提供必要性的防護措施。

　　關於社會安全責任六大要項的內容，下面將一一介紹。

12.3 ▶ 貫徹法令與執行

　　社會安全責任的第一項是貫徹法令的執行。政府為保障基本人權，在「憲法」中明文規定人民有集會結社、免於恐懼、言論、宗教信仰等自由，而為了保障勞工，在「憲法」保障人權的基本原則下，衍生出許多因應時代變遷而產生的規定，但由於規則相當繁雜，在此僅列出部分項目供讀者參考，如下表所示：

⊕ 表12-1　相關法令

序號	內容	公佈日期
1	勞動基準法	中華民國七十三年七月三十日，總統(73)華總(一)義字第14069號令制定公布全文86條，最新修正於中華民國一百零四年十二月十六日總統華總一義字第10400146731號令修正第44、46條條文；增訂第9-1、10-1、15-1條條文。
2	勞動基準法施行細則	中華民國七十四年二月二十七日內政部(75)台內勞字第298124號令訂定發布全文51條，最新修改於中華民國一百零五年六月二十一日勞動部勞動條3字第1050131239號令發布。
3	身心障礙者保護法	中華民國一百零四年十二月十六日總統華總一義字第10400146761號令修正公布第2、6、20、30、31、33、36、53、57、61、84、99、107條條文；增訂第71-1條條文；除第61條自公布後二年施行外，其餘自公布日施行。
4	性別工作平等法	為保障兩性工作平等，於中華民國九十一年一月十六日正式施行本法。最新修改於中華民國一百零五年五月十八日總統華總一義字第10500042821號令修正公布第18、23、27、38條條文。

序號	內容	公佈日期
5	勞工保險條例	中華民國四十七年七月二十一日總統令制定公布全文87條、四十九年二月二十四日行政院令臺灣省施行。最新修正於中華民國一百零四年七月一日總統華總一義字第10400077061號令修正公布第4條條文；增訂第17-1條條文。
6	職業安全衛生法	政府為防止職業災害，保障勞工安全與健康，特制定本法（原名稱：勞工安全衛生法）。本法於中華民國六十三年四月十六日總統(63)台統(一)義字第1604號令公布。最新修正於中華民國一百零三年六月二十日行政院院臺勞字第1030031158號令發布。除第7～9、11、13～15、31條條文定自一百零四年一月一日施行外，其餘條文定自一百零三年七月三日施行。
7	職業安全衛生法施行細則	中華民國一百零三年六月二十六日勞動部勞職授字第1030200694號令修正發布名稱及全文54條；並自一百零三年七月三日施行（原名稱：勞工安全衛生法施行細則）。
8	職業安全衛生設施規則	中華民國一百零三年七月一日勞動部勞職授字第10302007191號令修正發布名稱及第1、2、11～15、20、41、103、113、128-1、153、227、230、239、257、276、292、299、304、322、328條條文；刪除第10、19、26、28、114、123、168、291、321、324條條文；增訂第29-7、286-2、287-1、295-1、300-1、324-1～6、326-1～9條條文及第十二章之一章名；並自一百零三年七月三日施行（原名稱：勞工安全衛生設施規則）。
9	重大災害通報及檢查處理要點	中華民國一百零一年二月十日行政院勞工委員會勞檢5字第1010150118號函修正全文4點。
10	職業安全衛生教育訓練規則	中華民國一百零三年六月二十七日勞動部勞職授字第10302007181號令修正發布名稱及第1～6、10、16～18、20、29、34～37、39條條文及第7條條文之附表五、第14條條文之附表十二、第14-1條條文之附表十二之一、第31條條文之附表十五、第21條條文之格式六及第三章章名；增訂第13-1、18-1條條文；除第3條條文第3項第3款及第18-1條條文，自一百零四年一月一日施行外，自一百零三年七月三日施行（原名稱：勞工安全衛生教育訓練規則）。
11	危險物及有害物通識規則	中華民國八十八年六月二十九日行政院勞工委員會（88）台勞安三字第0028721號令修正發布全文21條條文；修正條文除第13條條文自九十年一月一日起施行外，其餘自修正發布日起施行。
12	妊娠與分娩後女性及未滿十八歲勞工禁止從事危險性或有害性工作認定標準	中華民國一百零三年六月二十五日勞動部勞職授字第10302006611號令修正發布名稱及全文5條；並自一百零三年七月三日施行（原名稱：童工女工禁止從事危險性或有害性工作認定標準）

參考網站：http://law.moj.gov.tw/

關於「勞動基準法」等相關法案，相關內容、衍生的規則與要點甚多，以「勞工安全衛生法」而言，在不同業別，有多達72項的規則與要點，在此表列出部分法規給讀者參考，請多多留意相關法令條文修正與否，並調整企業內相關工作規則，不至於屆時違法受罰，造成企業無謂的損失。

而其中公司對應的方式，可以下列四個步驟進行：

1. 蒐集法規

切實執行現行法令與更新條文，並蒐集與整理相關條文，依據相關法規，排定日期於企業進行公司相關規定修正。

2. 公司因應

公司根據最新法規條文，定期或不定期召開內部會議，評估如何將最新法規與更新條文納入公司相關規則中。

3. 員工溝通

已經完成評估後，將公司新規定告知員工並溝通，溝通管道包含書面文字、口頭宣導等方式，目的是使員工瞭解，並記錄整個溝通過程。

4. 評估改進

根據法規所制訂的公司規定，與員工溝通後，針對實際產生的情形進行評估，並記錄其成果，預防日後溝通效果不佳，進而藉此檢討和進行補救措施。

根據上述四大步驟，企業必須注意相關事項於表12-2所示，茲說明如下：

⊕ 表12-2　公司注意事項

序號	內容
1	公司是否具備世界各國（如從事國際貿易，必須特別注意）、政府、或當地最新的相關規定與法令的相關條文內容與紀錄？
2	公司因應世界各國、政府、當地之最新規定與法令，是否定期更新內部政策與執行措施，並且有詳細之會議紀錄與對應公司規定？
3	公司能妥善進行內部溝通工作，依照原訂計畫執行？並將溝通的內容詳細記錄？
4	公司是否與員工簽署相關勞動契約？而契約內容是否包含最近的法規內容？若沒有包含於勞動契約中，是否有具有法定效力的意識表示，簽署在公司的相關文件上？
5	公司是否有效的定期評估各項政策的執行績效？公司員工都有簽署相關的最新規定的勞動契約？
6	公司是否設有補正措施，以符合現行法令政策沒有規範到的地方？而此部分是現行時代背景下法令規範欠缺不足的地方？

12.4 ▸ 員工聘僱條件

　　社會安全責任的第二項，將介紹員工聘僱條件，而這些規定與資料，將出現在很多公司的相關文件上，例如：人事部門相關的勞動契約、請假卡、個人人事紀錄、計時或出勤卡紀錄、生產日誌等，而主管機構的規定與核准、報部的相關文件、合格證明與報告等也會納入此類的內容。若公司有一些舊的資料沒有及時更正，可能會造成稽核上的困擾。由於整體內容牽涉範圍廣大，如要制訂相關規定，可能造成行政部門處理上的麻煩。建議通過ISO認證的公司，可以藉由文管中心會同修正報備處理，而一般公司則可藉由發布公司公告備存，並於年度定期更新相關新的規定。

　　本章主要的內容，基本上以勞基法為主，彙整後向讀者介紹。基本上可以分為十大項，茲敘述如下：

12.4.1 工作自由

1. 根據「勞基法」第五條規定，雇主不得以強暴、脅迫、拘禁或其他非法之方法，強制勞工從事勞動。

2. 「勞基法」第九條規定，勞動契約，分為定期契約及不定期契約。臨時性、短期性、季節性及特定性工作得為定期契約；有繼續性工作應為不定期契約。

   定期契約屆滿後，有下列情形之一者，視為不定期契約：

   (1) 勞工繼續工作而雇主不立即表示反對意思者。

   (2) 雖經另訂新約，惟其前後勞動契約之工作期間超過九十日，前後契約間斷期間未超過三十日者。

   前項規定於特定性或季節性之定期工作不適用之。

3. 不能因工作的需要，限制員工自由走動，甚至關閉工作場所禁止出入。

4. 員工因為生理需求（如喝水、上廁所），不能因為工作關係，限制員工自由行動。

12.4.2　聘僱相關契約

1. 根據「勞動基準法」第六條規定，任何人不得介入他人之勞動契約，抽取不法利益。

2. 根據「勞動基準法」第七條規定，雇主應置備勞工名卡，登記勞工之姓名、性別、出生年月日、本籍、教育程度、住址、身分證統一號碼、到職年月日、工資、勞工保險投保日期、獎懲、傷病及其他必要事項。

   前項勞工名卡，應保管至勞工離職後5年。

3. 根據「勞基法」第十一條規定，非有下列情事之一者，雇主不得預告勞工終止勞動契約：

   (1) 歇業或轉讓時。

   (2) 虧損或業務緊縮時。

   (3) 不可抗力暫停工作在一個月以上時。

   (4) 業務性質變更，有減少勞工之必要，又無適當工作可供安置時。

   (5) 勞工對於所擔任之工作確不能勝任時。

4. 勞工有下列情形之一者，雇主得不經預告終止契約：

   (1) 於訂立勞動契約時為虛偽意思表示，使雇主誤信而有受損害之虞者。

   (2) 對於雇主、雇主家屬、雇主代理人或其他共同工作之勞工，實施暴行或有重大侮辱之行為者。

   (3) 受有期徒刑以上刑之宣告確定，而未諭知緩刑或未准易科罰金者。

   (4) 違反勞動契約或工作規則，情節重大者。

   (5) 故意損耗機器、工具、原料、產品，或其他雇主所有物品，或故意洩漏雇主技術上、營業上之秘密，致雇主有受損害者。

   (6) 無正當理由連續曠工三日，或一個月內曠工達六日者。

   雇主依前項第一款、第二款及第四款至第六款規定終止契約者，應自知悉其情形之日起，三十日內為之。

5. 基於「勞基法」第十四條規定，有下列情形之一者，勞工得不經預告終止契約：

   (1) 雇主於訂立勞動契約時為虛偽之意思表示，使勞工誤信而有受損害之虞者。

   (2) 雇主、雇主家屬、雇主代理人對於勞工，實施暴行或有重大侮辱之行為者。

(3) 契約所訂之工作，對於勞工健康有危害之虞，經通知雇主改善而無效果者。

(4) 雇主、雇主代理人或其他勞工患有惡性傳染病，有傳染之虞者。

(5) 雇主不依勞動契約給付工作報酬，或對於按件計酬之勞工不供給充分之工作者。

(6) 雇主違反勞動契約或勞工法令，致有損害勞工權益之虞者。

　　勞工依前項第一款、第六款規定終止契約者，應自知悉其情形之日起，三十日內為之。

　　有第一項第二款或第四款情形，雇主已將該代理人解僱或已將患有惡性傳染病者送醫或解僱，勞工不得終止契約。

　　第十七條規定於本條終止契約準用之。

6. 基於「勞基法」第十六條規定，雇主依第十一條或第十三條但書規定終止勞動契約者，其預告期間依左列各款之規定：

(1) 繼續工作三個月以上一年未滿者，於十日前預告之。

(2) 繼續工作一年以上三年未滿者，於二十日前預告之。

(3) 繼續工作三年以上者，於三十日前預告之。

　　勞工於接到前項預告後，為另謀工作得於工作時間請假外出。其請假時數，每星期不得超過二日之工作時間，請假期間之工資照給。

　　雇主未依第一項規定期間預告而終止契約者，應給付預告期間之工資。

7. 基於「勞基法」十七條規定，雇主依前條終止勞動契約者，應依下列規定發給勞工資遣費：

(1) 在同一雇主之事業單位繼續工作，每滿一年發給相當於一個月平均工資之資遣費。

(2) 依前款計算之剩餘月數，或工作未滿一年者，以比例計給之。未滿一個月者以一個月計。

8. 有下列情形之一者，勞工不得向雇主請求加發預告期間工資及資遣費：

(1) 依第十二條或第十五條規定終止勞動契約者。

(2) 定期勞動契約期滿離職者。

9. 基於「勞基法」第十九條，勞動契約終止時，勞工如請求發給服務證明書，雇主或其代理人不得拒絕。

10. 「勞基法」第二十條規定，事業單位改組或轉讓時，除新舊雇主商定留用之勞工外，其餘勞工應依第十六條規定期間預告終止契約，並應依第十七條規定發給勞工資遣費。其留用勞工之工作年資，應由新雇主繼續予以承認。

11. 基於四十二條規定，勞工因健康或其他正當理由，不能接受正常工作時間以外之工作者，雇主不得強制其工作。

12. 基於「勞基法」第七十條規定，雇主僱用勞工人數在三十人以上者，應依其事業性質，就下列事項訂立工作規則，報請主管機關核備後並公開揭示之：

   (1) 工作時間、休息、休假、國定紀念日、特別休假及繼續性工作之輪班方法。

   (2) 工資之標準、計算方法及發放日期。

   (3) 延長工作時間。

   (4) 津貼及獎金。

   (5) 應遵守之紀律。

   (6) 考勤、請假、獎懲及升遷。

   (7) 受雇、解雇、資遣、離職及退休。

   (8) 災害傷病補償及撫卹。

   (9) 福利措施。

   (10)勞雇雙方應遵守勞工安全衛生規定。

   (11)勞雇雙方溝通意見加強合作之方法。

   (12)其他。

12.4.3　監督與檢查

1. 根據「勞基法」第七十二條規定，中央主管機關，為貫徹本法及其他勞工法令之執行，設勞工檢查機構或授權直轄市主管機關專設檢查機構辦理之；在直轄市、縣（市）主管機關於必要時，亦得派員實施檢查。

2. 根據「勞基法」第七十三條規定，檢查員執行職務，應出示檢查證，各事業單位不得拒絕。事業單位拒絕檢查時，檢查員得會同當地主管機關或警察機關強制檢查之。檢查員執行職務，得就本法規定事項，要求事業單位提出必要之報告、紀錄、帳冊及有關文件或書面說明。如需抽取物料、樣品或資料時，應事先通知雇主或其代理人並掣給收據。

3. 根據「勞基法」第七十四條規定，勞工發現事業單位違反本法及其他勞工法令規定時，得向雇主、主管機關或檢查機構申訴。雇主不得因勞工為前項申訴而予解僱、調職或其他不利之處分。

12.4.4 工作時間

1. 根據「勞基法」第三十條（91.12.25）規定，勞工每日正常工作時間不得超過八小時，每二週工作總時數不得超過八十四小時。

   前項正常工作時間，雇主經工會同意，如事業單位無工會者，經勞資會議同意後，得將其二週內二日之正常工作時數，分配於其他工作日。其分配於其他工作日之時數，每日不得超過二小時。但每週工作總時數不得超過四十八小時。

   第一項正常工作時間，雇主經工會同意，如事業單位無工會者，經勞資會議同意後，得將八週內之正常工作時數加以分配。但每日正常工作時間不得超過八小時，每週工作總時數不得超過四十八小時。

   第二項及第三項僅適用於經中央主管機關指定之行業。

   雇主應置備勞工簽到簿或出勤卡，逐日記載勞工出勤情形。此項簿卡應保存一年。

2. 「勞基法」第三十條之一（91.12.25）規定，中央主管機關指定之行業，雇主經工會同意，如事業單位無工會者，經勞資會議同意後，其工作時間得依下列原則變更：

   (1) 四週內正常工作時數分配於其他工作日之時數，每日不得超過二小時，不受前條第二項至第四項規定之限制。

   (2) 當日正常工時達十小時者，其延長之工作時間不得超過二小時。

   (3) 二週內至少有二日之休息，作為例假，不受第三十六條之限制。

   (4) 女性勞工，除妊娠或哺乳期間者外，於夜間工作，不受第四十九條第一項之限制。

3. 基於「勞基法」第三十二條（91.12.25）規定，雇主有使勞工在正常工作時間以外工作之必要者，雇主經工會同意，如事業單位無工會者，經勞資會議同意後，得將工作時間延長之。

前項雇主延長勞工之工作時間連同正常工作時間，一日不得超過十二小時。延長之工作時間，一個月不得超過四十六小時。

4. 基於「勞基法」第三十四條規定，勞工工作採晝夜輪班制者，其工作班次，每週更換一次。但經勞工同意者不在此限。

5. 基於「勞基法」第三十五條規定，勞工繼續工作四小時，至少應有三十分鐘之休息。但實行輪班制或其工作有連續性或緊急性者，雇主得在工作時間內，另行調配其休息時間。

6. 基於「勞基法」第三十六條規定，勞工每七日中至少應有一日之休息，作為例假。

7. 基於「勞基法」第三十七條規定，紀念日、勞動節日及其他由中央主管機關規定應放假之日，均應休假。

8. 基於「勞基法」第二十八條規定，勞工在同一雇主或事業單位，繼續工作滿一定期間者，每年應依下列規定給予特別休假：

   (1) 一年以上三年未滿者七日。

   (2) 三年以上五年未滿者十日。

   (3) 五年以上十年未滿者十四日。

   (4) 十年以上者，每一年加給一日，加至三十日為止。

9. 基於「勞基法」第四十條規定，因天災、事變或突發事件，雇主認有繼續工作之必要時，得停止第三十六條至第三十八條所定勞工之假期。但停止假期之工資，應加倍發給。

12.4.5 薪資

1. 根據勞基法規定，工資由勞雇雙方議定之。但不得低於基本工資。而工資之給付，應以法定通用貨幣為之。

2. 工資之給付，除當事人有特別約定或按月預付者外，每月至少定期發給二次；按件計酬者亦同。

3. 雇主應置備勞工工資清冊，將發放工資、工資計算項目、工資總額等事項記入。工資清冊應保存五年。

4. 根據「勞基法」第二十六條規定，雇主不得預扣勞工工資作為違約金或賠償費用。

12.4.6　加班薪資

　　根據「勞基法」第二十四條，雇主延長勞工工作時間者，其延長工作時間之工資依下列標準加給之：

1. 延長工作時間在二小時以內者，按平日每小時工資額加給三分之一以上。

2. 再延長工作時間在二小時以內者，按平日每小時工資額加給三分之二以上。

3. 依第三十二條第三項規定，延長工作時間者，按平日每小時工資額加倍發給之。

12.4.7　正義公平（非歧視條款）

1. 基於憲法保障人權自由，公司不得干預員工集會結社的自由（如工作權益、休閒育樂、政治性質、工作性質等在公司內或公司外的合法組織。）

2. 基於「憲法」保障人權自由，相關工作歧視問題，例如：宗教、肢體殘障、國籍、種族、年齡、學歷、更生人等，在公司人事規定上（如聘僱、薪資福利、解僱、加班、懲戒、職位升遷等），不得有此限制。例如：在招募廣告上，不得刊登「限年齡三十歲以下，或高中畢業以上」等字眼。

3. 根據「勞基法」第二十五條規定，雇主對勞工不得因性別而有差別之待遇。工作相同、效率相同者，給付同等之工資。例如：在求職上註明限男性等加註條件。

12.4.8　弱勢團體保障

　　「勞基法」對於童工、婦女、技術生有明文規定，保障其工作權力。

一、關於童工

　　「勞基法」定義十五歲以上未滿十六歲之受僱從事工作者，為童工。而童工不得從事繁重及危險性之工作。

　　雇主不得僱用未滿十五歲之人從事工作。但國民中學畢業或經主管機關認定其工作性質及環境無礙其身心健康者，不在此限。

未滿十六歲之人受僱從事工作者，雇主應置備其法定代理人同意書及其年齡證明文件。童工不得於午後八時至翌晨六時之時間內工作。

二、關於婦女就業

根據「勞基法」規定，雇主不得使女工於午後十時至翌晨六時之時間內工作。但雇主經工會同意，如事業單位無工會者，經勞資會議同意後，且符合下列各款規定者，不在此限：

1. 提供必要之安全衛生設施。

2. 無大眾運輸工具可資運用時，提供交通工具或安排女工宿舍。

女工分娩前後，應停止工作，給予產假八星期；妊娠三個月以上流產者，應停止工作，給予產假四星期。

前項女工受僱工作在六個月以上者，停止工作期間工資照給；未滿六個月者減半發給。

女工在妊娠期間，如有較為輕易之工作，得申請改調，雇主不得拒絕，並不得減少其工資。

子女未滿一歲須女工親自哺乳者，於第三十五條規定之休息時間外，雇主應每日另給哺乳時間二次。

三、關於技術生

根據「勞基法」規定，雇主不得招收未滿十五歲之人為技術生。但國民中學畢業者，不在此限。相對雇主不得向技術生收取有關訓練費用。技術生訓練期滿，雇主得留用之，並應與同等工作之勞工享受同等之待遇。雇主如於技術生訓練契約內明訂留用期間，應不得超過其訓練期間。

技術生人數，不得超過勞工人數四分之一。勞工人數不滿四人者，以四人計。

12.4.9　退休

根據「勞基法」規定，勞工有下列情形之一者，得自請退休：

1. 工作十五年以上年滿五十五歲者。

2. 工作二十五年以上者。

3. 工作十年以上年滿六十歲者。

　　勞工非有下列情形之一者，雇主不得強制其退休：

1. 年滿六十五歲者。

2. 心神喪失或身體殘廢不堪勝任工作者。

　　前項第一款所規定之年齡，對於擔任具有危險、堅強體力等特殊性質之工作者，得由事業單位報請中央主管機關予以調整。但不得少於五十五歲。

　　勞工退休金之給與標準如下：

1. 按其工作年資，每滿一年給與兩個基數。但超過十五年之工作年資，每滿一年給與一個基數，最高總數以四十五個基數為限。未滿半年者以半年計；滿半年者以一年計。

2. 依第五十四條第一項第二款規定，強制退休之勞工，其心神喪失或身體殘廢係因執行職務所致者，依前款規定加給百分之二十。

　　前項第一款退休金基數之標準，係指核准退休時一個月平均工資。第一項所定退休金，雇主如無法一次發給時，得報經主管機關核定後，分期給付。本法施行前，事業單位原退休標準優於本法者，從其規定。

　　雇主應按月提撥勞工退休準備金，專戶存儲，並不得作為讓與、扣押、抵銷或擔保之標的；其提撥之比率、程序及管理等事項之辦法，由中央主管機關擬訂，報請行政院核定之。雇主所提撥勞工退休準備金，應由勞工與雇主共同組織勞工退休準備金監督委員會監督之。委員會中勞工代表人數不得少於三分之二；其組織準則，由中央主管機關定之。

　　勞工工作年資以服務同一事業者為限。但受同一雇主調動之工作年資，及依第二十條規定應由新雇主繼續予以承認之年資，應予併計。勞工請領退休金之權利，自退休之次月起，因五年間不行使而消滅。

12.4.10　工作安全

　　根據「勞動基準法」第八條規定，雇主對於雇用之勞工，應預防職業上災害，建立適當之工作環境及福利設施。其有關安全衛生及福利事項，依有關法律之規定。

12.5 › 員工福利權益

　　社會安全責任第三項，為員工福利權益。關於員工福利，於「勞基法」第二十九條明文規定，事業單位於營業年度終了結算，如有盈餘，除繳納稅捐、彌補虧損及提列股息、公基金外，對於全年工作並無過失之勞工，應給與獎金或分配紅利。

　　公司基於員工權益，相對也必須具備員工福利委員會，對於員工旅遊、慶生會、三節禮金等，有完整的規劃與推行。關於員工福利上，在此特別舉例關於餐點與宿舍相關必須注意事項：

一、關於宿舍

1. 宿舍必須遵照政府相關法令、政策，並明文規定相關執行措施。

2. 宿舍地點，不能在生產的工廠同一地方，以避免噪音與相關污染。

3. 居住的空間要達到政府法規規定的標準。

4. 宿舍住宿的對象，男女區隔開來。

5. 宿舍要保持乾淨，並且使用情況良好，不得為結構不完整的危樓。

6. 宿舍要有書面的消防緊急措施規定，與合法的消防措施。

7. 緊急預防措施為整體評估的一部分。

8. 員工能自由進出宿舍。

9. 公司必須採取保全，妥善保護員工人員與財物的安全。

二、關於供餐

1. 餐飲必須符合政府法令、政策與執行措施規定。

2. 確保食物處理員工或外聘廠商，必須有廚師之技術士執照、並且健康狀況良好。

3. 確保食物材料來源合於衛生標準。

4. 確認廚餘經過良好資源回收與廢棄物處理原則。

5. 員工餐廳乾淨且衛生。

6. 按時公布相關菜單。

7. 食物必須有合格營養師調配。

　　對於職業災害的員工權益部分，基於「勞基法」第五十九條規定，勞工因遭遇職業災害而致死亡、殘廢、傷害或疾病時，雇主應依下列規定予以補償。但如同一事故，依勞工保險條例或其他法令規定，已由雇主支付費用補償者，雇主得予以抵充之：

1. 勞工受傷或罹患職業病時，雇主應補償其必須之醫療費用。職業病之種類及其醫療範圍，依勞工保險條例有關之規定。

2. 勞工在醫療中不能工作時，雇主應按其原領工資數額予以補償。但醫療期間屆滿二年仍未能痊癒，經指定之醫院診斷，審定為喪失原有工作能力，且不合第三款之殘廢給付標準者，雇主得一次給付四十個月之平均工資後，免除此項工資補償責任。

3. 勞工經治療終止後，經指定之醫院診斷，審定其身體遺存殘廢者，雇主應按其平均工資及其殘廢程度，一次給予殘廢補償。殘廢補償標準，依勞工保險條例有關規定。

4. 勞工遭遇職業傷害或罹患職業病而死亡時，雇主除給與五個月平均工資之喪葬費外，並應一次給與其遺屬四十個月平均工資之死亡補償。

　　其遺屬受領死亡補償之順位如下：

(1) 配偶及子女。

(2) 父母。

(3) 祖父母。

(4) 孫子女。

(5) 兄弟、姐妹。

12.6 ▶ 工作場所安全

第四項社會安全責任，為工作場所安全。有安全的工作環境，才能保障員工工作的安全，以下為企業必須注意的工作場所安全相關事項。

12.6.1 生產製造單位責任

提供健康與安全的工作環境（平台、樓梯、樓層、升降梯設備、樓梯、外牆、儲存櫃、加工容器、冷凍櫃、鍋爐、隱密式輸送裝置、壓力系統、冷卻槽），相關設備必須確實檢查與記錄，注意事項如下：

1. 健全的結構，包含下列重點：
    (1) 工作臺。
    (2) 樓梯。
    (3) 升降設施。
    (4) 梯子。
    (5) 樓層載物重量。
    (6) 其他。

2. 禁止進入區域／空間：設定只讓受過訓練的員工進入。

3. 機器與設備的安全性：
    (1) 機器防護設施。
    (2) 開關裝置。
    (3) 設定生產線速度。
    (4) 電器設備。
    (5) 產品移動設備。
    (6) 上鎖與標籤。
    (7) 其他。

4. 充裕的工作空間，包含下列事項：
    (1) 走道。

(2) 樓梯。

(3) 生產區的暢通。

(4) 其他。

5. 化學物品儲存，必須注意下列事項：

(1) 標示。

(2) 再次保存。

(3) 物質安全資料表。

(4) 緊急意外工作站。

(5) 易燃爆物品儲存。

(6) 其他。

12.6.2　工作場所的預防

對於工作場所安全預防，可以分為下列方式：

1. 生產設備是否定期保養。

2. 機器設備操作是否安全（操作點、導電設備、運送有害物品必須注意事項、輸送帶、風扇）。

3. 生產線的速度，人員是否可以負荷。

4. 生產過程中，對於生產、輸送、儲存、移動、使用、丟棄，是否確保其安全性。

5. 對於外籍員工，是否提供相關語言，對於到國外設廠，是否使用當地語言使員工瞭解內容。

6. 特殊物品之處置（汽油筒、易燃性氣體、液體、熱能設備、製造過程產生火花、防塵作業、噴漆作業、避雷系統）是否有專業特定人士處理。

12.6.3　個人防護設備

基於工作安全，必須注意保護員工身體下列部位：

1. 眼睛。

2. 臉部。

3. 足部。

4. 聽力。

5. 手部。

6. 頭部。

7. 呼吸系統等防護設備。

8. 其他。

工作現場如有外賓參觀，為保障生產產品安全與受訪賓客安全，必須提供所有的訪客相關防護系統。

 ## 12.7 ▸ 緊急應變措施

關於社會安全責任第五項，為緊急應變措施，此部分不但涉及公司員工安全，對企業本身財產保障，也是十分重要，而此部分在公司安全衛生計畫通常會有完整的規劃。

12.7.1　應變措施

相關應變措施，針對火災、雷擊、戰爭、暴動，必須有相關預防設備，茲敘述如下：

1. 疏散計畫與路線、疏散路徑規劃。

2. 員工疏散訓練。

3. 緊急出口與相關標示。

4. 緊急照明設備。

5. 警報系統。

6. 供水系統（自動防火系統、消防滅火系統、火災系統、消防供水、消防供水幫浦、站立式水管、自動灑水系統、消防栓、緊急應變小組）。

7. 滅火器與緊急供應氧氣設備。

8. 其他。

基於安全，企業於每半年，必須向當地消防單位，提報進行消防計畫與消防演練。

12.8 ▶ 工作場所保健

關於社會安全責任，第六項為工作場所的保健，對於工作場所相關安全措施，茲敘述如下：

12.8.1 工作場所訓練

1. 必須給予員工訓練：對於現場之工作，企業必須給予適當的訓練，以保障員工工作的安全。

2. 工作需要與執行：對於公司現行工作，必須進行工作需求分析，以瞭解實際人員需求的人數，而非使員工做超過體能負荷工作。

3. 安全措施：對於員工工作場所，必須有安全的檢查與記錄，確保員工工作安全。

4. 個人保護用具：對於工作環境所可能造成員工身體受傷，必須仔細考量，並給予相當的防護設備。

5. 急救箱與緊急事件之預先準備與計畫。

6. 化學物質之處理方式。

7. 應使用適當語言告知員工工作內容。

8. 提出意見的機制。

9. 提供健康的工作環境

   (1) 安全無虞的飲用水、更衣室、洗手、消毒。

   (2) 乾淨使用功能正常的廁所。

   (3) 手部清潔措施。

   (4) 充裕的通風系統、空氣品質。

   (5) 空氣品質與溫度、濕氣控制。

   (6) 震動與噪音程度、震動。

   (7) 有毒物質之接觸。

(8) 應該進行人體工程學，以減少工作傷害產生。

10. 妥善的醫療的管道

(1) 公司必須設置急救箱。

(2) 急救設施與專業訓練員工。

(3) 處理血液感染疾病的執行措施。

(4) 追蹤傷害與疾病的系統。

11. 防止接觸有害物質的措施

(1) 廢棄物處理、儲存與收集。

(2) 危害、易爆裂廢棄物廢棄品之處置。

(3) 醫療廢棄品之處置。

(4) 廢水處理與排放。

(5) 排水系統。

(6) 停滯不動的污水處理。

(7) 排放空氣注意事項。

(8) 致癌物質、多氯聯苯、石綿等管制措施。

12.9 ▶ 關於公司對外社會安全責任

12.9.1 關於產品責任方面

一、產品

優良的產品基本上是公司為永續經營的依據，所以提供給消費者的財貨與勞務，不論生產來源、生產過程與運送過程，可能因為自然或人為的疏失，產生品質變異，造成對使用者的傷害。

以產品而言，在品質管制不佳與設計不良的情況下，可能無形中威脅到使用者。如器物的邊角過於銳利，極可能割傷使用者；對於幼兒的保護，則是避免其誤食而窒息，由前一陣子喧騰一時的蒟蒻噎死幼兒事件可見一斑。而食品類的生產過程中，是否合乎衛生標準？電器產品是否造成因操作不當可能造成漏電或爆炸？在在顯示出產品安全性的重要。

以勞務而言，如職業駕駛人必須精神飽滿的進行駕駛服務，以免因打瞌睡危及乘客；而銀行發行現金卡，是否有將使用方法充分告知使用者，以免使用者不僅變成月光族，甚至到老都還是銀行的金錢奴隸。醫療人員的醫療行為，除了專業之外，是否仍有顧及病患的意願與權益，在法治觀念成熟的國家，對這些規範都很完備，並且有詳細的法律保護。但身為企業領導者，更必須防範未然，注重產品使用者的權益，遵守相關規定，而非只是滿腦子為獲取更多的利潤而不擇手段。

二、環保

有鑑於全球性的環境污染，例如：臭氧層破壞，導致全球的溫室效應，對未來生存造成重大危機，工業排放廢氣，造成酸雨現象，直接影響農作物與自然環境，為了擴展可利用資源，大量掠奪原始林地，直接造成野生動、植物棲息地縮小，導致野生動植物面臨絕種的危機，熱帶雨林及森林濫伐，影響全球大氣的變化，廢棄物的排放，也促使土壤劣化，並且污染水資源與空氣。為了本身利益，將國內環保標準不許可的產業，一一移往不受限制的開發中國家，以鄰為壑，造成開發中國家環境問題。

就企業當地設置而言，可能造成的區域性空氣污染、水資源污染、土壤污染、廢棄物、噪音、地層下陷、甚至水源坡地開發，造成飲用水嚴重污染，以上都是企業為了自己的私利，而將個人的成本轉嫁給社會負擔的行為。所以基本上企業必須符合下列標準：

1. 嚴格做好污染預防工作，對「空氣、廢水、廢棄物、噪音」各方面，必須定期監測管控。

2. 重視與地區居民與地方機關的關係，透過協商並加以書面化，共同促進環境發展。

3. 確實遵守環保相關法令及法規，並依據法令規章處理廢棄物，與廢棄物減量計畫。

4. 對於企業產品之製程與開發，必先評估對於環境有否重大影響，始可投入生產。

5. 根據官方之環境評估報告、紀錄，適時調整公司規定，對於有問題、或異常時也必須採取適當的矯正措施，並能提供環境目標的設定及審查架構。

6. 時時對於各種環境設備進行檢討與改善，並革新各種環保設備，降低環保類之意外災害。

7. 藉由管理審查的運作，使環保系統確實落實到企業每一位成員，並使其瞭解尊重生命、熱愛自然環境的教養。

8. 以相同的要求及環境標準，要求本公司有影響力之供應商與外包廠商共同遵循與維護，以達推己及人的社會責任。

三、其他

12.9.2　關於社會回饋方面

秉持著取之於社會，用之於社會的精神，是身為社會一份子的責任，而企業的力量，是集合眾人之力，對社會產生的影響力更大，不論在人力與財力上，皆是一般人所不能比，在此列舉關於企業社會回饋的種種事項。

一、弱勢團體關懷

社會中有許多弱勢團體，例如：喜憨兒、肢體殘障人士、失怙無恃孤兒、獨居老人等，皆需要企業援助與關懷。

二、社會公益

對於社會中善良文化的推動、優良事蹟的表揚、獎學金、助學金、慈善機構與醫療設施的捐助，都是企業經常參與的公益活動。

三、社區關懷

本著與社區共存共榮，對於社區公園認養，環境維護，甚至廠區美化以增進整個社區的外部利益，這也都是與社區居民和諧相處的回饋。

四、國際救助

對於國際上近年來發生的種種天然災難，例如：南亞海嘯、巴基斯坦大地震等，可由大眾媒體得知，各國大型企業慷慨解囊，進行人力與物資的人道救援活動。

五、其他

12.10▸ 結語

　　在本章結束前，或許您會發覺社會安全責任與我們學過的人力資源管理，有著相當程度的關聯性，而基本上似乎是「勞動基準法」的翻版。關於環保部分，也與ISO14000的標準頗為類似。其實，就如本章所言，社會安全責任是企業家對社會的良心。但過度的良心，在事業還在起步的階段，會是一件很大的負擔，所以臺灣的中小企業，通常會將社會安全責任相關規定，以做功課應付檢查的方式帶過。然而員工或許會對此忿忿不平，反之，如果公司經營不下去了，員工哪來的工作機會？工作機會都沒有了，哪來的申訴機會？但在此並非說社會責任並不重要，因為必須仰賴雇主與員工共同合作，使老闆非常樂意盡到「社會安全責任」，而員工也樂於努力工作，使雇主可以有盡到「社會安全責任」的實力，雙方皆大歡喜，不僅是企業全體員工的福利，也可以推己及人，造就更完美的社會。期待有這麼美好的一天能夠來臨，那離所謂「世界大同」的境界就不遠了！

倫理學習成果圖 ✎

社會安全責任是企業的另一種信用保證 **1**

 2 社會安全責任包含：
- 公司範圍之內
- 公司範圍之外

公司範圍之內有： **3**
- 員工人數
- 員工照顧

4 社會安全責任範圍有：
- 貫徹法令執行
- 員工聘僱條件
- 員工福利權益
- 工作場所安全
- 緊急應變措施
- 工作場所保健

員工聘僱條件需注意以下倫理層面：
- 工作自由
- 聘僱相關契約
- 監督與檢查
- 工作時間
- 薪資
- 加班薪資
- 正義公平
- 弱勢團體保障
- 退休
- 工作安全

5

章後案例

「取之於社會，用之於社會」是企業社會責任核心

　　本個案討論全聯福利中心的公益活動，最近，國內有一家進步神速的量販店是「全聯福利中心」；我們知道「全聯福利中心」一直秉持著「取之於社會，用之於社會」的精神，先後成立「慈善事業基金會」、「社會福利基金會」，主要以「急難救助、醫療補助、實物捐贈、愛心育苗」等方式積極回饋社會。全聯福利中心更期望可以發揮企業的影響力，呼籲全臺民眾一起加入傳愛的行列，積極溫暖社會、關懷鄉土。這是「全聯林董事長給所有同仁的目標，並相信『對的事』就要持續做下去」。

　　在此，我們可以說：「全聯很積極為社會盡一份心力，希望能給予這些弱勢朋友們正面鼓勵，讓大家都可以擁有美好的生活。例如：全聯福利中心與21家社福團體合作推動『愛心福利卡』，運用自身企業的長處來回饋社會，也讓弱勢的朋友可以自由選擇適合的食物、用品，生命更有尊嚴。」全聯福利中心

呼籲全臺民眾一起加入傳愛的行列，積極溫暖社會，我們覺得全聯的企業理念使消費者更願意至全聯消費。全聯福利中心推動「愛心福利卡」，讓企業的長處來回饋社會，我們認為這是一種很棒的案例。全聯福利中心在全臺有七百多家分店，密度算高，生活用品也非常豐富，提供一張能在全聯消費的卡，對弱勢朋友有實質的幫助。

參考資料：2016年6月15日，明新科大行銷與流通管理系企業倫理個案專題報告，廖心慧撰

活動與討論

1. 請全班分成若干組，每一組指定一位召集人，由召集人來主持討論議題。請針對「企業社會責任」之「取之於社會，用之於社會」，在「全聯福利中心」公司之做法，提出各組的看法。

2. 企業社會責任是我們學習企業理論的重點之一，在現代企業與社會之互動，是我們平日在經營企業宜考慮之重點，請各組依本個案之內涵加以討論，並提出「企業社會責任」的基本作法原則為何？

Review

一、社會安全責任的範圍，包含下列兩大範圍：

1. 公司範圍以內：(1)員工人權；(2)員工照顧。

2. 公司範圍以外：(1)產品責任；(2)社會回饋。

二、公司範圍以內之社會安全責任六大部分：

1. 貫徹法令執行：政府為保障社會大眾安全，保障勞工基本權益，於立法機關不定期修法，以確保社會大眾與勞工的權益。公司對於已經修訂的法規，也必須時時留意相關訊息，並將公司相關規定，調整與政府法規所規定的內容相同，調整公司本身規定後，必須遵照修訂後之規則執行，並且要定期稽核公司本身執行規定的成效，如有不足，更必須檢討改進，而相關的內容，必須妥善記錄保存，以備日後修正之用。

2. 員工聘僱條件：根據「憲法」與「勞基法」規定，基於人人平等，不得因特殊身份，而歧視拒絕雇用特種身份人士，且工作時間、休假時間、支領薪水等等皆必須遵守相關法令規定。

3. 員工福利權益：員工在公司貢獻心力，為企業家創造財富，而本身於企業整體結構上獲得合理的報酬，公司對於員工報酬外的回饋，如員工旅遊、三節獎金、子女獎助學金等，也是一種企業對於員工的認同，並以實際行動回饋員工的措施。而對於員工本身在工作上，也有一定表示意見的權利，例如：個人在企業內的生涯發展，與個人工作中產生問題表達需要改善工作狀態的權利，而企業也必須負起處理、解決員工工作上問題之義務，上述相關的事宜，皆必須在明文規定下，於平等的立足點下進行公正公開的溝通，與出於善意的解決。

4. 工作場所安全：員工服務於企業中，一般正職的員工工時都會有八小時。而雇主建立安全的工作環境，讓員工處於無危險顧慮的狀態，並可長時間中安心工作，更是必須確確實實，徹徹底底做到的。

5. 緊急應變措施：俗語說「天有不測風雲，人有旦夕或福」。而企業因颱風、地震、雷擊、暴動、戰爭、人為疏失等天然或人為的災害下，可能導致員工生命

財產的損失。因此必須有一套完整的緊急應變系統，而政府明文規定，一般企業必須有「衛生安全工作守則」與相關計畫，以確實保障企業員工的安全。

6. 工作場所保健：工作場所中，可能因不同的業種和工作性質造成員工身體上的傷害，員工在企業中付出體力與時間換取報酬，但在合理的範圍內，本身身體機能不能因為雇主已有提供報酬，而使員工身體或心理受到損害，則視為理所當然。或許有些工作，長期工作下可能造成職業傷害，但企業必須處於善良管理人的概念下，為所屬的員工提供必要性的防護措施。

三、關於公司範圍以外兩大部分：

1. 關於產品責任方面：包含產品本身、環境保護、其他等共三項。

2. 關於社會回饋方面：包含弱勢團體關懷、社會公益、社區關懷、國際救助、其他等共五項。

Exercise

本章習題

1. 請簡單敘述社會安全責任的內容與意義。

2. 請簡單敘述社會安全責任分為哪兩大部分。

3. 請比較現代企業中注重的社會安全責任有哪些。

4. 請問「綠色企業」是屬於社會安全責任哪一個部分？

5. 請敘述所知道的本國企業，曾經執行哪些好的社會安全責任措施。

6. 請敘述所知道的外國企業，曾經執行哪些好的社會安全責任措施。

7. 請蒐集本國與外國代表性企業，並比較其社會安全責任的實際作法。

8. 請試述您的學校應該如何執行社會安全責任。

9. 請敘述您的公司將如何推展社會安全責任。

10. 請蒐集與社會安全責任有關的國際認證，並說明其相似性。

CHAPTER —— 13

企業倫理的訓練與養成

章前案例

❓ （一）企業人正能量　養成與企業倫理的教育

　　本個案介紹一位年輕人，名字叫林裕峰先生，他是「銷傲江湖」乙書的作者，也是「超越顛峰」教育訓練機構之創辦人。他從甲級貧戶的家庭，憑著他的「正能量養成之夢想」，時時以「正面思考，扭轉人生」為自己下了人生的追求目標與期望，擺脫他的人生遭遇。林先生特別努力在企業倫理的思考力及積極力方面，努力不懈，實為一位最模範型的企業人，超越顛峰，完成夢想。我們在學術或社會上實施企業倫理之養成教育，就是要從每位學子的思考方向及深度，來教化每位學子，林先生克服種種問題，為了傳遞理念，開始撰寫正能量相關書籍，在各種場所進行商業演講，希望透過分享自身的經驗與故事，鼓勵更多需要幫助的人，而成立「超越顛峰」教育訓練機構，來落實各類企業人之教育訓練，尤其在企業倫理範疇中，以心靈上之修為，以「倫理與文化」力量，讓企業人真正落實企業倫理之正面思考為企業育才，協助每位企業人圓夢呀！

參考資料：2016年6月4日，經濟日版專題，杜奇聰撰

活動與討論

1. 本個案敘述林先生突破家庭之困境與遭遇，永遠以「正能量與正面思考」的人生觀，來落實企業倫理的教化功能，成立「超越顛峰」教育訓練機構來嘉惠企業新鮮人，協助每位年輕人走出迷途，培養企業信心，是最好的企業倫理教化與養成之先驅者，請同學分為若干組，來討論林先生之作法，有何特性？在創業者之成長中，有那些特性可以參考之，請大家提供個人之看法。

2. 請學習的同學也可以從學習企業倫理的功能性與人生的「正面思考理念」，來討論其相關性與互動性，藉此來設定自己的人生目標，來服務社會，嘉惠人群。

❓（二）叛將帶機密跳槽三星　台積電贏官司輸優勢

梁孟松年底前禁止在三星

　　台積電（2330）前資深研發處長梁孟松被控「帶槍投靠」南韓三星電子，違反營業秘密法，最高法院維持智慧財產法院見解，判決梁孟松3項禁令：禁止今年年底前替三星服務、禁止洩漏台積電機密及台積電人事資料，以防三星電子惡意挖角，全案定讞。

　　台積電表示，目前還沒收到最高法院的判決書，不便對最高法院判決多言，也不評論訴訟期拖長，但對於判決勝訴感到很高興，這代表司法機關支持台積電捍衛智慧財產權與商業機密的決心。

16奈米輸三星與此有關

　　政治大學法律系副教授王立達指出，本案是臺灣司法史上首件採用「不可揭露原則」案例，梁孟松雖已超過競業禁止期間，法院仍判決不得替競爭對手服務；不過包括最高法院在內，歷審皆以本案涉及商業機密，不願提供判決書。

　　對此，梁孟松的律師顧立雄表示，還沒收到法院通知，等確定判決結果再表示意見。

　　台積電董事長張忠謀在去年法說會上，承認16奈米技術被三星超前，引發國際產業界震撼，台積電股價一度大跌，不少產業界人士認為，台積電落後三星可能與梁孟松離職投靠三星有關。

　　最高法院採信台積電委託外部專家製作的「台積電、三星、IBM產品關鍵製

程結構分析比對報告」，報告認定，台積電幾項「如指紋般獨特且難以模仿的技術特徵」皆遭三星模仿，台積電指控梁應已洩漏台積電營業秘密給三星。

梁孟松已在三星工作數年

報告舉例三星的45、32、28奈米世代，與台積電差異快速減少，三星28奈米製程P型電晶體電極的矽鍺化合物，更類似台積電的菱形結構特徵，今年雙方量產的16、14奈米FinFET產品可能將更為相似。

外傳梁孟松離開台積電後，到三星集團旗下的成均館大學任教，合議庭認為，其實梁任教的是三星內部的企業培訓大學、三星半導體理工學院，該校址就設在三星廠區；梁答辯時則指稱，他是看到台積電的調查報告，才知道原來教的都是三星員工。

另外，承審法官調出梁從98年8月到100年4月間的出入境資料，發現630天內，梁在南韓逗留340天，但梁每週只須在南韓授課3小時，也讓人懷疑他到南韓就是為三星提供服務。

一審時，法官判決台積電不能禁止梁到三星上班，但仍判准台積電所提兩項禁令，第一，梁不得以不正當方法使用或洩漏他任職台積電期間所知悉、接觸或取得而與台積電產品、製程、客戶或供應商等有關的營業秘密，並不得以不正當方法自台積電的員工、供應商或客戶等第三人處取得台積電的營業秘密；第二，梁不得以不正當方法使用或洩漏台積電研發部門人員的相關資訊給三星。

但台積電不滿意，堅持全部上訴到底，二審逆轉成功，增加禁止梁今年12月31日前不能提供三星服務，梁上訴最高法院遭駁回定讞。

梁孟松從81年起任職台積電，98年2月21日離職後，先到南韓三星的學校任教，100年7月，三星轉聘梁擔任該公司研發部門副總，台積電得知後，懷疑梁帶槍投靠三星，緊急提告，禁止梁洩漏營業秘密。

參考資料：2015年8月25日，自由時報，項程鎮、洪友芳撰

評論

「不可揭露原則」是美國法院透過案例建立的原則，雖然起源可以回到上世紀初，但是到1995年才算正式確立。

依照美國經驗，為了避免過度侵害勞工權益，適用時必須證明：

1. 新舊雇主係屬競爭同業；

2. 新舊工作的同質性；

3. 可能洩漏的營業秘密對新舊雇主的經濟價值；

4. 離職員工是否有惡意欺瞞等違反誠信的行為。

以上4點出現的程度越高，法院越有可能依照「不可揭露原則」禁止離職員工在目前職位任職。

❓ (三) 法界的看法：可阻止臺灣人才被挖角

專研智慧財產權法律的政大法律系副教授王立達指出，最高法院採納美國法院創設的「不可揭露原則」，等於替國內產業建立一個新的規範；而一位不願具名法官表示，本案可阻止臺灣電子業主要競爭對手南韓和中國的「招降納叛」，未來如有員工想「帶槍投靠」其他公司，可能要多考慮一下。

王立達提醒國內產業界，為避免訟累或日後法院可能有不同見解，隨著員工升遷或接觸機密的範圍增加，最好還是定期延長競業禁止條款期間，並要求員工按時簽立，才能確實保障營業機密。

律師廖芳萱指出，一般競業禁止條款中，較常見的年限是2到3年，法院判決已經離職約6年的梁孟松，到今年底前都還不能於三星任職，確實非常罕見，顯然其握有的台積電核心技術領先同業甚多。

廖芳萱補充，競業禁止條款除了時間限制外，還有工作職務、工作領域等限制，部分個案甚至還有公司願意提供補償金，藉著補償無業時期的薪水來避免員工洩漏營業秘密給新公司。

參考資料：2015年8月25日，自由時報，項程鎮、黃欣柏撰

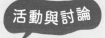 活動與討論

請討論台積電公司發生員工投靠同業之原因及後果，又宜如何來防範之。

倫理引導心智圖

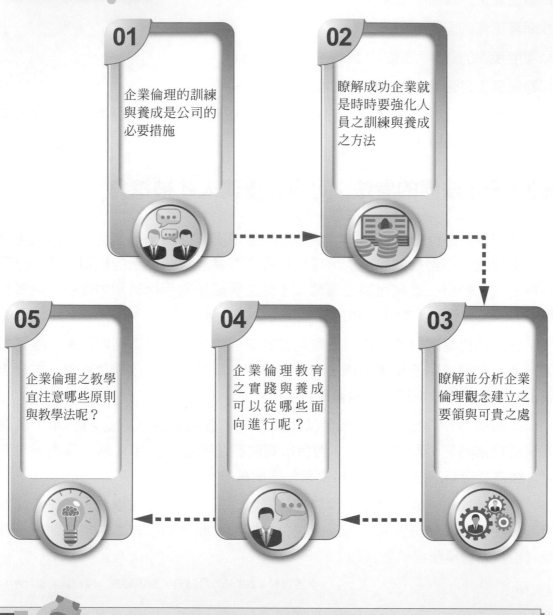

01 企業倫理的訓練與養成是公司的必要措施

02 瞭解成功企業就是時時要強化人員之訓練與養成之方法

03 瞭解並分析企業倫理觀念建立之要領與可貴之處

04 企業倫理教育之實踐與養成可以從哪些面向進行呢？

05 企業倫理之教學宜注意哪些原則與教學法呢？

13.1 ▶ 前言

　　近年來，企業的醜聞時有所聞，從美國安隆（Enron）公司的破產保護案到台積電前資深研發處長梁孟松提供機密資料給韓國三星而違反營業秘密法，此等欠缺企業倫理，甚至於違反法律規章的案例層出不窮，似乎沒有隨著教育的普及而有所減少，反而藉著資訊科技的進步跨越國界的藩籬，成了跨國性的問題，更

讓我們付出了重大的社會成本，Paine（1994）亦指出企業倫理的提倡，其重要性已經凌駕組織、策略、計畫等管理活動之上，成為企業經營成效的關鍵所在。有鑑於此，近年來企業倫理的議題廣受各界所關注。企業倫理可透過學校教學或企業員工實施教育訓練養成嗎？這個問題引起了廣大的討論，吳成豐（2010）在其「企業倫理的實踐」一書中曾提及，倫理雖然不容易教，但卻可以透過分析及討論的方式來達成，亦有許多學者（Klenin, 1998; Kristian, Høyer Toft, 2014; Sacco, Bruton, Hajnal, & Lustgraaf, 2014）認為對商管類大學生施以企業倫理的教育，將對這些未來企業經理人的倫理行為會產生正面的效益，因此企業倫理教育除了可從企業的教育訓練著手外，更可向下扎根到校園內。

13.2 ▶ 企業倫理之意涵

　　企業倫理的課程中牽涉到許多道德判斷的問題，授課教師或企業講師必須對道德倫理的定義和內涵有清楚的認識，更要對現實經營決策中的道德問題有所了解，否則猶如瞎子摸象，將是最大的專業不道德，因此在探討企業倫理教育之前，必須先對倫理的意涵加以闡述。

「倫理」是對各種不同的事物，根據不同的規則加以分類，以呈現其層次關係，是謂倫理過程，此一過程稱為倫理關係的建立。

倫理補給站

13.2.1　倫理的定義

　　所謂倫理是一種分類的概念。把各種思辨對象加以分類，形成不同類別，這種做法稱為「倫」；所謂「理」是一定的規則，把分類的結果根據規則加以呈現，謂之理。所以「倫理」是對各種不同的事物，根據不同的規則加以分類，以呈現其層次關係，是謂倫理過程，此一過程稱為倫理關係的建立。此思辨之主體需有認知及反省能力，因此，倫理思考均以人為核心，故常以「人

倫」及「倫理」兩詞交替使用。就某個角度而言，只有人的社會才會談到倫理的關係，也才有能力區辨複雜的關係層次，實是人類社會有別於其他動物社會的一大特徵，換言之，只要是人的群聚必定離不開「倫理」。

　　「倫理」根據《韋氏大辭典》的定義，是指要符合道德標準或者是某一專業行業的行為標準；國內學者最常引用的解釋為《禮記》一書所述：「倫者、類也，義也；理者，條理也。」即所謂的「五倫」：君臣、父子、夫婦、長幼及朋友。許士軍（1999）認為倫理基本上，代表一種基於道德觀點所做的有關「對」與「錯」的判斷，構成對於人們行為的規範。吳秉恩（1994）認為倫理是指人際之間符合某種道德標準的行為法則。所以，倫理就是人倫道理，是人類行為的標準，是人際間的共同規範（陳聰文，1993）。根據Frankena (1963) 的定義，倫理是一個社會的道德規範系統，賦予人們在動機上或行為上的是非善惡判斷的基準。從上述古今中外對倫理的定義，可以歸納為：倫理就是人類行為足以被社會所接受的標準或規範。

13.2.2　企業倫理的定義

　　由於企業倫理所牽涉的基本行動者同時包括個人與組織（企業），因此對企業倫理的定義，亦應同時關照這兩個不同的分析層次（葉匡時，1996）。本節即以Frankena對一般社會倫理的定義為基礎，將企業倫理定義為：在企業體系內（一個以個人為基本構成的小型社會），或是在企業的社會中（一個以組織為基本構成的社會）的道德規範系統，此一道德規範系統能在與企業有關的事項上，賦予與個人或企業在動機或行為上的是非善惡判斷基準。一般社會倫理所規範的是社會上人與人之間的關係（如中華文化傳統的五倫），而企業倫理所規範的關係則包括管理者與被管理者的關係、員工與公司的關係、企業與其他企業或非企業組織的關係等（葉匡時，1996；張培新，2007）。

　　企業倫理源自於個人道德規範，應用到商業活動與公司目標上，是一種規則、標準、規範或原則，提供在一特定情境下，合乎道德上對的行為與真理的指引。是以，企業為主體所構成的倫理關係和法則，是規範企業內部員工及社會大眾和消費者的關係。

13.2.3 企業倫理與社會責任的關係

　　由於社會大眾認為企業組織應負擔的社會責任範圍相當廣泛，從掃除貧窮、控制犯罪，到促進政府改善行政效率等等不一。因此，許多人把企業的社會責任與企業倫理混為一談。什麼是社會責任呢？簡單的說，就是在法律規定與市場經濟運作之因素外，企業經理人所做含有道德與倫理考慮因素的決定（陳光榮，1996）。而企業倫理不只針對企業對社會的關係，企業對於其他的利益關係者，如股東、員工、顧客、供應商、政府、社區也都有一定的倫理規範；而這些規範都屬於企業倫理的討論範圍。Lewis（1985）定義企業倫理為「在特定的情境下，做為道德正當性行為和正直導引的規則、標準、準則或原則」；吳秉恩（1994）認為「企業倫理」係指將是非之規範應用於企業營運以及管理行為；徐木蘭、余坤東、賴振昌（1994）則認為，現代企業倫理是企業的社會責任，表現在對勞資倫理、員工道德操守以及對消費者、產品的重視，它亦是一種與同業競爭的規範，而許士軍（1999）則認為企業倫理乃指以企業為主體所構成的倫理關係和法則，應該屬於廣義的社會倫理的一環。蔡豐隆（1995）則將企業倫理定義為「企業與利害關係人之間，做為行為、決策、行動判斷正當或錯誤的基本準則，且為雙方所共同認定且相互遵守的一種規範」。

　　總而言之，企業倫理是個人倫理道德的延伸，把倫理道德的規範應用在商業情境中，亦即以倫理道德的觀點來分析商業活動中所發生的問題。隨著社會環境的變遷，經濟型態日益複雜，企業社會大眾的影響力也越來越大，現在企業的決策影響的不只是企業內部的人員而已，民眾的生活與社會的秩序也受到影響。

　　企業是社會的產物，也是社會的重要組成份子，企業如何建立其企業本身之倫理規範與準則，做為員工遵循的依據，已成為企業經營的一部分。

13.3 ▶ 企業倫理觀念的發展

　　近年來，績優企業的掏空和破產個案，引發了企業倫理教育議題的討論，然而，企業倫理並非新興的觀念由來已久，DeGeorge（1987）將企業倫理

的發展演進分成五個階段（李其芳，1995）：

1. **1960年代以前**：當時對於企業倫理的概念很模糊，多以神學或宗教的觀點討論薪資的公平與工作環境的適當性等問題。

2. **1960年代**：由於產業發展造成生活環境被污染，社會充滿著反商情節，人們開始對經濟發展與環境保護問題產生反省，但大都只強調合法性，尚未探討到企業倫理的重要性及必要性。

3. **1970年代**：在此時期，由於哲學家加入探討，並提供一些新的觀念性架構，使得企業倫理從管理者的觀點擴大到包括員工、股東與消費者的觀點。

4. **1980年代中期**：此時由於學術界的學者投入相關的研究，使企業倫理在此時期成為專業領域並逐漸系統化，企業界也紛紛舉辦企業倫理相關的教育訓練。

5. **1985年代以後**：在1985年之後，企業倫理的發展也逐漸跨越國界，朝其他國家發展，企業倫理更成為一個廣泛的學術領域，研究的範圍涵蓋了企業中的倫理與企業的社會責任，成為一完整的領域。

　　在企業倫理觀念發展的過程中，其法則亦會隨特定的社會情境、時間、地域和企業文化等不同而有所改變，例如：過去企業生產所造成的污染並不受到重視與規範，但近年來，由於環境保護意識的抬頭，以及企業社會責任觀念的建立，環保相關議題成了社會大眾關注的焦點，甚或成了國際共同遵守的重要準則（如京都議定書）；此外，無論在哪個企業的經營者或是員工，都有可能在決策的過程中面臨應追求團體利益，或是個人最大利益的兩難抉擇，此時，決策者應以法律規章為其最基本的依歸。

　　葉匡時、徐翠芬（1997）針對利益關係人，將企業倫理的內容詳細歸納為：員工、股東、顧客、關係廠商、社區、社會大眾、政府等七大要項（如表13-1所示）。各個要項說明了在企業中不同身分應扮演的倫理關係。

🌐 **表13-1　企業倫理的要項**

利害關係人	企業倫理要項
員工	公平錄用、尊重員工、重視員工發展、公平的人事考核、合理的升遷管道、合理的上班工時、舒適的工作環境、工作保障、按時發放薪資、與員工共享利潤、合理的報償、福利措施、親近員工、以德服人、信任員工、關愛員工

利害關係人	企業倫理要項
股東	對股東負責
顧客	以消費者為導向的產品設計、注重產品品質、合理的售價、公平對待顧客、良好的服務精神與態度
關係廠商	協助供應商、按約支付價款、尊重供應商的努力與成本、　輔導下游廠商、穩定的供應、為同業效力、提供醫療服務
社區	保護當地環境、回饋社區、提供醫療服務
社會大眾	保護社會環境、贊助教育文化及藝術活動、社會救助與捐贈
政府	遵守國家法令、協助政府推動經建改革

資料來源：葉匡時、徐翠芬（1997），頁118。

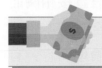

13.4 ▶ 企業倫理教育的實踐與養成

　　企業倫理教育的實踐與養成可從企業教育訓練和學校教育兩個面向來探討，無論是企業內或是學校的企業倫理教育，其應達成的目標有：(1)發展及培養對管理決策中倫理成分的認知；(2)將這些倫理成分融入決策的過程中；(3)提供一個分析架構，協助目前或未來的管理者做出合理的決策；(4)幫助學生能將企業倫理分析的技術運用於實務工作上（Gandz & Hayes, 1988）。從企業倫理教育欲達成的目標可知，企業倫理的教學不僅是對或錯的選擇，更是行為是非善惡判斷的基準。

企業倫理教育的實踐與養成可從企業教育訓練和學校教育兩個面向來探討。

倫理補給站

13.4.1　企業倫理教育訓練

　　企業倫理的形成可說是企業社群經過相當時間演化，所發展出共同的看法或意識，這些意識可以透過內隱和外顯的方式加以傳承，Brenner（1992）指

出企業倫理推行方案外顯的部分，包括：倫理守則、政策、員工訓練教材、員工職前訓練方案、倫理研討會、管理階層的演說、管理階層倫理決策、董事會的決策和委員會的活動、內部控制系統等；而內隱的部分為公司文化、激勵制度、被認為有價值的行為、升遷政策、績效評估系統和管理階層的行為。外顯的部分可以透過教育訓練來實施，內隱的部分則在長時間的蘊育與融入之後，逐漸形成。

葉匡時、洪振哲（1996）將企業倫理的內容分為環保觀念、產品安全、公司機密、遵守法律、工作效率、工作安全、利益衝突、個人行為及職權的使用等九個議題，依其研究顯示：基層幹部的倫理訓練著重在與實際生產技能相關的議題，而中高層主管所要重視的倫理議題，則是比較與生產沒有直接相關而與公司整體發展較有關之議題，如產品安全、工作效率及工作安全等基本企業倫理議題。從其研究中可發現不同職位及工作所需要認知的企業倫理內容會有所差異亦有重疊之處，因此，企業在規劃訓練課程時，除了必須考量到議題的需要性之外，還必須考慮到對象間的差異，以期透過完善的規劃以培養員工的企業倫理。

例如：信義房屋深信「選對的人，比後天的訓練重要」，認為推行企業倫理最重要的第一步是企業的招募遴選，因為如果剛開始所選的人品德操守有問題，日後就算再多的教育訓練其效果亦是有限。此外，新進人員在進入信義之後，有長達三天的教育訓練，主要是著重在經營理念、企業倫理、企業沿革與個人及企業未來發展的介紹，每年並有「龍虎榜」以表揚優秀的員工。其優秀的定義除了績效良好之外，最重要的一項為品德操守，藉由這三方面以培育員工的企業倫理；台積電亦在招募人才時透過文化適性測驗，找出符合企業價值之員工進入公司，之後亦透過教育訓練強化員工這些特質，以期員工能發展出符合企業的價值，藉此提升企業的競爭力；匯豐銀行則透過每年2個月「日日high翻天」的教育訓練活動，從遊戲中傳遞匯豐團結、融洽和快樂的企業文化；而福特六和汽車則是藉由許多儀式性的活動，體現「福特一家」的遠景，更透過「拔河」這一項必修的教育訓練課程培養員工重視和諧、團結合作的企業倫理。從上述案例可以發現，許多企業都在組織內積極的推行企業倫理的教育訓練，但大多數倫理訓練課程仍未依職位加以區分，由於不同職位所涉及的倫理判斷並不相同，企業未來可朝此方向努力。

13.4.2　學校倫理教育

「倫理可以教嗎？」這個答案是肯定的。Klenin（1998）以及Borkowski和Vgras（1992）、邱文松（2002）等之研究均證實，對學生施予倫理教育，將有助學生產生正面的倫理行為。企業倫理教育之所以逐漸受到學校重視，除了上述相關之實證研究之外，Pierson（1976）提出的《美國企業的教育》（The Education of American Business），以及 Gordon 和 Howell（1978）合著的《商業高等教育》（Higher Education for Business）都強調企業倫理的教育應在就職前實施，受到這個觀念的影響，學校中才逐漸有了企業倫理課程的設計（Weber, 1990）。

倫理的形成深受價值觀的影響，並非一朝一夕可以養成，因此，企業倫理的養成須向下扎根到校園內。全球最具權威的教育機構－哈佛商學院，自創校到1987年，共開設24門論及企業倫理和企業社會責任為主題的課程。其中，23門列為必修，更在1988年推動教育改革方案，要求所有新生在一年級必須先修7門有關「道德」的課程，這項改革引起商管教育對道德課程的重視（張仁家、葉淑櫻，2007）。國內各大學陸陸續續開設企業倫理的相關課程，主要開設在管理學院、通識教育中心、哲學研究所，共開設了60餘門（黃柏翰，2004）；但與美國企管學院協會在1991年調查其所屬成員的學校中，有超過90%的學校，將倫理課程列為重要的課程主題相比較，臺灣的大專校院商管學院群開設企業倫理的課程仍有發展的空間。由於每一位教師都有倫理觀，因此，就算管理教育中沒有正式的企業倫理課程，老師的倫理觀仍然可能相當程度的影響學生的倫理觀。有關企業倫理的教育，無論是正面或負面，仍然會有形無形的傳遞到學生身上。但是，正因為老師們會在有意無意間影響學生，因此，老師們彼此之間應該對自己學術社群的價值觀，進行廣泛而深入的瞭解。管理學界在這方面的努力，似乎很有限（葉匡時，1996）。

許多人認為大學生或研究生的倫理觀已經形成，因此，在這個階段實施倫理教育可能沒有效果。但是，根據哈佛商學院在幾年前開始改革實施的企業倫理教育經驗，在研究所階段實施企業倫理教育，有其價值與成效（Piper et al., 1993）。也就是說，企業倫理是有可能被教導的（徐木蘭，1994）。學校在規劃企業倫理課程之內容可從倫理理論的介紹、企業與倫理的關係、受雇員工

的道德責任、工作者差別待遇、與消費者的關係、環境保護、工作場所的重要等議題切入（陳聰文，1995），其培育的方法可採用角色扮演和個案分析來進行，然而，倫理的形成深受價值觀的影響，並非一朝一夕可以養成，因此企業倫理的培育需向下扎根到學校內。有鑑於此，立法院諸公亦重視此一課題的重要性與教育意義，故而於2003年立法院教育委員會第五屆第四會期報告，也建議學校應加強學生的人文及企業倫理之訓練。

游景新（2000）的研究亦顯示大學是建立學生企業倫理知能很重要的場所，學校可透過教學來增進並培養學生的企業倫理知能，這對他們未來職業生涯會有很大的幫助，不僅如此，企業倫理教育的施行更可提升社會企業倫理的品質。

近年來國內各大專校院均有舉辦與企業倫理相關的研討會，深入探討企業倫理議題與課程教學相關議題，供學術界與企業界參考。例如：玄奘大學於1999年舉辦「第一屆企業倫理座談會」，陸續於2000年至2007年舉辦「第二～六屆企業倫理學術研討會」，並於2008年5月12日擴大聯結產業，舉辦「第七屆企業倫理與產業發展學術研討會」，此研討會似乎已成為常態性的年度盛事，而參與的人士與產業也有多元、多樣的趨勢，2011年第10屆更擴及海外，到中國上海的華東理工大學舉辦；國立中央大學於1999年5月28日舉辦「企業倫理與永續發展研討會」，並且於國立中央大學哲學研究所成立應用倫理學研究室，該研究室在2003年升格為應用倫理研究中心，目的是發展配合本土發展與針對當前重要議題的應用倫理教學與研究，提昇該領域的研究水準，而該中心所出刊之「應用倫理研究通訊」是國內唯一以應用倫理學為主題的學術專刊，且獲國科會認可之重要哲學刊物之一；部分大專院校相繼也在近幾年辦理企業倫理方面的研討會或座談會，例如：明新科技大學分別於2003年6月10日及2004年5月14日舉辦「第一、二屆企業倫理暨實務研討會」；元培科技技術學院於2004年4月24日舉辦「元培第一屆專業倫理學術研討會」；亞洲大學於2015年5月14日舉辦「企業倫理、企業社會責任與永續發展研討會」；中原大學商學院也於2005年9月23日舉辦「2005海峽兩岸商學理論與實務研討會」探討有關企業倫理的議題，到了2015則舉辦「2015年企業倫理與社會責任精進學術研討會」；由近年來各大專院校所舉辦有關企業倫理的研討會，可以看出探討的主題逐漸擴大至產業發展、企業社會責任（CSR），參與的對象也增加了兩岸之

地的產、官學界的人士，預期未來將擴及非營利組織彈性工時的企業上。

為使大學學術追求卓越發展計畫得以兼顧基礎教育及重點特色之建立，教育部特自大學學術追求卓越發展計畫中提撥15億元推動「提昇大學基礎教育計畫」（高教簡訊，2001）；其中有關企業倫理課程有：教育部長吳思華教授當時在政治大學商學院所主持「21世紀商管教育基礎課程教學內容及方法之改進與課程整合」中「分項計畫七：企業倫理課程實施方式」及元智大學管研所孫震教授所主持「商管範疇之溝通分析能力與倫理教育提升計畫」之「分項計畫五：企業倫理與倫理決策能力提升」等。

繼之而後，國立政治大學商學院於2008年（97學年度第一學期）開設一學分的「企業倫理」選修課程，並在2009年將列入必修。政大商學院指出，商學院開設「企業倫理」課程是世界趨勢，若沒有加強企業經營的倫理與社會責任，可能會危害社會；台大醫學院也有開設「臨床倫理與法律」的課程，由於前台大骨科醫師趙建銘因涉入台開案一度收押，台大以「違反醫事倫理」為由，拒絕了趙建銘的申請復職案，當時許多醫師就疾呼正視醫學倫理的重要性，時任台大醫院的院長林芳郁曾表示，台大醫院確有責任，曾加強醫學倫理教育；醫學為主的陽明大學，在校內已開設「醫學倫理」課程，並將「邱小妹案」等引起爭議的醫學倫理案例在課堂上討論，也考慮邀請法界人士、執業醫師，說明健保黑洞、如何經營診所；至於世新大學的「2008新生鍛造營」也帶領新生前往莊敬老人養護中心等九個安養中心，發揮同理心關懷弱勢。同時，世新大學一直以來將「新聞倫理與法規」列為大四上學期的必修課程。

由以上得知國內大專校院對企業倫理課程的重視已逐漸開展，目前企業倫理課程大多開設在管理學院裡，但企業倫理之重要，應不僅侷限於商管學院，而是擴及到所有的大學生，未來也應開設在通識必修科目內，及早教育並養成學生應有的企業倫理與工作價值觀。根據教育部統計（教育部，2015），技專校院於103學年度各校開設「企業倫理」的相關課程，高達88校（所有的技專校院），993個系科，3,058門課，141,476人修過該課程。

除了學校之外，由產、官、學、研各界代表於2009年12月14日成立了「中華企業倫理教育協進會」，該協會進行了一系列的倫理講座、倫理扎根計畫、倫理研究、及倫理出版，甚至以身作則，還把相近的幾個企業倫理組織或單位，以倫理友鄰的方式公布在網站上，該協會可說是國內較有系統脈絡地做

倫理紮根的非營利組織,該網站的資料相當豐富,有興趣的讀者,可進一步到該網站窺探瀏覽。(網址:http://www.businessethics.org.tw/activity_list/)

13.4.3　企業倫理之教學

　　教師是執行教學的靈魂人物,多數人認為企業倫理之教學因為要結合企業實務與倫理理論兩個領域,符合跨領域的教師不多,以致於師資難覓。這種觀念似有待修正,不同專業背景的教師,只要持之以恆的勤於彙整各相關領域知識,並能引導學生做倫理的分析及討論,都可以教授企業倫理(吳成豐,2010;張仁家、葉淑櫻,2007;Freeman, 1991)。

一、教學內容

　　倫理規範的內容並非一成不變,而是會隨不同的社會環境而有所改變,例如:過去企業生產所造成的污染並不受到重視與規範,但隨環境保護意識的抬頭,以及企業社會責任觀念的建立,環保相關議題成了社會大眾關注的焦點,甚至成了國際共同遵守的重要準則(如京都議定書),因此,企業倫理的教學內容亦要能符合時代所趨。狹義來說,企業倫理的內容僅包含企業倫理課程,依Schoenfeld等人在1990年之調查歸納企業倫理課程的主題包含有倫理理論的介紹、企業與倫理之關係、受雇員工的道德責任、工作者差別待遇、與消費者的關係、環境保護以及工作場所的重要議題等七個領域(陳聰文,1993);從廣義的角度來看,只要是商業活動所牽涉到的倫理議題,都可算是企業倫理的一環, 例如:工作倫理、資訊倫理、專業倫理、職業倫理、工程倫理等。隨著商業活動的多變與複雜,所影響的倫理議題亦隨之增加,例如:智慧財產權、法律素養等。有鑑於此,學校開設之企業倫理課程內容上應朝多元化的方向發展且應在日常中培養倫理觀念。

　　舉例而言,由於臺灣的企業長期以來一直是以代工為主體,導致業者普遍輕忽專利權的重要性,不過在國際化的潮流下,專利權已經變成商業競爭和市場卡位的必要手段之一。因此無論主動或被動,為了避免觸犯專利權而得不償失,在員工的教育訓練或學校養成教育中皆須注意:

1. 研發人員隨時檢查專利文獻和各種專利公報。

2. 發現產品製程或研發結果與專利文獻記載雷同,迅速備齊實物、研發設計

圖、國內外產品型錄等證據，於3個月內赴智慧財產局提出異議。若能舉證產品研發在先，則異議成立，對方專利權不成立。若異議不成立，則可以迴避日後的仿冒賠償。

3. 研發成果一旦觸犯專利權，可以立刻採取「迴避設計」動作，避開侵權，無須放棄整體研發成果，造成資源上的浪費。

4. 在公司商品型錄上標明產品結構、特性、型號，及設計年月日，並附上照片。

5. 加強研發資料的內部控管：做好保密功夫，避免被剽竊研發結果的廠商來個惡人先告狀。

6. 強化研發品質：掃除國人惡意侵權的形象，挨告時和解的機率也較大。

7. 累積專利智庫：一旦侵權，可在雙方互惠的前提下，運用「交互授權」的動作化干戈為玉帛，同時減少專利金的支出。

8. 培養專利權觀念：特別是研發人員與企業主了解全球專利權發展趨勢，才能在決策的過程中主動避開侵權。

9. 兼重企業對內對外的教育訓練原則：在對內原則方面，任何企業均應重視智慧財產，故除加強智慧財產專業人員之培訓外，亦應辦理其他一般員工之智慧財產教育，而有關教育則分為定期教育與臨時教育二類：定期教育含新進人員講習及智權週等；臨時教育於智慧財產法令重大修正或重大智慧財產事件發生時辦理。在對外原則方面，某些屬於公益財團法人之企業，本於對國家、社會及企業有其特定之責任。除技術研發與移轉外，應樂於以各種可能之方式與各界分享智慧財產管理之經驗及心得；私人企業亦應盡力做好智慧財產管理及運用之工作。

二、教學方法

　　倫理雖然不容易教，但卻可以透過個案分析及討論的方式來達成（吳成豐，2010）。企業倫理的教學牽涉到許多道德判斷的議題。從廣義的角度來看，企業倫理教學可看成是一種道德教學，可採情意陶冶取向的教學法。一般企業倫理常採用的教學法有道德討論教學法、個案教學法、價值澄清法、角色扮演法、互動教學法，如圖13-1所示，茲分述如下：

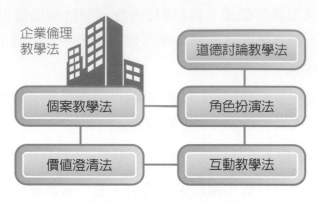

> ▸ 圖13-1　企業倫理教學法

1. 道德討論教學法

道德認知發展理論的提出者Kohlberg認為在道德的教學中適合採用討論教學法（引自陳聰文，1993）。討論教學法是藉由討論假設或真實生活中道德兩難的故事，教師應闡述故事中包含的道德問題，並闡明道德觀點，讓學生與道德認知發展階段比自己高的同學，進行公開討論，讓學生產生道德衝突的兩難情境，以提升學生的道德層次。其教學過程如下（黃政傑，2000；張仁家與葉淑櫻，2007）：

(1) 藉由類化作用引起動機。

(2) 呈現道德兩難的故事。

(3) 提出兩難問題讓學生思考並提出個人主張。

(4) 立場確立後予以分組討論。

(5) 分組討論完給予小組報告主張與理由。

(6) 教師引導結束討論。

2. 個案教學法

採用個案教學哈佛商學院是相當成功的例子，使得個案教學法成為商業學科中非常有效的教學法，亦是企業倫理非常重要的教學方法之一。個案教學沒有固定的教學方式，教師在教學中應扮引導而不控制、參與而不干預、整理而不修正、鼓勵而不強迫的角色。哈佛大學自1920年即成立個案發展中心，目前美國已累積出版極多的個案教材，反觀臺灣較晚發展個案教學法，因此，在個案教材的發展上仍有待努力。所幸，許多大專校院在進行企業倫理教學時，已有逐步導入業師協同教學的方式，聘請業界具有管理實務

的高階主管或專業經理人，現身說法，進行個案分享，讓學生的收穫更爲直接、更實務。

3. 價值澄清法

價值澄清法是透過「珍視、選擇、行動」的過程，引導學生對自己的情感、信念和行爲作自我分析及反省，以導引出行動，在這個過程中，學生可以澄清自己的價值觀，並察覺他人的價值，使自己在衝突和混淆的價值中，建立屬於自己的價值體系。在價值澄清教學法的過程中，教師乃是幫助學生就其所評價之事物，進行價值的釐清，而不是誘導學生接受教師的價值體系。其教學步驟如下（黃政傑，2000；張仁家與葉淑櫻，2007）：

(1) 面對倫理問題找出各種可行的方案。

(2) 評估各種可行的方案。

(3) 訴諸理性做出理性和自由的抉擇。

(4) 公開的表明自己的立場。

(5) 根據自己的信念去實踐生活。

4. 角色扮演法

角色扮演法是藉由故事和問題情境的設計，讓學生設身處地扮演故事中的人物，再經由團體共同討論和在扮演技巧的運用，來幫助學生練習各種角色的行爲，此法最容易讓學生設身處地去體驗種種經驗。角色扮演法的教學過程，教師有進行各項步驟與引導學生的責任，但討論及扮演的內容必須取決於學生，教師應以接納的方式幫助學生探討情境的不同層面及不同觀點。在教學的實際運用上，可藉由扮演、討論、再扮演、再討論的方式來進行，藉由親身經歷使學生對所探討的問題印象深刻。

5. 互動教學法

是丹麥羅斯基勒大學（Roskilde University, Denmark）的藍道夫（Rendtorff）教授於2009年所提出。他提出一套整合理論和實踐企業倫理的教學方法，在這個方法中，集成了企業社會責任的問題和倫理到教學中，探討社會責任、利害關係人管理和企業倫理的議題。他的想法是，該專題討論代表了商業道德、利益相關者管理、企業和創業精神的社會層面的議題，而擴展教師的支持架構。每個學生應在道德和商業的社會層面的基礎上，提交一份專題文章，並要求該學生有閱讀至少兩篇以上的參考論文。此外，學生

應在每個文件準備的過程中，參與討論和互動。教授以一個簡短的介紹了這一專題討論，學生自此之後，就做為評論員的角色，由學生輪流報告與討論，由教授做最後的評價與考核（Rendtorff, 2015）。在專題討論期間，學生須提交的理論和案例討論，以發現理論和實踐之間的密切互動。

　　企業倫理的教學方法並沒有固定，各種方法都有其適用的情境，教學的過程複雜且多變，教師可視其需要選擇適合的教學方法，甚至，有學者主張應提供給學生違反企業倫理而受到重懲的案例，讓學生明瞭違反企業倫理後付出的代價而心生恐懼，達到有效避免的手段（Burns, Tackett, & Wolf, 2015）。然而，各種教學方法之間並不具排他性，教師不應只侷限於使用一種教學方法，而必須要有「教學有法，而無定法」的認知，教師可採一法為主、多法為輔或是多法交互使用的方式，以提高教學的成效。

13.5 ▸ 結語

　　前面許多章節多舉國內外常見違反企業倫理，甚至違法亂紀的案例，透過描述案例的發生經過與成因，試圖能提供日後企業主或管理者，若遇有類似情況時可採取的因應之道，常言道：「預防勝於治療」、「防患於未然」，我們深信再好的彌補措施與因應方式，終究比不上每位員工早在學校已養成倫理觀念，而在執行工作的第一時間即已避免有違倫理的發生，讓企業在追求獲利的同時，皆能取之有道、維護自身與他人的權益。

　　企業倫理不僅是價值觀念的判斷更是道德責任的實踐，亦可作為組織內成員的行為準則，更是建立共同願景的前提之一，企業要永續經營靠的就是共同的觀念以及人文素養，這些都必須從教育訓練做扎根的動作，企業正面臨一個日益重視倫理的社會環境中，其經營稍有疏忽，即可能導致毀滅性的損失，企業不可不慎。因此，企業倫理教育之養成必須由學術界和企業界共同努力，以培育出符合新世代企業經營所需的人才。

倫理學習成果圖 ✏️

1 企業倫理在公司內可以「教化員工」來完成，也就是透過「訓練與養成」來完成公司的願景

2 員工的倫理要從企業教育訓練及學校教育兩個面向，同步進行

3 企業倫理對利害關係人有密切關係，包括：
- 員工
- 股東
- 顧客
- 關係廠商
- 社區
- 社會大眾
- 政府對象

4 倫理可以教育嗎？答案是肯定的。更有產、官、學、研各界代表成立「中華企業倫理教育協進會」

5 企業倫理不僅是價值觀念的判斷，更是道德責任的實踐

6 企業倫理教育之養成必需透過學術界與企業界共同努力，以培育出符合新世代企業經營所需的人才

章後案例

（一）企業倫理與職場衝突

　　化解職場衝突，增進企業倫理教育，是全部企業界的期望。在職場上，同事間難免起衝突；若不處理，對個人、團隊甚至整個組織都可能造成嚴重的傷害。

　　任職於某投資公司的資深員工張先生在一位新同事加入後，兩人之間的個性衝突開始，當張先生對兩人共同任務給予意見但遭對方否決，引發張先生不理性的回應，衝突隨之升高，造成他對自己嚴加批判，難以專心工作，一年後賠上了他的飯碗。一位對衝突事件有經驗的心理治療師提出：「一般造成職場衝突之四大原因為：溝通不良、個性差異、價值觀不同及同事之間內有競爭的關係等。」同時，我們可以將職場衝突分為七種類型：需求衝突、作風衝突、認知衝突、目標衝突、不同壓力衝突、角色衝突及價值觀衝突等。心理治療師認為：「高衝突人士」特質有下列現象，如個人洞察力不佳，有人格障礙，極度自戀、偏執或有戲劇性表徵、易散佈謠言、破壞物品或說謊等等。在企業倫理教育推動中，宜發揮每位同事之同理心及自覺的人性優良特質，在道德層面給予教化之，其實是可以藉由企業倫理道德教育，加強溝通，邁向和解之路。

参考資料：2016年5月21日，經濟日報，職場寫真，徐右祐撰

活動與討論

1. 本個案在討論職場衝突問題，請依照本個案介紹之職場衝突四大因素、七種類型及心理治療師之分析等重點，全班分成若干組，每組選一位主持人，進行10~15分鐘討論，並整理出職場衝突之雇主，如何應用企業倫理教育之養成，來減少衝突機會，促進公司內部之和解及和平相處。每組給予3分鐘時間，提出討論並報告結論。

2. 從個案了解「多數衝突都不是有極端性格的人造成的，因此，不要以為和自己意見不同的人都是『衝突人士』，而是要記得眼前處理的是一般關係而已，同

事相處，要靠每位同事自覺和散發同理心，才能和平相處，團結一致。」就你的的經驗，提出二點以上的看法。

（二）蕭言中被抄襲　十多位漫畫家挺身捍衛著作權

忍無可忍！知名漫畫家蕭言中被抄襲，臉書專頁「Angel TALK　法國軟麵包專賣店」貼出組圖文宣，其中竟被網友發現，大抄蕭的前年作品《The Moment》圖像及創作理念，網友留言質疑，還被專頁管理人揚言提告，不認錯的態度讓蕭決心挺身提告，更與十多位臺灣知名漫畫家站在一起，大喊「尊重智慧財產權！」

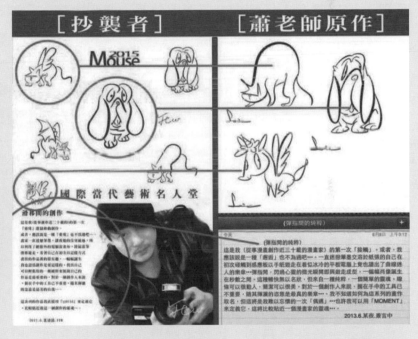

▶▶左圖為抄襲者組圖，右邊為臺灣漫畫家蕭言中作品及創作文字，被網友比對後認為相似度極高，涉嫌抄襲。（取自臉書）

7月15日「Angel TALK　法國軟麵包專賣店」在FB平台公開組圖文宣，宣傳經營者（署名few）其藝術創作成就與咖啡事業理念，但其中寫上「2015Mouse」、「國際當代藝術名人堂」等版面，有6幅文字、200多字的文案，涉嫌抄襲臺灣知名漫畫家蕭言中的作品（2013年北京「Moment」個人展創作），被網友發現踢爆。

蕭言中說，最初只是想請few撤下組圖，但朋友透過臉書在其專頁留言後，卻被該專頁的管理人揚言提告，簡直「生平第一次」遭遇如此惡劣態度，其組圖中，線條是用「滑鼠」照著作品再重新畫一次，連創作理念都照抄，實在忍無可忍。

另，蕭言中解釋，當初曾透過友人關係，與該咖啡店經營者接洽，當時對方想將The Moment作為圖像商品，供咖啡廳使用，但後來沒簽授權退出合作，本想息事寧人，如今又再度發生抄襲事件，甚至對方惡言要提告友人等，才決定挺身捍衛自身權益。

　　台北市漫畫工會理事長鍾孟舜表示，事件希望藉此事件捍衛漫畫著作權的立場，不排除為蕭言中採取法律行動，爭取漫畫家應有的尊重與權益。如今將幫蕭言中請律師，先走智慧財產局等調解途徑，如未獲道歉，將告上法院。

　　聽聞蕭言中遭遇，更激起許多漫畫家群情激憤，漫畫工會下午邀集全臺10多位漫畫家，如敖幼祥、傑利小子、練任、仇鵬欽、陳過、李勉之、奇兒、曾建華、湯翔麟等人，到場共同連署聲明，齊心大喊：「尊重智慧財產權！」

　　敖幼祥說，侵犯著作權是「零容忍」態度，對方不僅抄襲還堅不道歉，蕭言中本來是沒時間，也不想提告，對方卻揚言告留言網友、激怒許多人，才讓漫畫家不得不站出來，而臺灣在智財權還有須多進步空間，如年初有許多縣市鄉鎮的彩繪村，大刺刺抄畫日本漫畫，臺灣在這方面還有許多進步空間。

參考資料：2015年8月15日，自由時報，吳柏軒撰

活動與討論

1. 請討論著作權與企業倫理教育有何關聯性。

評論

　　這次爭議探究其因，主要是漫畫家few未尊重另一位漫畫家蕭言中的智慧財產權，加上被人舉發之後，態度又不佳，因此而惹惱了同業其他10多位漫畫工會的漫畫家群起共憤，齊心大喊：「尊重智慧財產權！」。目前被侵權的蕭言中，初步打算以調解的方式處理，若未獲道歉，將上法院提告。

　　任何一家企業經營都不可能置身於產業之外，即使是一位個體戶的漫畫家。起初few若遵守企業倫理，尊重他人智慧財產權，也不會引起同業指責，更不會讓人上法院提告。原來few只是幫「Angle TALK法國軟麵包專賣店」的FB平臺畫個插畫，卻因為涉及侵害他人著作，而引起同業的指責，可能店家因此而波及生意，few不尊重企業倫理又違反著作權法，可說是因小失大，說不定因此而斷送了他在漫畫業的許多機會，實在得不償失。

1. 企業倫理推行方案可分為外顯及內隱兩部分，在外顯的部分，包括：倫理守則、政策、員工訓練教材、員工職前訓練方案、倫理研討會、管理階層的演說、管理階層倫理決策、董事會的決策和委員會的活動、內部控制系統等；而內隱的部分為公司文化、激勵制度、被認為有價值的行為、升遷政策、績效評估系統和管理階層的行為。

2. 企業倫理的內容分為環保觀念、產品安全、公司機密、遵守法律、工作效率、工作安全、利益衝突、個人行為及職權的使用等九個議題，基層幹部的倫理訓練著重在與實際生產技能相關的議題，而中高層主管所要重視的倫理議題，如產品安全、工作效率及工作安全等基本企業倫理議題。

3. 學校在規劃企業倫理課程之內容可從倫理理論的介紹、企業與倫理的關係、受雇員工的道德責任、工作者差別待遇、與消費者的關係、環境保護、工作場所的重要等議題切入。

4. 一般企業倫理常採用的教學法有道德討論教學法、個案教學法、價值澄清法、角色扮演法等。

5. 專利的養成教育須注意：(1)研發人員隨時檢查專利文獻和各種專利公報；(2)發現研發結果與專利文獻記載雷同，迅速備齊證據，提出異議；(3)研發成果一旦觸犯專利權，可以立刻採取「迴避設計」動作，避開侵權；(4)商品標明產品結構、特性、型號，及設計年月日，並附上照片；(5)加強研發資料的內部控管；(6)強化研發品質，掃除國人惡意侵權的形象；(7)累積專利智庫，運用「交互授權」的動作化干戈為玉帛；(8)了解全球專利權發展趨勢；(9)應辦理一般員工之智慧財產教育，並以各種可能之方式與各界分享智慧財產管理之經驗及心得。

6. 著作權是智慧財產權的一種，所謂「智慧財產權」乃是指人類精神活動的成果而能產生財產上價值的，為了保護創作發明者的權益，就以法律創設的一種權利，著作權正是著作權法賦予著作人的權利。

7. 著作權法所稱的「著作」，指屬於文學、科學、藝術或其他學術範圍的創作，共分為十類，如下圖所示：

(1) 語文著作：包括詩、詞、散文、小說、劇本、學術論述、演講及其他語文著作。

(2) 音樂著作：包括曲譜、歌詞及其他音樂著作。

(3) 戲劇、舞蹈著作：包括舞蹈、默劇、歌劇、話劇及其他戲劇、舞蹈著作。

(4) 美術著作：包括繪畫、版畫、漫畫、連環圖（卡通）、素描、法書（書法）、字型繪畫、雕塑、美術工藝品及其他美術著作。

(5) 攝影著作：包括照片、幻燈片及其他以攝影製作方法所創作之著作。

(6) 圖形著作：包括地圖、圖表、科技或工程設計圖及其他圖形著作。

(7) 視聽著作：包括電影、錄影、碟影、電腦螢幕上顯示之影像及其他藉機械或設備表現系列影像，不論有無附隨聲音而能附著於任何媒介物上之著作。

(8) 錄音著作：包括任何藉機械或設備表現系列聲音而能附著於任何媒介物上之著作，但隨附於視聽著作之聲音不屬之。

(9) 建築著作：包括建築設計圖、建築模型、建築物及其他建築著作。

(10) 電腦程式著作：包括直接或間接使電腦產生一定結果為目的所組成指令組合之著作。

Exercise

本章習題

1. 試舉一違反企業倫理之個案，並評析其違失之處及改善之道。

2. 試舉例說明企業如何對員工實施倫理的教育訓練，應有哪些內容。

3. 試舉例說明學校如何對學生實施倫理的養成教育，應有哪些內容。

4. 試舉例任一個知名企業的倫理守則為何。

5. 請查出您所在學校的倫理守則為何。

6. 企業倫理的教學內容通常都包括哪些？

7. 企業倫理的教學方法通常都包括哪些？

8. 專利教育的養成有哪些具體作法？

note

參考文獻

中文參考文獻

1. 國軍軍事院校進修教材：中國倫理思想，國防部總政治作戰部印行，台北，1990。

2. 袁闓著，混沌管理，生智文化事業有限公司，台北，1999。

3. 南懷瑾講述，論語別裁（上、下），老古文化事業有限公司，台北，1988。

4. 南懷瑾講述，孟子旁通，老古文化事業有限公司，台北，1988。

5. 謝冰瑩等編譯，新譯四書讀本，三民書局，台北，1989。

6. 南懷瑾講述，老子他說，老古文化事業有限公司，台北，1988。

7. 張松如著，老子說解，麗文文化，高雄，1993。

8. 陳鼓應註解，莊子今譯，台灣商務印書館，台北，1999。

9. 吳怡著，莊子內篇解義，三民書局，台北，2000。

10. 葉海煙著，莊子的生命哲學，東大圖書，台北，1999。

11. 應涵著，虛靜人生－列子，正展出版，台北，2000。

12. 劉有成著，王陽明，中華書局，台北，2000。

13. 陳恨水註譯，老子讀本，文國書局，台北，1998。

14. 南懷瑾著，易經繫傳別講（上、下），南懷瑛講述：老子他說，老古文化事業有限公司，台北，1988。

15. 南懷瑾講述，易經雜說，老古文化事業有限公司，台北，1988。

16. 蕭新煌著，責任與企業倫理的異同，企業倫理的重建，1992。

17. 唐宇元著，中國倫理思想史，中國文化史叢書，文津書局，1996。

18. 陳少峰著，葉朗主編，倫理學，意韻與情趣，五南出版社，2003。

19. 苗力田譯註，亞里士多德倫理學初版，台北縣中和市知書房，2001。

20. 李春旺著。企業倫理，正中書局，2000。

21. 樊和平，中國倫理的精神，台北五南，1995。

22. 葉保強，金錢之外－商業倫理透視，台灣商務，1995。

23. 黃俊英與劉玉珍合著，企業履行社會責任可否提高財務績效－企業倫理的重建，1992。

24. 劉碧珍、陳添枝、翁永合著，國際貿易理論與政策，雙葉書廊，2002。

25. 吳成豐，企業倫理的實踐初版，前程企管，2002。

26. 樊景立，香港科技大學組織管理學系，華人社會商業道德初探，大陸、香港、台灣三地之比較研究，海峽兩岸之企業倫理與工作價值，鄭伯壎、黃國隆、郭建志主編，2001。

27. 黃俊英與劉玉珍合著，企業履行社會責任可否提高財務績效－企業倫理的重建，頁147 157，1992/11。

28. 黃貞芬、許孟祥，資訊倫理守則現況－以社會層級及倫理，1992/11。

29. 議題分析，中山大學管理學報。

30. 吳成鑌，企業倫理的實踐，前程企管，2003。

31. 張天開、洪玉昆、楊兩傳，工會運動與工會組織，台灣省政府社會處出版，1987。

32. 國際勞工局著，團體協商，台北縣政府印。

33. 蔡蒔菁著，商業倫理概念學應用，新文京開發出版有限公司。

34. 林江鳳，勞工輔導論文選輯，台灣省政府勞工處。

35. 王秉鈞譯，Stephen P. Robbins著，管理學，華泰書局，1994。

36. 司徒達賢，非營利組織的經營管理，天下遠見出版公司，2003。

37. 蔡文輝著，社會學理論，三民書局，2004。

38. 馬康莊譯，Richard Hyman著，勞工運動，桂冠圖書有限公司，1988。

39. 林孟彥譯，Stephen P. Robbins/Mary covlter，華泰文化公司，2003。

40. 歐陽敏／陳永芳譯，Peter W.F. Davies著，韋伯文化事業出版社。

41. 行政院改革公司治理專案小組，強化公司治理政策綱領暨行動方案，台北行政院，2003。

42. 伍忠賢，公司治理，台北商周，2003。

43. 林宜賢等譯，公司治理，台北大下遠見，2001。

44. 吳樂群等，公司治理，台北證基會，2003。

45. 葉銀華等，公司治理與評等系統，台北商智，2002。

46. 賀力行等譯，公司治理，台北華泰，2002。

47. 蔡時菁，商業倫理，台北文京，1999。

48. 證基會，我國公司治理，台北證基會，2002。

49. 莊怡軒，推動顧客關係管理之隱私權管理，能力雜誌，556，頁138-142，2002。

50. 蔡蒔菁，商業倫理概念與應用，台北文享圖書有限公司，2002。

51. 張志育，管理學：新觀念、本土化、世界觀，前程企管，1998。

52. 顧玉玲，台灣綠色矽島的黑色危機，自由時報 2001/05/09，2001。

53. 台灣商業軟體聯盟網站http://www.bsa.org.tw。

54. 中央圖書館網路倫理網站：http://infotrip.ncl.edu.tw/law/law.html。

55. 李遠，當機立斷的功夫，國際日報生活版，第三版，台北市，2005/8/4。

56. 莊素玉，經營者的理想，天下雜誌，第329期，頁56-60，2005/8/15。

57. 孫震，理當如此－企業永續經營之道，天下文化出版公司，頁85-86、193，2004。

58. Alan Barker原著，陳垂亨譯，決策一本通，臉譜出版社，頁13，2004。

59. 葉匡時，決策－理法情，經濟日報－副刊企管，A16版，2005/8/16。

60. 知識報，策略小辭典－儒家管理，經濟日報，C1版，2005/8/21。

61. 張忠謀、許朱勝、鄭崇華等著，CEO講堂－11位遠見領導人物的前瞻觀點，天下文化公司，頁11-16、182-194、198-208，2004/10。

62. 李維安、武立東，公司治理教程，上海人民出版社，頁41-44，2002。

63. 吳秉恩，企業倫理教育的本質、內涵與實踐，第六屆中華民國管理教育研討會論文集，頁23-35，1994。

64. 李其芳，企業倫理政策、倫理氣候與組織績效關係之研究，輔仁大學企業管理研究所碩士論文，1995。

65. 高教簡訊（民90），高教資訊，民95年12月18日取自http://www.news.high.edu.tw/monthly121/03-highinfo.html，2001。

66. 徐木蘭、余坤東、賴振昌，傳統文化中企業倫理之探討－以明清之商人為例。第一屆中國文化與企業管理學術會議。台南：成功大學，1994。

67. 徐木蘭、許金田、陳必碩，企業倫理與公司治理的關聯性初探，應用倫理研究通訊，23，頁13-19，2002。

68. 陳聰文，專科學校企業倫理教學研究，國立政治大學教育研究所博士論文，1993。

69. 陳聰文，高職學生企業倫理的教學之探討，教育資料與研究，5，頁28-34，1995。

70. 許士軍，企業倫理與企業發展－兼論引進外籍勞工之倫理觀點，當前產業發展面的人力問題及因應之道研究會論文集，1990。

71. 許士軍，新管理典範下的企業倫理，通識教育季刊，6（3），頁35-46，1999。

72. 教育部，立法院教育委員會第五屆第四會期報告，民95年12月17日取自http://140.111.1.192/minister/report/r0504.html，2003。

73. 黃柏翰，應用倫理教學課程在台灣公私立大學中的發展概況，應用倫理研究通訊，29，頁46-54，2004。

74. 葉匡時、洪振哲，企業倫理訓練實施現況分析，八十四年度國科會管理學門專題計劃研究成果發表會，台北：輔仁大學，1996。

75. 王臣瑞，倫理學，學生書局，台灣，1980。

76. 吳成豐，企業倫理的實踐，前程企業，台北，2003。

77. 李明輝，獨白的倫理學抑或對話的倫理學？論哈柏瑪斯對康德倫理學的重建。儒學與現代意識，文津出版社，台北，1991。

78. 邱文松，企業倫理課程對商學院學生道德考量、職業道德認知與倫理價值觀之影響。中原大學會計研究所碩士論文，2002。

79. 高教簡訊，高教資訊，2006年2月18日取自http://www.news.high.edu.tw/monthly121/03-highinfo.html，2001

80.張仁家、葉淑櫻,技專校院企業倫理課程之探討。應用倫理研究通訊,42,頁73-80,2007。

81.教育部,立法院教育委員會第五屆第四會期報告。2006年2月17日取自http://140.111.1.192/minister/report/r0504.html,2003。

82.陳光榮,企業的社會責任與倫理。經濟情勢暨評論,1,頁150-158,1996。

83.陳聰文,專科學校企業倫理教學研究。國立政治大學教育研究所博士論文,1993。

84.徐木蘭,企業經營者道德標準與企業倫理規範之關聯性研究。行政院國家科學委員會,1994。

85.游景新,大學院校企業倫理教學之調查研究。環球商業專科學校學報,7,頁13-40,2000。

86.黃光國,儒家倫理與專業倫理:矛盾與出路。思與言,37(4),頁31-58,1999。

87.黃政傑,教學原理,師大書苑,台北,2000。

88.黃柏翰,應用倫理教學課程在台灣公私立大學中的發展概況。應用倫理研究通訊,29,頁58-66,2004。

89.葉匡時,企業倫理的理論與實踐,華泰書局,台北,1996。

90.徐木蘭(2012)。工作倫理「新」操作。天下雜誌,第98期,http://www.cw.com.tw/article/article.action?id=5038228。

91.李允傑(2002)。政府與工會。台北:國立空中大學。

92.衛民、許繼峰,1999,勞資關係與爭議問題,台北:空中大學。

93.吳培安(1995)。勞資關係過程中的重要角色-工會。中國勞工,第941期,第10頁。

94.葉匡時、徐翠芬,台灣與業家之企業倫理觀。公共政策學報,18,111-132,1997。

95.張培新,企業倫理的理論與實踐初探。應用倫理研究通訊,44,36-51,2007。

96.蔡豐隆,企業倫理與企業社會表現之研究。高雄市:中山大學企業管理研究所碩士論文,1995。

97.教育部,技職教育課程資源網,http://course-tvc.yuntech.edu.tw/Web/Default.aspx,2015。

英文參考文獻

1. Bartel, Kathryn M., David C.Martin, Management, McGraw-Hill Inc. 1991. Carroll, Archie B. "In Search of the Moral Manager", Business Horizons, March-April, 1987.

2. Donnelly, James H. Jr., James L. Gibson and John M. Ivanceich, Fundamental of Management, 7th ed, Richard D. Irwin Inc. Homeward IL. Ivancevich,John M., James H. Jr. Donnelly and James L. Gibson, Management:Principle and Functions, Richard D. Irwin Inc, 1989.

3. Anderson, R.E., Johnson, D.G.,Gotterbarn, D. and Perrole Judith.Using the New ACM code of ethics in Decision Making. Commu. of ACM, 36, 2. Feb. pp.98-107. 1993.

4. Bayles, M.D. Professional Ethics. Wadsworth, Belmont, Calif. 1981.

5. Bommer, M., Grato, C., Gravander, J., and Tuttle, M. A Behavioral Model of Ethical and Unethical Decision Making. J. of Business Ethics 6, pp.265-280. 1987.

6. Raiborn, Cecily & Askvik, Jorn(1997), "A Global Code of Business Ethics," Journal of Business Ethics 16,1998, pp.1727-1735.

7. Rue, Leslie W., Leoyed L.Byars, Management：Theory and Application, 5th ed, Richard D. Irwin Inc, Homewood, Il. 1989, pp.82-95.

8. Payne, D., C. Raiborn, and J. Askvik (1997), "A Global Code of Business Ethics," Journal of Business Ethics 16, pp.1727-1735.

9. Richard T. DeGeorge, Ethical Issues in Information Technology, The Blackwell Guide to Business Ethics, Blackwell Publishers Ltd., 2002

10. Akers, J. F. (1989). Ethics and competitiveness-Putting first thing first, Sloan Management Review, winter, pp.69-71.

11. Deming, E. W. (1986). Out of Crisis, Boston：MIT Center for Advanced Engineering Study.

12. Fraedrich, J., Ferrell, O. C. and Ferrell, L. C. (2000). Business Ethics. 4th eds. Houghton Mifflin.

13. Griffin, R. W. (2003) Fundamentals of Management, 3rd ed., NY：Houghton Mifflin Company.

14. Kuznets, S. (1971) Economic Growth of Nations：Total Output and Production Structure. Harvard University Press.

15. Robbins, S. and DeCenzo, D. A. (2001). Fundamentals of Management：Essential Concepts and Applications, 3rd eds. Upper Saddle River, N.J. : Prentice Hall.

16. Rubenstein, A. H. and Greisler, E. (1990). The impact of information technologies on operations of service sector firms, in Boman, D., Chase, R. and Cummings, T (eds.), Service Management Effectiveness, Jossey-bass, San Francisco. pp.266-83.

17. Sox, H., Stern, S., Owens ,D. and Abrams, L. (1989). Assessment of diagnostic technology in health care, national academy press, Washington, DC.

18. Stimson,W.A. (2005) A Deming inspired Management Code of Ethics. Quality Progress, 38(2). pp. 67-75.

19. Lewis, P. V., (1985). Defining business ethics: like nailing jello to a wall. Journal of Business Ethics, 4, pp.377-383.

20. Borkowski, S. C. & Vgras, Y. J. (1992). The ethical attitudes of students as a function of age, sex, and experience. Journal of Business Ethics, 11, pp.961-979.

21. Brenner, S. N. (1992). Ethics programs and their dimensions. Journal of Business Ethics, 11, pp.391-399.

22. Klenin, E. R. (1998). The one necessary condition for a successful business ethics course: The teacher must be a philosopher. Business Ethics Quarterly, 8, pp.561-574.

23. Messick, D. M. & Bazerman, M. H. (1996). Ethical Leadership and the Psychology of Decision Making. Sloan Management Review, 37, pp.9-22.

24. Paine, L. S. (1994). Managing for organizational integrity. Harvard Business Review, 72, pp.106-117.

25. Borkowski, S. C. & Vgras, Y. J. 1992, "The ethical attitudes of students as a function of age, sex, and experience" in Journal of Business Ethics 11 : pp.961 79.

26. DeGeorge, R. T. 1987, "The status of business ethics: Past and future" in Journal of Business Ethics, 6, pp.201-11.

27. Freeman, R. E. 1991, Business ethics: The state of the art, N. Y.: Oxford University Press.

28. Harbermas, J. (1990). Moral Consciousness and Communicative Action. Trans. by C. Lenhardt and S. W. Nicholsen. Cambridge, Mass: The MIT Press.

29. Klenin, E. R.1998, "The one necessary condition for a successful business ethics course: The teacher must be a philosopher" in Business Ethics Quarterly 8: pp.561-574.

30. Lewis, P. V. 1985, "Defining business ethics: like nailing jell to a wall" in Journal of Business Ethics, 4: pp.377-383.

31. Miller, M. S., & Miller, A. E. 1976, "It's too late for ethics course in business schools'" in Business and Society Review, 17 : pp.39-42.

32. Modic, S. J. (1988). Movers and Shakers. Industry Week, January 18, pp.47.

33. Paine, L. S. 1994, "Managing for organizational integrity" Harvard Business Review, 72,pp.106-17.

34. Weber, J. 1990, "Measuring the impact of teaching ethics to future managers : A review assessment and recommendations'" in Journal of Business Ethics, 9 :pp.183-90.

國家圖書館出版品預行編目資料

企業倫理 / 劉原超，黃廷合，林佳男，沈錦郎，林以
　介，齊德彰，昝家騏，梅國忠，卓文記，張仁家編
　著. -- 四版. -- 新北市 : 全華圖書股份有限公司，
　2022.04
　　　面；　公分
　ISBN 978-626-328-111-0(平裝)

　1.CST: 商業倫理
198.49　　　　　　　　　　　　　　111003419

企業倫理（第四版）

作者 / 劉原超、黃廷合、林佳男、沈錦郎、林以介、齊德彰、昝家騏、梅國忠、
　　　卓文記、張仁家

發行人 / 陳本源

執行編輯 / 陳品蓁

封面設計 / 楊昭琅

出版者 / 全華圖書股份有限公司

郵政帳號 / 0100836-1 號

圖書編號 / 0805203

四版二刷 / 2024 年 6 月

定價 / 新台幣 460 元

ISBN / 978-626-328-111-0

全華圖書 / www.chwa.com.tw

全華網路書店 Open Tech / www.opentech.com.tw

若您對本書有任何問題，歡迎來信指導 book@chwa.com.tw

臺北總公司(北區營業處)
地址：23671 新北市土城區忠義路 21 號
電話：(02) 2262-5666
傳真：(02) 6637-3695、6637-3696

南區營業處
地址：80769 高雄市三民區應安街 12 號
電話：(07) 381-1377
傳真：(07) 862-5562

中區營業處
地址：40256 臺中市南區樹義一巷 26 號
電話：(04) 2261-8485
傳真：(04) 3600-9806(高中職)
　　　(04) 3601-8600(大專)

（請由此線剪下）

歡迎加入 全華會員

● 會員獨享

會員享購書折扣、紅利積點、生日禮金、不定期優惠活動…等。

● 如何加入會員

掃 QRcode 或填妥讀者回函卡直接傳真 (02) 2262-0900 或寄回，將由專人協助登入會員資料，待收到 E-MAIL 通知後即可成為會員。

如何購書

全華書籍

1. 網路購書

全華網路書店「http://www.opentech.com.tw」，加入會員購書更便利，並享有紅利積點回饋等各式優惠。

2. 實體門市

歡迎至全華門市（新北市土城區忠義路21號）或各大書局選購。

3. 來電訂購

(1) 訂購專線：(02) 2262-5666 轉 321-324
(2) 傳真專線：(02) 6637-3696
(3) 郵局劃撥（帳號：0100836-1　戶名：全華圖書股份有限公司）
※ 購書未滿 990 元者，酌收運費 80 元。

OpenTech.com.tw
全華網路書店

全華網路書店 www.opentech.com.tw
E-mail: service@chwa.com.tw

※ 本會員制如有變更則以最新修訂制度為準，造成不便請見諒。

讀者回函卡

(請由此處撕下)

掃 QRcode 線上填寫 ▶▶

姓名：　　　　　　　　生日：西元　　　　年　　　月　　　日　性別：□男 □女

電話：(　)　　　　　　手機：

e-mail：(必填)

通訊處：□□□□□

學歷：□高中・職　□專科　□大學　□碩士　□博士

職業：□工程師　□教師　□學生　□軍・公　□其他

學校／公司：　　　　　　　　　　　科系／部門：

· 需求書類：

□A.電子 □B.電機 □C.資訊 □D.機械 □E.汽車 □F.工管 □G.土木 □H.化工 □I.設計

□J.商管 □K.日文 □L.美容 □M.休閒 □N.餐飲 □O.其他

· 本次購買圖書為：　　　　　　　　　　　　　　　書號：

· 您對本書的評價：

封面設計：□非常滿意　□滿意　□尚可　□需改善，請說明

內容表達：□非常滿意　□滿意　□尚可　□需改善，請說明

版面編排：□非常滿意　□滿意　□尚可　□需改善，請說明

印刷品質：□非常滿意　□滿意　□尚可　□需改善，請說明

書籍定價：□非常滿意　□滿意　□尚可　□需改善，請說明

整體評價：請說明

· 您在何處購買本書？

□書局　□網路書店　□書展　□團購　□其他

· 您購買本書的原因？(可複選)

□個人需要　□公司採購　□親友推薦　□老師指定用書　□其他

· 您希望全華以何種方式提供出版訊息及特惠活動？

□電子報　□DM　□廣告 (媒體名稱　　　　　　　)

· 您是否上過全華網路書店？(www.opentech.com.tw)

□是　□否　您的建議

· 您希望全華出版哪方面書籍？

· 您希望全華加強哪些服務？

感謝您提供寶貴意見，全華將秉持服務的熱忱，出版更多好書，以饗讀者。

填寫日期：　　　／　　　／

註：數字零，請用 Φ 表示，數字 1 與英文 L 請另註明並書寫端正，謝謝。

2020.09 修訂

親愛的讀者：

感謝您對全華圖書的支持與愛護，雖然我們很慎重的處理每一本書，但恐仍有疏漏之處，若您發現本書有任何錯誤，請填寫於勘誤表內寄回，我們將於再版時修正，您的批評與指教是我們進步的原動力，謝謝！

全華圖書　敬上

勘誤表

書號			
頁 數	行 數	書 名 錯誤或不當之詞句	作 者 建議修改之詞句

我有話要說： (其它之批評與建議，如封面、編排、內容、印刷品質等‧‧‧‧‧‧)

得　分

企業倫理
學後評量
CH01 中華文化的倫理概念基本架構

班級：＿＿＿＿＿＿＿
學號：＿＿＿＿＿＿＿
姓名：＿＿＿＿＿＿＿

一、選擇題：50%

(　　) 1. 以下何者不是王陽明的主張？　(A) 心即理　(B) 我思故我在　(C) 知行合一　(D) 致良知。

(　　) 2. 易經裡的四象，指的是　(A) 東南西北　(B) 少陽、老陽、少陰、老陰　(C) 日月星辰　(D) 風雨雷電。

(　　) 3. 中華文化的倫理基本架構區分中，有關四端之心，在社會社交關係方面，是屬於　(A) 是非之心　(B) 羞惡之心　(C) 謙讓之心　(D) 惻隱之心。

(　　) 4. 有關中華文化中的仁義之道，以下何者為非？　(A) 仁是愛己　(B) 仁是愛人　(C) 義是自愛　(D) 以上皆非。

(　　) 5. 「心學」有個基本管理原則，為政不以威刑，惟以＿＿＿＿為本　(A) 格物致知　(B) 開導人心　(C) 功利之見　(D) 心隨境轉。

(　　) 6. 王陽明強調人群性的培養及德行德性的形成，都要從何時開始？　(A) 嬰兒　(B) 兒童　(C) 青少年　(D) 以上皆非。

(　　) 7. 儒家所提倡的「誠意、正心、修身、齊家、治國、平天下」，何者針對個人？　(A) 平天下　(B) 治國　(C) 修身　(D) 齊家。

(　　) 8. 國內知名經濟學家馬凱教授，在2012年積極關注企業永續發展，推動五德企業觀念。馬教授說的「五德」指的是幸福、誠實、綠色、成長，以及　(A) 正直　(B) 團結　(C) 尊重　(D) 慈悲。

(　　) 9. 組織控制的方法有哪些？　(A) 利用市場機制來控制外在環境變動　(B) 透過法律來規範　(C) 利用管理來規範　(D) 以上皆是。

(　　) 10. 中華文化在古代其實並無倫理學（Ethics）一詞，而現代倫理學的內容側重於人群關係，則盡包於　(A) 禮學　(B) 哲學　(C) 易學　(D) 法學。

二、問答題：50%

1. 請用100個字來說明中華文化的倫理概念精要。

2. 請參考本章章前案例（在1-2頁），來說明你閱讀後之心得。

得 分

企業倫理
學後評量
CH02 企業倫理的發展

班級：＿＿＿＿＿＿＿
學號：＿＿＿＿＿＿＿
姓名：＿＿＿＿＿＿＿

一、選擇題：50%

( ) 1. 中華倫理學的基本要素，包括血緣文化、情理文化，以及 (A) 出世文化 (B) 入世文化 (C) 兩世文化 (D) 避世文化。

( ) 2. 中華文化「禮」的思想主流是從何時開始的？ (A) 夏朝 (B) 商朝 (C) 西周 (D) 東周。

( ) 3. 亞里斯多德將追求眞理或破除迷障的方式分爲五類：技術、科學、明智、智慧，以及 (A) 祈禱 (B) 觀察 (C) 思辨 (D) 理智。

( ) 4. 孔子對於言行中的「過猶不及」，則以「攻乎異端」爲主，他強調行爲的超過與不及都是不好的，應該避免兩極端行爲，這也就是我們經常聽到的 (A) 中和思想 (B) 中庸思想 (C) 中邦思想 (D) 中立思想。

( ) 5. 東西方倫理觀念思想的比較，在於 (A) 西方以情爲主，東方以理爲主 (B) 西方以理爲主，東方以情爲主 (C) 東西方都先理後情 (D) 東西方都先情後理。

( ) 6. 企業經營必須有法律約束，但任何法律都有不足之處，這時就需要借助＿＿＿來約束自己的行爲。 (A) 他律 (B) 自律 (C) 憲法 (D) 刑法。

( ) 7. 以中華文化的觀點而言，「倫」是指人的關係，「理」是指＿＿＿。 (A) 道德 (B) 折衷 (C) 律令 (D) 原則。

( ) 8. 英國哲學家休謨（Hume）、邊沁（Bentham）、密達（J.S.Mill），被認爲是公立論的奠基者，他們一致認爲：「人類行爲是否合乎道德，完全決定於這個行爲的行爲目的與 (A) 過程 (B) 結果 (C) 觀念 (D) 合法性。」

( ) 9. 有關日本東機電力株式會社的企業倫理行動宣言，以下何者有誤？ (A) 我們遵守相關法領域法規 (B) 我們以有限的視野，迅速的行動爲主 (C) 我們以達成社會責任的自覺爲主要目的 (D) 我們完全尊重個人的權益與權利。

(　　) 10. 美國著名國民經濟學家密爾頓‧傅利德曼（Milton Friedman），在20世紀70年代講過一句名言：「市場經濟條件下，企業的唯一社會責任，是在＿＿＿＿＿＿＿提高其利潤。」 (A) 現行遊戲規則內 (B) 現行遊戲規則外 (C) 另創遊戲規則 (D) 以上皆非。

二、問答題：50%

1. 請說明東西方倫理的差異性。（試用100個字來說明）

2. 請參考本章章後案例（在2-18頁），來說明你閱讀後之心得。

得　分

企業倫理
學後評量
CH03 企業倫理的內容

班級：＿＿＿＿＿＿＿＿
學號：＿＿＿＿＿＿＿＿
姓名：＿＿＿＿＿＿＿＿

一、選擇題：50%

(　　) 1. 中華文化的五論，指的是父子有親、君臣有義、夫婦有別、長幼有序，以及朋友有　(A) 情　(B) 益　(C) 善　(D) 信。

(　　) 2. 倫理是存在人心中的　(A) 價值觀　(B) 行為標準　(C) 以上皆是　(D) 以上皆非。

(　　) 3. 下列敘述何者有誤？　(A) 倫理性是客觀的價值判斷　(B) 倫理性以是非善惡為標準　(C) 實踐性是客觀存在行為的呈現　(D) 以科學方法來探討促使人的行為。

(　　) 4. 倫理學在於規範生活秩序，道德規則，社會責任與社會　(A) 狀態　(B) 義務　(C) 關係　(D) 大同。

(　　) 5. 以下哪一項不是職場倫理中的一部分？　(A) 競爭　(B) 尊重　(C) 包容　(D) 欣賞。

(　　) 6. 專業經理人的倫理，以下何者為非？　(A) 不嫉妒好人才　(B) 冷藏不聽話的部屬　(C) 不迴避過錯　(D) 不爭功諉過。

(　　) 7. 企業成功的必備條件有哪些？　(A) 誠信守分、待人尊重　(B) 忠心負責、處事認真　(C) 學養專精、求知不息　(D) 以上皆是。

(　　) 8. 以下哪一項不是專業倫理中的一部分？　(A) 當代倫理　(B) 關懷倫理　(C) 利益倫理　(D) 合作倫理及團隊能力等。

(　　) 9. 企業倫理的準則，不包含以下哪一項？　(A) 個人的理性　(B) 科學的知識　(C) 宗教的信念　(D) 規則的堅持。

(　　) 10. 2013年國內發生「人工香精」的胖達人事件，因為胖達人麵包店沒有做到以下哪一項守則，而受到大眾的唾棄？　(A) 誠信　(B) 創新　(C) 營養均衡　(D) 味美。

二、問答題：50%

1. 請介紹企業倫理的內容。（用100個字說明）

2. 請說明企業成功的要件。（用100個字說明）

得　分

企業倫理
學後評量
CH04 企業倫理與企業經營環境

班級：＿＿＿＿＿＿＿
學號：＿＿＿＿＿＿＿
姓名：＿＿＿＿＿＿＿

一、選擇題：50%

(　　) 1. 企業倫理講的是企業體在經營的過程和環境中，所必須塑造出的一種 (A) 核心價值觀　(B) 長幼有序　(C) 法理情　(D) 情理法　和企業發展策略。

(　　) 2. 負責的企業不會將負債瞞報，舉世聞名的安隆（Enron）能源公司的數十億美元負債瞞報事件發生在什麼時候？　(A) 1976年　(B) 1985年　(C) 1995年　(D) 2001年。

(　　) 3. 美國在哪個年代通過總統的簽署，通過了「沙賓法案（Sarbanes-Oxley Act）」，該法案要求美國本土的企業需建立「舞弊防治計劃及控制制度」？　(A) 21世紀　(B) 20世紀　(C) 19世紀　(D) 18世紀。

(　　) 4. 公司監察人應適時行使檢監察權，並本於　(A) 公平　(B) 透明　(C) 權責分明　(D) 以上皆是。

(　　) 5. 從英國霸菱銀行案和我國國際票據公司虧空案可看出，員工的＿＿＿問題是國內外普遍出現的企業倫理問題　(A) 品德問題　(B) 身體問題　(C) 精神問題　(D) 交友問題。

(　　) 6. 從歐美國家發展企業社會責任的經驗與研究發現，越早擁抱企業對社會的責任，企業越能獲得品牌、社會形象和提升獲利能力的正面成長。根據《天下雜誌》的調查與分析，以下哪些類型的企業最為需要發展企業社會責任？　(A) 市場壟斷者　(B) 與客戶間接接觸者　(C) 生產非民生必需品的企業　(D) 不宜開供應鏈者。

(　　) 7. 企業落實社會責任的做法，以下何者有誤？　(A) 成立公益性質基金會　(B) 重視員工福利　(C) 參與並投入社區活動　(D) 對政黨的政治獻金捐助。

( ) 8. 依照《遠見雜誌》針對企業推行社會責任公益文化之調查結果，以下哪一項有誤？ (A) 強化投資人對企業的信任 (B) 創造良好企業環境 (C) 守成比創新重要 (D) 增加員工向心力。

( ) 9. 防止企業弊端，以下哪些方法為是？ (A) 慎選優良的會計師與律師 (B) 資訊揭露透明化 (C) 重視股東和利害關係人的權利 (D) 以上皆是。

( ) 10. 優良企業是 (A) 取之於社會，用之於社會 (B) 先天下之憂而憂，後天下之樂而樂 (C) 只要我想要，有什麼不可以 (D) 以上皆是。

二、問答題：50%

1. 請介紹企業落實社會責任的作法。

2. 請參考本章章前案例（在4-2頁），來說明ESG的實質應用。

得　分

企業倫理
學後評量
CH05 跨國企業倫理

班級：＿＿＿＿＿＿＿
學號：＿＿＿＿＿＿＿
姓名：＿＿＿＿＿＿＿

一、選擇題：50%

(　　) 1. 於1995年1月成立的世界貿易組織（World Trade Organization，WTO），其中涵蓋了GATT關稅暨貿易總協定的38條規定，以下何者不是主要主題？　(A) 最惠國待遇　(B) 國民待遇原則　(C) 善待戰俘　(D) 關稅原則。

(　　) 2. 限制國際貿易的方式有以下哪幾種？　(A) 採取價格限制的關稅措施　(B) 採取數量限制的配額措施　(C) 以上皆是　(D) 以上皆非。

(　　) 3. 以下哪一個不是近代比較有規模的貿易組織？　(A) 國際貨幣基金　(B) 世界銀行　(C) 美國中央銀行　(D) 國際貿易組織。

(　　) 4. 以下何者并非商業道德範疇？　(A) 賄賂　(B) 欺騙顧客　(C) 慢占公司資源　(D) 對老少戀的不認同。

(　　) 5. 以下何者屬於國際資訊倫理的議題？　(A) 未授權存取　(B) 軟體風險　(C) 利益衝突　(D) 以上皆是。

(　　) 6. 有關跨國企業倫理當中，有關當地文化的尊重，如印度人不吃　(A) 豬肉　(B) 牛肉　(B) 鵝肉　(D) 魚肉。

(　　) 7. 企業本質包含：「正直」、「正義」、「能力」與「＿＿＿＿」，同時遵守企業倫理，沒有地區的分別，世界各地皆相同。　(A) 效用　(B) 政商關係　(C) 和諧過程　(D) 皆大歡喜的管理。

(　　) 8. 國際企業的重要課題，包含了：　(A) 回饋當地社會　(B) 尊重當地文化　(C) 顧客權益　(D) 以上皆是。

(　　) 9. 泛指在本國之外設立子公司，以營利為目的的分支機構，這就是　(A) 國際企業　(B) 企業母公司　(C) 併購企業　(D) 企業子公司。

(　　) 10. Costco公司推動企業倫理特性為　(A) 規定簡單　(B) 容易執行　(C) 遵守法律　(D) 以上皆是。

＜背面尚有試題＞

二、問答題：50%

1. 請閱讀本章章前案例（在5-2頁），並提出你的看法。

2. 請說明國際企業倫理的範疇。

得 分

企業倫理
學後評量
CH06 企業倫理與決策

班級：_____
學號：_____
姓名：_____

一、選擇題：50%

(　　) 1. 以下哪一項不是影響決策的企業道德三觀念？　(A) 功利觀　(B) 共享觀　(C) 權利觀　(D) 公正觀。

(　　) 2. 決策 5C 思考循環包括三個步驟，以下何者有誤？　(A) 確認問題　(B) 設想方案　(C) 解決方案　(D) 以上皆是。

(　　) 3. 儒家管理式的企業管理，是　(A) 以「人」為基礎的管理要素　(B) 以「規則」為基礎的管理要素　(C) 強調以「部屬」為焦點　(D) 個人意識比集體意識要來的強烈。

(　　) 4. 以下哪一項不是台積電董事長張忠謀先生所強調的企業倫理？　(A) 言之有信　(B) 寬容帶槍投靠其他競爭公司的行為　(C) 不誇張、不作秀　(D) 說真話。

(　　) 5. 台灣 IBM 之轉型再造，以下何者不是重要決策？　(A) 我們的字典裡沒有「不」字　(B) 將市場供給帶入　(C) 我們找到自己的聲音　(D) 我們放鬆領帶。

(　　) 6. 台達電子董事長鄭崇華先生的經營理念，以下何者為是？　(A) 研發促進升級　(B) 敏銳觀察掌握環境文化　(C) 落實企業責任　(D) 以上皆是。

(　　) 7. 企業家或公司主管宜有_____，以下何者為非？　(A) 心向國家　(B) 良性競爭　(C) 照顧股東與主管　(D) 忠於顧客。

(　　) 8. 亞馬遜的創建者，前CEO貝佐斯在企業倫理的推動過程中，以哪些項目作為最高原則，以下何者為非？　(A) 心向國家　(B) 關懷顧客　(C) 維護顧客權益　(D) 維繫顧客關係。

(　　) 9. 以「____」為核心之企業倫理與決策，正是企業永續經營之道。　(A) 情　(B) 理　(C) 法　(D) 無為。

（　　）10.一件事物進行決定時前、中、後的道德動態分析是指　(A) 商業分析　(B) 決定分析　(C) 價格分析　(D) 行爲分析。

二、問答題：50%

1. 請介紹中華儒家管理式的企業倫理概念內容。

2. 請加以說明，企業家如何配合企業倫理來做決策？

得 分

企業倫理
學後評量
CH07 企業倫理與公司治理

班級：_____
學號：_____
姓名：_____

一、選擇題：50%

(　　) 1. 公司治理是一種指導與管理的機制，以落實公司經營者的＿＿＿爲目的，在兼顧其他利害關係人利益下，藉由加強公司績效，保障股東權益。　(A) 權利　(B) 利益　(C) 責任　(D) 以上皆是。

(　　) 2. 公司治理的狹義範疇，重點涵蓋哪些，以下何者爲非？　(A) 經營者的責任　(B) 公司產品的行銷方式　(C) 股東的權利義務　(D) 公司董監事的結構與權責。

(　　) 3. 公司治理的廣義範疇，重點涵蓋哪些，以下何者爲非？　(A) 市場機制　(B) 企業併購　(C) 機構投資人機能　(D) 產品品管的規則。

(　　) 4. 公司治理的理論包含幾個層次，包含了　(A) 金融市場理論　(B) 市場短視理論　(C) 利害關係人理論　(D) 以上皆是。

(　　) 5. 我國「上市上櫃公司治理實務守則」第二條說明，上市上櫃公司建立公司治理制度，應遵守法令及章程的規定，以及和證券交易所或櫃檯買賣中心所簽訂之契約及相關規範事項外，應依下列原則爲之。以下何者有誤？　(A) 保障股東權益　(B) 尊重利害關係人之權益　(C) 發揮監察人功能　(D) 提升資訊門檻。

(　　) 6. 公司治理的目的就是爲了使公司所有利害關係人都得到合理且公平的對待與尊重，不要因爲＿＿＿＿＿引發的代理問題而受害。　(A) 道德不對稱　(B) 資訊不對稱　(C) 利益不對稱　(D) 薪資不對稱。

(　　) 7. 行政院「改革公司治理專案小組」（2003）指出我國公司治理的諸多問題，以下何者爲非？　(A) 財務槓桿過低　(B) 財務不透明　(C) 公司決策機制閉鎖　(D) 其它問題。

(　　) 8. 公司治理的主張是在　(A) 1990年代　(B) 2000年代　(C) 1970年代　(D) 1950年代。

( ) 9. 廣義的公司治理之意涵，包含有 (A) 公司治理 (B) 市場機制規範 (C) 企業併購 (D) 以上皆是。

( ) 10. 下列那一項不是公司治理之原則 (A) 保障股東權益 (B) 討論新產品開發與商品化 (C) 訂定董事會責任 (D) 注意利害關係人之角色及資訊透明化。

二、問答題：50%

1. 請說明我國公司治理面臨問題何在呢？

2. 請討論公司治理與企業倫理的關係。

得　分

企業倫理
學後評量
CH08 資訊化與企業倫理

班級：＿＿＿＿＿＿＿
學號：＿＿＿＿＿＿＿
姓名：＿＿＿＿＿＿＿

一、選擇題：50%

（　　）1. 資訊科技為倫理帶來的挑戰之一，就是資訊以電子檔的方式存在，比
起使用紙張形態來得脆弱，是因為電子檔容易被　(A) 改變　(B) 傳
送　(C) 複製　(D) 以上皆是。

（　　）2. 1986年，美國管理資訊科學專家理查梅森（Richard Mason）提
出，資訊時代的四個主要倫理議題，以下何者為非？　(A) 隱私權
(B) 複製權　(C) 所有權　(D) 使用權。

（　　）3. 一般較具規模的企業都設有＿＿＿＿，這個職務來擔任技術和業務人員
之間的溝通橋梁。　(A) CFO　(B) COO　(C) CIO　(D) CFO。

（　　）4. 目前企業在資料保密方面，廣為使用的是？　(A) 資料傳輸安全協定
（SSL）　(B) 安全電子交易協定（SET）　(C) 兩者皆是　(D) 兩者皆非。

（　　）5. 安全電子交易協定（SET）的系統架構中，以下何者為非？　(A) 發
卡機構與持卡人　(B) 網路商家　(C) 收單銀行　(D) 廣告公司。

（　　）6. 常見的軟體侵權形態有哪些？　(A) 大補帖仿冒　(B) 偽造軟體　(C) 電
腦非法預裝軟體　(D) 以上皆是。

（　　）7. 關於網際網路侵權，以下何者為非？　(A) 面對面交換未經授權軟體
(B) 網上販賣盜版軟體　(C) 網站提供免費下載　(D) 拍賣網站銷售盜
版軟體。

（　　）8. 盜版軟體可能帶來的傷害，以下何者為非？　(A) 電腦病毒　(B) 完
整的電腦軟體　(C) 電腦軟體孤兒　(D) 無法獲得升級。

（　　）9. 有關網路倫理，以下哪些行為是不被允許的？　(A) 任意散播不雅相
片　(B) 匿名信　(C) 散佈未經證實的謠言　(D) 以上皆是。

（　　）10. 以下何種郵件屬於垃圾郵件？　(A) 未經同意且無意義的郵件　(B) 廠
商的推廣郵件　(C) 內容敘述垃圾種類的郵件　(D) 以上皆非。

二、問答題：50%

1. 請說明資訊科技為倫理帶來挑戰之原因為何？

2. 你認為在網路倫理上應有之作法有哪些？

得 分

企業倫理
學後評量
CH09 品質、技術與企業倫理

班級：＿＿＿＿＿＿＿＿

學號：＿＿＿＿＿＿＿＿

姓名：＿＿＿＿＿＿＿＿

一、選擇題：50%

（　　）1. 企業的發展依賴很多不同的因素，以下何者是維繫競爭力的基本關鍵因素？　(A) 品質　(B) 技術　(C) 企業倫理　(D) 以上皆是。

（　　）2. 企業能夠生存的主要關鍵因素，是能夠提供消費者＿＿＿＿＿產品或服務，以下何者為非？　(A) 有價值的　(B) 能解決問題的　(C) 誇大驚艷的　(D) 價錢合適的。

（　　）3. 關於品質的定義，以下何者為非？　(A) 符合規格（Levitt,1972）　(B) 適合使用（Juran& Gryna,1988）　(C) 符合需求（Crosby,1979）　(D) 以上皆是。

（　　）4. 服務品質的重要性，可從英美等已開發國家，服務業對國內生產毛額的貢獻程度超過多少比例可看出？　(A) 五成以上　(B) 六成以上　(C) 七成以上　(D) 八成以上。

（　　）5. 以下哪一項不是戴明（Deming,1986）的品質原則？　(A) 建立持續長遠的目標　(B) 採取嶄新的哲學　(C) 持續實施以價格依據的交易行為　(D) 採取行動完成革新。

（　　）6. 品質是達成產品或服務於其功能的程度，企業經營者一定要秉持＿＿＿＿＿的態度，才能減少企業以及社會不必要的資源浪費。　(A) 第一次就將事情做好　(B) 多做幾次來保證事情做對　(C) 節省成本　(D) 永遠第一。

（　　）7. 羅賓斯與迪珊佐（Robbins & Decenzo,2001）將「技術」定義為：使工作更有效率的　(A) 設備　(B) 工具　(C) 操作方法　(D) 以上皆是。

（　　）8. 生產作業相關技術中，至少有四大類型的技術，包含　(A) 能源科技　(B) 材料科技　(C) 設計相關技術　(D) 以上皆是。

（　　）9. 資訊科技能夠改善企業的　(A) 準確性　(B) 時效性　(C) 業者與相關利害關係人的互動　(D) 以上皆是。

（請沿虛線撕下）

<背面尚有試題>

(　) 10. 由於經濟與技術之發展，導致企業所面臨的環境改變迅速。企業除了對管理功能需持續精進，以因應環境變遷的挑戰外，對＿＿＿＿亦應多所重視。 (A) 企業倫理 (B) 政商關係 (C) 產業聯盟結合 (D) 社會責任。

二、問答題：50%

1. 請分析技術、品質與倫理有何相互關係？

2. 請介紹本章章前案例中（在9-2頁），元太公司如何打造幸福企業？

得 分

企業倫理
學後評量
CH10 服務與企業倫理

班級：_____
學號：_____
姓名：_____

一、選擇題：50%

( ) 1. 美國行銷協會（AMA）定義服務（service）是指：組織提供 (A) 有形 (B) 無形 (C) 變形 (D) 異形 或至少相當部分為無形的產品。

( ) 2. 美國行銷協會（AMA）定義服務（service）為：用於出售或者與產品連在一起進行出售的 (A) 活動 (B) 利益 (C) 滿足感 (D) 以上皆是。

( ) 3. 服務和具有跟以下哪些部分必須同時存在的不可分割性？ (A) 工作人員 (B) 設備 (C) 消費者 (D) 以上皆是。

( ) 4. 服務業的社會責任，以下何者有誤？ (A) 要使企業的服務與管理更具效率與效能 (B) 要不計代價滿足消費者的所有需求 (C) 對環境生態負起責任 (D) 以上皆非。

( ) 5. 以下何者不屬於管理倫理的範疇？強調提供內部員工 (A) 優質的薪資福利 (B) 優質的工作環境 (C) 額外的用餐、茶點選擇 (D) 優質的企業文化。

( ) 6. 服務倫理強調以下哪個項目？ (A) 公司和顧客間的管理倫理 (B) 公司與員工之間的回饋 (C) 顧客和員工之間的服務倫理 (D) 以上皆是。

( ) 7. 一般而言，高科技產業可能產生的洩密方法有 (A) 以合法掩護非法，上網談論機密資料 (B) 借學術交流擴展領域，衍生洩密違規問題 (C) 文書流程管制不當，造成資料外洩 (D) 以上皆是。

( ) 8. 電子商務的服務倫理議題，以下何者有誤？ (A) 賣方應選擇高CP值的產品，這樣可以多賺一點錢 (B) 賣方對於賣方提出的各種問題，應該快速予以回覆 (C) 賣方應隨時了解消費者近況，掌握消費者買賣的各種問題 (D) 賣方應特別重視交易安全，提供完整資訊。

( ) 9. 服務業會因為落實_____而成長受益。 (A) 企業倫理 (B) 道德規範 (C) 以上皆是 (D) 以上皆非。

(　　) 10. 以下何者是「服務倫理」的論述？　(A) 當公司要求員工對顧客做好服務性工作前，公司必須先做好對公司內部員工的工作　(B) 內部員工有足夠的工作誘因，而願意去花時間與精神去做好服務顧客的工作　(C) 強調員工薪資福利　(D) 以上皆非。

二、問答題：50%

1. 介紹國際觀光旅館業之內部與外部服務倫理。

2. 介紹服務倫理的模式與運作架構圖。

得 分

企業倫理
學後評量
CH11 勞資關係與工會倫理

班級：＿＿＿＿＿＿＿
學號：＿＿＿＿＿＿＿
姓名：＿＿＿＿＿＿＿

一、選擇題：50%

(　　) 1. 在公司的衰退期裡，勞資關係講究：　(A) 提高生產力　(B) 工作規則的彈性化　(C) 同時注重工作保障　(D) 以上皆是。

(　　) 2. 有關勞資關係的團體協商過程，通常有五種類型，以下何者有誤？　(A) 分配的協商　(B) 整合的協商　(C) 不讓步的協商　(D) 繼續的協商。

(　　) 3. 依照罷工範圍分類，以下何者敘述有誤？　(A) 總罷工　(B) 同業罷工　(C) 局部罷工　(D) 以上皆非。

(　　) 4. 我國第勞資爭議處理法第五十四條規定，以下哪些職業不允許罷工？　(A) 老師　(B) 國防部及其所屬機構　(C) 學校之勞工　(D) 以上皆是。

(　　) 5. 勞資爭議後的處理方式通常有四種，不包含以下哪一項？　(A) 司法訴訟　(B) 放任　(C) 調解　(D) 仲裁。

(　　) 6. 工人們為了迫使雇主讓步，暫時性地放慢工作的步調，這種勞務不完全提供的行為成為：　(A) 罷工　(B) 怠工　(C) 杯葛　(D) 鎖廠。

(　　) 7. 有關工會的籌備工作，以下何者有誤？　(A) 草擬工會章程　(B) 辦理會員登記　(C) 準備選舉事宜　(D) 召開大會，並經出席大會會員或代表 1/2 同意，議定工會章程。

(　　) 8. 工會會員最終使得決策角色，主要在以下制度中運作：　(A) 工作本身的內部管理制度　(B) 團體協商制度　(C) 政治性代表制度　(D) 以上皆是。

(　　) 9. 工會領袖與幹部具有的特征，下列敘述何者有誤？　(A) 會員選票是評量的表現　(B) 效率重於公平　(C) 兼用指揮與說服　(D) 內部決策過程不公開。

(　　) 10. 勞資協商之設計應考慮的原則，以下何者有誤？　(A) 中立性、延續性　(B) 延續性、同質性　(C) 變異性、複雜性　(D) 變異性、互動性。

二、問答題：50%

1. 你認為勞資不當的爭議行為有哪些？

2. 請分析工會特質與倫理宜包含哪些？

<table>
<tr><td>得 分

（空格）</td><td>企業倫理
學後評量
CH12 社會安全責任</td><td>班級：＿＿＿＿＿＿
學號：＿＿＿＿＿＿
姓名：＿＿＿＿＿＿</td></tr>
</table>

一、選擇題：50%

( ) 1. 有關社會安全責任，下列敘述何者有誤？ (A) 包含員工人權 (B) 包含員工照顧 (C) 包含政治獻金 (D) 包含產品責任。

( ) 2. 以下哪個不屬於社會安全的六大範圍？ (A) 工作場合保健 (B) 有效社區服務 (C) 貫徹法令執行 (D) 員工福利照顧。

( ) 3. 以下哪一項法令不屬於保障勞工的範圍？ (A) 勞動基本法 (B) 噪音防治條例 (C) 性別工作平等法 (D) 職業安全衛生法。

( ) 4. 根據「勞基法」第三十四條規定，勞工工作採晝夜輪班制者，其工作班次，每＿＿更換一次。但經勞工同意不在此限。 (A) 週 (B) 雙週 (C) 月 (D) 季。

( ) 5. 基於憲法的保障人權自由，公司不得干預下列哪種員工集會結社的自由？ (A) 休閒娛樂 (B) 政治性質 (C) 工作性質 (D) 以上皆是。

( ) 6. 女性分娩前後，應停止工作，給與產假＿＿＿ (A) 六週 (B) 七週 (C) 八週 (D) 十週。

( ) 7. 有關勞工退休金的給付標準，按其工作年資，每滿一年給予 (A) 1個基數 (B) 1.5個基數 (C) 2個基數 (C) 2.5個基數。

( ) 8. 勞工請領退休金之權利，自退休起次月起，因＿＿＿不行使而消滅。 (A) 五年 (B) 四年 (C) 三年 (C) 二年。

( ) 9. 有關工作場所安全，關於化學物品儲存，必須注意以下事項： (A) 清楚標示 (B) 建立物質安全資料表 (C) 特別注意易燃爆物品的儲存 (D) 以上皆是。

( ) 10. 公司內部妥善的醫療管道包括？ (A) 必須設置急救箱 (B) 急救設施與專業訓練員工 (C) 處理血液感染疾病的執行措施 (D) 以上皆是。

二、問答題：50%

1. 請介紹關於公司對外社會安全責任之內涵。

2. 請說明社會安全責任範圍有哪些？

得　分

企業倫理
學後評量
CH13 企業倫理的訓練與養成

班級：_____
學號：_____
姓名：_____

一、選擇題：50%

(　　) 1. 有關防止企業間挖角的「不可揭露原則」，依照美國經驗，為了避免過度侵害勞工權益，適用時必須證明_____，以下何者為非？　(A) 離職員工是否善意欺瞞等違反誠信的原則　(B) 新舊工作的同質性　(C) 可能洩露的營業秘密對新舊僱主的經濟價值　(D) 新舊僱主係競爭關係。

(　　) 2. 企業倫理的訓練與養成是公司的　(A) 非必要措施　(B) 必要措施　(C) 可有可無　(D) 看老闆的心情。

(　　) 3. 「倫理」是對各種不同的事物，根據不同的規則加以分類，以呈現其層次關係，是謂_____，此一過程為倫理關係的建立。　(A) 倫理過程　(B) 倫理建立　(C) 倫理分類　(D) 倫理步驟。

(　　) 4. 有關企業倫理，對於員工而言，特別注重_____，以下何者為非？　(A) 公平錄用　(B) 尊重員工　(C) 對於會說好話的員工要特別照顧　(D) 信任員工。

(　　) 5. 有關企業倫理，對於顧客而言，特別注重_____，以下何者為是？　(A) 以研發為導向的產品設計　(B) 產品品質　(C) 便宜的價格　(D) 隨意的服務品質。

(　　) 6. 有關企業倫理，對於廠商而言，特別注重　(A) 協助供應商　(B) 按約支付價款　(C) 尊重供應商的努力與成果　(D) 以上皆是。

(　　) 7. 有關企業倫理，對於社區而言，特別注重　(A) 保護當地環境　(B) 回饋社區　(C) 提供醫療服務　(D) 以上皆是。

(　　) 8. 有關企業倫理，對於社會大眾而言，以下何者為非？　(A) 保護社會環境　(B) 贊助教育文化及藝術活動　(C) 社會救助與捐贈是政府的事　(D) 以上皆非。

( ) 9. 爲了避免觸犯專利權,在員工教育訓練時必須注意_____,以下何者爲非? (A) 研發人員半年一次檢查專利文獻和各種專利公報 (B) 加強內部管控,做好保密功夫 (C) 一旦侵權,可在雙方互惠的前提下,運用「交互授權」來化干戈爲玉帛 (D) 培養專利觀念。

( ) 10.著作權法所謂著作,係指文學、科學、藝術或其他學術範圍的創作,以下何者爲是? (A) 音樂、圖形 (B) 電腦程式 (C) 攝影、錄音 (D) 以上皆是。

二、問答題:50%

1.請説明企業倫理可以教育養成嗎?理由何在。

2.請介紹何謂道德討論教學法。